Herderbücherei *Pädagogik*

Band 9043

Über das Buch

Das wichtigste Lernziel in der Schule heißt heute: Lernen. Die Inhalte der einzelnen Fächer wandeln sich so rasch, daß es für die Zukunft des Schülers nicht auf das Beherrschen eines festen Kanons ankommt, sondern auf die Fähigkeit, lebenslang zu lernen. Die wissenschaftlichen Grundlagen hierfür stellt die moderne Lernpsychologie bereit.
Das vorliegende Taschenbuch ist eine Einführung und zugleich ein Überblick bietendes Kompendium dieser Wissenschaft. Es wurde geschrieben für Lehrer aller Schulgattungen und für Erzieher in Erwachsenenbildung und Vorschulerziehung. Der Autor legte mehr Wert darauf, Einsicht und Verständnis für Zusammenhänge zu vermitteln, als eine zu große Fülle von Fakten und Einzeldaten. Berechtigte Bedürfnisse nach Zusatzinformationen werden durch weiterführende Literaturhinweise befriedigt.
In verständlicher Sprache erfährt der Leser, wie nach den modernen lernpsychologischen Forschungsergebnissen lernen gelehrt wird.

Über den Autor

Konrad Joerger, geboren 1929 in Bruchsal, nach dem Abitur 1949 Lehrerausbildung mit Erster und Zweiter Prüfung für das Lehramt an Volksschulen, praktischer Unterrichtstätigkeit an Stadt- und Landschulen. Anschließend Studium der Psychologie in Freiburg und München, Promotion in den Fächern Psychologie, Pädagogik und medizinische Anthropologie. 1962 wiss. Assistent an der Universität München mit Lehrauftrag für psychologische Diagnostik. 1965 Dozent für Psychologie an der Pädagogischen Hochschule Esslingen, seit 1969 Professor an der Pädagogischen Hochschule Freiburg i. Br.

Konrad Joerger

# Einführung in die Lernpsychologie

Herderbücherei

Originalausgabe
erstmals veröffentlicht als Herder-Taschenbuch

Zeichnungen: Joachim Glombik, Freiburg

1. Auflage November 1976
2. Auflage November 1977
3. Auflage April 1978
4. Auflage November 1978
5. Auflage August 1979
6. Auflage Februar 1980
7. Auflage Oktober 1980
8. Auflage November 1981


Herder Freiburg · Basel · Wien
Herstellung: Freiburger Graphische Betriebe 1981
ISBN 3-451-09043-0

# Inhalt

## Teil B
## Der Lernprozeß

**Teil C**
**Innere und äußere Bedingungen des Lernens**

# Vorwort

Es gibt bereits eine unübersehbar große Zahl von Einführungen und Lehrbüchern auf dem Gebiet der Lernpsychologie, die auch jedem Interessierten leicht zugänglich sind. Wozu also noch dieses Buch? Verlag und Autor sind der Meinung, daß bestimmte Zielsetzungen des Büchleins die Publikation trotzdem rechtfertigen.
Viele der vorliegenden Werke sind – berücksichtigt man den angesprochenen Leserkreis – zu umfangreich, so daß sie von eben diesen Lesern nicht oder nur unter großen Opfern an Zeit und Mühe gelesen werden. Oft sind sie auch in einer fachwissenschaftlichen Sprache verfaßt, die dem Nicht-Psychologen oder dem Anfänger nur schwer zugänglich ist, und man hat meist eine Menge von Details mitzuschleppen, die zu merken sich im Grunde kaum lohnt, ja die bisweilen den Blick für Zusammenhänge fast eher verbauen.
Wir wenden uns mit diesem Büchlein in allererster Linie an den Pädagogen. Gemeint sind damit natürlich zunächst die Lehrer aller Schulgattungen, aber auch Erzieher, die in der Erwachsenenbildung und in der Vorschulerziehung tätig sind. Für die Studierenden in den jeweiligen Ausbildungsgängen ist gedacht an eine erste Einführung und zugleich an ein überblickgewährendes Kompendium, bei dem mehr die Einsicht und das Verständnis für Zusammenhänge als die Information über Fakten und Einzeldaten vermittelt werden soll. Die jedem Kapitel hinzugefügten Literaturhinweise („Zur Ergänzung und Vertiefung") sind so gehalten, daß sie das berechtigte Bedürfnis nach Zusatzinformationen befriedigen können, ohne aber den Leser durch eine Überfülle zu überfordern. Wer dann noch tiefer eindringen möchte, findet dort stets weitere Hinweise.
Den neueren Entwicklungen auf dem Gebiet der Lernpsychologie entsprechend, liegt der Akzent eindeutig auf den sogenannten kognitiven Lerntheorien bzw. auf dem funktionalen Aspekt der Lernpsychologie und damit in denjenigen Bereichen, die der Aufbereitung zur pädagogischen Anwendung am ehesten zugänglich sind.

Eine weitere Zielsetzung unterscheidet diesen Abriß von anderen Veröffentlichungen: Die lernpsychologischen Forschungsergebnisse und Erkenntnisse, die Gegenstand der Darstellung sind, sollten – das ist das erklärte Hauptanliegen des Autors – auch in der Form der Darstellung ihre Berücksichtigung finden, so daß dem Leser, wenn ihm auch ein gewisses Bemühen nicht abgenommen werden kann, Lernen und Verstehen und die Bildung angemessener Grundbegriffe im Sachgebiet möglichst erleichtert werden. So ist in den einzelnen Kapiteln versucht worden, eines organisch auf dem anderen aufbauen, Verbindungen und Gemeinsamkeiten aufscheinen zu lassen. Diesem Zweck dienen auch häufige Querverweisungen sowie die rekapitulierenden Denksportaufgaben am Ende der Hauptkapitel. Wir verzichteten bewußt auf die stets etwas schulmeisterhaft anmutenden „lernzielbezogenen Tests", die bisweilen in Büchern mit ähnlicher Zielsetzung angeboten werden. Wir sind der Meinung, daß solche Techniken nur selten der Gefahr ganz entgehen können, das konglomerathafte Kennen von Einzeldaten über Gebühr zu honorieren. So nähern sich unsere Aufgaben etwas mehr dem, was im Kapitel B 2.1.3 als operatorisches Üben dargestellt werden wird. Die „Ratschläge" im Anhang dienen nochmals diesem Zweck, bezogen auf die Nacharbeit im gesamten Stoffgebiet.
Ein Wort noch zur Gliederung des Buches und zu deren äußerer Spur, dem Inhaltsverzeichnis. Dem Leser wird die offenkundige Dreischritt-Strategie ins Auge springen (nur bei Teil A konnte sie nicht durchgehalten werden). Dem liegt folgende Überlegung zugrunde:
Jeder Begriffsbildungsprozeß nimmt von der digitalen, also der Ja-Nein-Klassifikation, ihren Ausgang. Der nächste Schritt ist stets der, daß diese Alternative nicht befriedigt: es gibt immer ein „Zwischending" oder ein „Außerdem". Mehr als drei Alternativen sind aber schwer überschaubar. Und man kann sich auf den Standpunkt stellen, was nicht überschaubar ist, wird schwerer verstanden, und was nicht verstanden wird, ist in einem Abriß der vorliegenden Art entbehrlich.
Es mag sein, daß bei dieser Dreier-Einteilung hin und wieder eine gewisse Willkür spürbar wird. Wir sind aber der Meinung, daß diese Willkür nicht über Gebühr strapaziert wurde und daß der Dreierschritt nicht zum verstümmelnden Prokrustesbett der Darstellung geworden ist.
Zur Entstehungsgeschichte ist fairerweise anzumerken, daß das Manuskript in mehrmals überarbeiteter Form einige Semester lang

den Studierenden in der Lehrerausbildung als Skriptum für die Vorlesung in Lernpsychologie gedient hat. Dem Feedback der Hörer, den häufigen Diskussionen, Fragen und Anregungen sind viele der Korrekturen, Ergänzungen und Erläuterungen zu verdanken. Außerdem haben sicher auch die Rückmeldungen in Prüfungen und vor allem eigene Unterrichtserfahrungen des Autors einiges zu den Akzentsetzungen beigetragen.
Für die entweder aus didaktischen Gründen oder aus eigener Unvollkommenheit vielleicht vorkommenden und möglicherweise unzulässigen Verkürzungen bestimmter Sichtweisen kann der Autor die Experten schließlich nur um tolerantes Verständnis bitten.

Freiburg i. Br., im August 1976 Konrad Joerger

# Einleitung: Was ist Lernen?

Der Begriff Lernen wird in der Umgangssprache ständig und mit einem relativ klaren und sicheren Bedeutungshof gebraucht. Betrachten wir aber das Gemeinte etwas genauer, vor allem im Hinblick auf den *Prozeß* des Lernens, und wollen wir es abgrenzen gegenüber dem nicht Gemeinten, dann kommen wir schnell in große Schwierigkeiten. Wenn wir uns darüber einig sind, daß unter Lernen nicht nur das reine Memorieren oder Auswendiglernen (rote learning) zu verstehen sei, wie es oft in der Schülersprache akzentuiert zu sein scheint, dann verlieren wir sehr bald jeden Boden unter den Füßen.
Was also ist im folgenden unter Lernen zu verstehen?
Wir wollen uns hier mit einer sehr weit gefaßten, aber wohl allgemein anerkannten Definition zufriedengeben und im übrigen darauf verweisen, daß natürlich alles, was auf den folgenden Seiten zu lesen ist, nichts anderes sein soll als nähere Erläuterungen zu dem, was Lernen sei.

> *Lernen ist Veränderung des Verhaltens aufgrund von Erfahrungen.*

Wie es bei so einfachen Definitionen ganz allgemein zu sein pflegt, so müßten wir nun eigentlich weiter definieren, nämlich was eine Veränderung, was Verhalten und was Erfahrung sei. Bevor wir das – wenigstens im Ansatz – tun, sei eine etwas genauere Definition angefügt, die einige Mißverständnisse zu vermeiden hilft:

> *„Lernen ist der Sammelname für Vorgänge, Prozesse oder nicht unmittelbar beobachtbare Veränderungen im Organismus, die durch ‚Erfahrungen‘ entstehen und zu Veränderungen des Verhaltens führen“* (BERGIUS 1971, S. 9f).

Man ist verführt, dieser Definition ein „... können“ anzufügen, wenn man etwa an die Veränderung von Bewußtseinslagen denkt oder an das Gewinnen neuer Einsichten, die ja durchaus nicht immer ins Verhalten einfließen müssen. Aber „*Verhalten*“ kann so weit gefaßt werden, daß es Denken, Fühlen, Wollen, Verstehen und Bewerten o.ä. mit umgreift, wenn nur darüber berichtet werden kann.

Mit dem Wort *Veränderung* ist gemeint eine mehr oder weniger *überdauernde* Veränderung, die also nicht auf den Augenblick beschränkt bleibt, wie etwa ein Reflex. Man spricht deswegen auch von der Veränderung einer Verhaltens*bereitschaft* und meint damit eine größere (oder geringere) Bereitschaft (Gewohnheit, „habit“), ein bestimmtes Verhalten zu zeigen, als vor dem Lernakt vorhanden war. Dies bedeutet aber wiederum, daß durchaus ein Verhalten gemeint sein kann, das auch vor dem Lernakt schon auftrat, nur mit einer geringeren oder größeren Häufigkeit bzw. Wahrscheinlichkeit des Auftretens. Der Begriff Veränderung schließt im Grunde den Erstaufbau, also den Schritt vom „Nichtverhalten“ zum Verhalten, aus. Nun kann man natürlich unterstellen, daß ein lebender Organismus sich vom Beginn an irgendwie „verhalte“, und sei es auch nur, indem er Reflexe zeige. Dann aber bereitet die Erklärung der Erstausstattung mit einem Verhaltensrepertoire, das jenseits der Reflexe liegt, den meisten Lerntheorien einige Schwierigkeit, vor allem wenn man sich scheut, angeborene Verhaltensschemata auch beim Menschen zuzugestehen, wie es der *Behaviorismus* tut.

*Erläuterung:*

Die behavioristischen (und neobehavioristischen) Theorien gehen prinzipiell davon aus, daß Verhalten ein Reagieren (eine „Antwort“, response) auf einen Reiz (= Stimulus) sei. Darüber wird gleich mehr zu sagen sein.

„*Behaviorismus:* Bezeichnung für eine theoretische Position, die eine möglichst objektive Betrachtungsweise der beobachtbaren, offenen Reaktionen von Mensch und Tier anstrebt. Im klassischen extremen Behaviorismus (WATSON) sollten bewußte Prozesse und das Bewußtsein überhaupt ausgeklammert werden, da sie sich für den angestrebten Typus der Analyse als irrelevant erweisen ...“ (DREVER/FRÖHLICH 1969, S. 40).

*Erfahrung* schließlich läßt sich im gegenwärtigen Zeitpunkt kaum angemessen erläutern oder definieren; die Gefahr liegt nahe, sie als das Ergebnis vorangegangener Lernprozesse zu bezeichnen, womit ein Zirkel geschlossen wäre. Auch die Umschreibung von

Erfahrung als Wirksamwerden eines Reizes verschiebt nur das Problem. Diese Schwierigkeit schränkt tatsächlich den „Gebrauchswert" der oben gegebenen Definition stark ein. Man hilft sich oft damit, daß man Lernen per exclusionem definiert als

> *Verhaltensänderung, die* nicht *durch Reifungsvorgänge, Verletzungen oder Erkrankungen (bzw. toxische Einwirkung), Ermüdungsprozesse oder durch „Anlagen" (das sind ererbte Verhaltensweisen wie Instinkte und Reflexe) erklärt werden kann.*

Wir wollen damit unsere Definitionsbemühungen aufgeben und für den weiteren Fortgang festhalten:

A. Es gibt bis heute keine zufriedenstellende Definition des Phänomens Lernen, die am Ausgangspunkt einer umfassenden Theorie des Lernens stehen könnte.
B. Die bis jetzt vorliegenden Theorien meinen und erklären je verschiedene Phänomene (meist jedoch ohne dies mit der wünschenswerten Klarheit zu sagen).
C. Die Möglichkeit, durch eine Theorie *alles* menschliche Lernen erklären zu können, scheint nach dem derzeitigen Wissensstand vorläufig unerreichbar zu sein.

In dieser Situation schlägt Bergius – als Zukunftsaufgabe – einen sogenannten funktionalistischen Ansatz vor: „Es wird gefragt, wie das Lernen in den verschiedenen *Lernprozeß-Typen* funktioniert." Von der phänotypischen Einteilung der Verhaltensänderungen müsse man zu einer *genotypischen* Klassifikation umsteigen, „die sich auf die zugrunde liegenden Prozesse stützt" (Bergius 1971, S. 11/12).

Einen recht interessanten Versuch in dieser Richtung hat Gagné (1969) unternommen; wir werden später darauf zurückkommen (vgl. Kap. A 3.2).

Solange dieses Ziel noch nicht erreicht ist, bedeutet das für unsere Darstellung, daß wir nicht versuchen werden, alles Lernen und vor allem nicht das schulische, durch *ein* Prinzip zu erklären, sondern wir werden verschiedene theoretische Ansätze heranziehen müssen, je nachdem, um welche Art von Lernen es sich handelt.

Bevor wir nun versuchen werden, einen Überblick über die wichtigsten Lerntheorien zu geben, seien einige Bemerkungen über den Begriff der Theorie und über das Zueinander der Lerntheorien vorangeschickt.

Man formuliert eine Theorie, wenn man die Vielfalt der Tatsachen, die in einem bestimmten Ausschnitt der Umwelt beobachtbar sind, zusammenfassen und in ihren (hinter der Beobachtung stehenden) Zusammenhängen und Gesetzmäßigkeiten verstehbar machen möchte.

> *Erläuterung:*
>
> In einer für unsere Zwecke etwas eingeengten Bedeutung kann man Theorie verstehen als in sich mehr oder weniger geschlossenes System von „Gesetzen“, „die auf Beobachtung beruhen und solange wahr bleiben, als sie nicht durch neue Gegebenheiten entkräftet werden, und die somit von einem bestimmten Erkenntnisstand abhängen. Das Ziel einer Theorie ist nicht nur die Erklärung des Bekannten, sondern auch die Vorhersage des Unbekannten“ (ARNOLD u.a., Lexikon der Psychologie III, 1972, Sp. 549).

Einen Gegensatz zu konstruieren zwischen Theorie und Praxis heißt damit das Anliegen der Theorie von Grund auf mißverstehen. Es gibt nichts Praktischeres als eine gute Theorie (LEWIN): Sie ist die ökonomische Rückführung möglichst vieler Tatsachen auf möglichst wenige Postulate. Natürlich ist sie abstrakt (also „grau“), aber das gerade ist ihr Vorzug, denn sie sieht ab von allen Zufälligkeiten konkreter Beobachtung und lenkt das Augenmerk auf die einzig wesentlichen Zusammenhänge. Damit kann sie, richtig verstanden, universell angewendet und nach Bedarf konkretisiert werden.
Nun gibt es im Bereich der Lernpsychologie eine große Zahl von Theorien und Theoriensystemen, die sich nicht etwa gegenseitig ergänzen, sondern alle dasselbe, nämlich menschliches Lernen in seiner Gesamtheit erklären zu können vorgeben und sich oft auch gegenseitig widersprechen. Keine dieser Theorien kann bis jetzt voll befriedigen. Entweder benötigt sie zusätzlich zu ihren Grundpostulaten eine unökonomisch große Zahl von Zusatzannahmen, oder sie vermag bestimmte Tatsachen, die an sich einschlägig wären, nicht zu erklären. Oft ist eine Theorie auf weite Strecken in eine andere überführbar. Wenn diese Überführbarkeit aber gerade an einer wichtigen Stelle „ausklinkt“, dann ist das Grund genug, sie als Ganzes beizubehalten neben der anderen.
So werden im nächsten Kapitel acht repräsentative Theorien dargestellt, vier aus der Gruppe der Reiz-Reaktions-Theorien (sogenannte S-R-Theorien) und vier sogenannte kognitive Theorien (Einsichts-Theorien).

# Teil A
# Theoretische Grundlagen

## 1. Die Reiz-Reaktions-Theorien

### 1.1 *Pawlow und das klassische Konditionieren*

Um die Jahrhundertwende legte Pawlow, ein russischer Physiologe, eine Reihe von Veröffentlichungen vor, die sich mit der Reflexlehre und dabei vorwiegend mit der Speichelabsonderung bei Hunden beschäftigen. Mit großer Sorgfalt studierte er die Bedingungen, die zur Auslösung dieses reflektorischen Vorgangs führten. Er stellte eine sehr ausgefeilte Theorie auf, die in der Folgezeit immer mehr verfeinert wurde, in Amerika zu einer wahren Explosion von Versuchen und weiteren Theorien führte und in Rußland auch heute noch eine große Rolle spielt. Seine Versuche folgten alle mehr oder weniger dem heute überall bekanntgewordenen Grundmuster:

*Versuch „Speichel-Absonderung":*
Einem in einer bestimmten Stellung fixierten Hund wird etwas Fleischpulver ins Maul gegeben, woraufhin eine (in der Menge meßbare) Speichelabsonderung erfolgt. Bietet man nun etwa 20- bis 30mal hintereinander gleichzeitig mit dem Futter ein akustisches Signal, so erfolgt der Speichelfluß auch dann, wenn das Futter ausbleibt. Der Reflex wird also vom Glockenton allein ausgelöst, „bedingt" (konditioniert), er ist zum „bedingten Reflex" geworden. (Reiz = ‚stimulus' = S, Reflex, Reaktion = ‚response' = R)

natürlicher Reiz (Futter) ⟶ natürliche Reaktion (Reflex)

$$S_n \longrightarrow R_n$$

$$S_n + S_b \longrightarrow R$$

$$S_b \longrightarrow R_b$$

bedingter Reiz ⟶ bedingter Reflex

Nachdem das Versuchstier gelernt hat, die angeborene Reaktion auf einen neuen (also ursprünglich nicht damit verbundenen) Reiz zu zeigen, beginnt die zweite, ebenso wichtige Phase des Experiments, die *Löschung* oder *Extinktion:* Wird der Glockenton weiterhin ohne gleichzeitige Futtergabe dargeboten, so nimmt der Speichelfluß immer mehr ab und verschwindet schließlich ganz. Der Hund hat das Gelernte wieder „verlernt", die Konditionierung wurde gelöscht und extinguiert (von lat.: extinguere; in der Literatur findet man oft auch die – etymologisch falsche – Schreibweise: extingieren).

> *Erläuterung:*
>
> Theoretisch interessant ist, daß das Versuchstier nach einer gewissen Zeit auch die *Löschung* des bedingten Reflexes wieder zu „verlernen" pflegt und eine „spontane Erholung" eintritt, d. h., es zeigt den Speichelfluß als Antwort auf den Glockenton wieder, obgleich die Konditionierung zuvor vollständig abgebaut schien.

Der Ausbau der Theorie führte später zur Annahme eines „zweiten Signalsystems", der Sprache, das analog den Reflexen den Gesetzen des Konditionierens folgt. Weiterhin sprach PAWLOW von einem „Was-ist-los-Reflex" oder einem Orientierungsreflex, der das Neugierverhalten von Individuen erklären soll. Wir wollen uns damit nicht aufhalten, da die entsprechenden Phänomene durch andere Theorien besser erklärt werden können.
Statt dessen sei aber auf den oft zitierten Versuch von WATSON und RAYNER verwiesen, in welchem dem 11 Monate alten Albert* durch Konditionierung mit einem lauten Hammerschlag-Geräusch Furcht vor seinem vertrauten Spieltier – einer Albino-Ratte – anerzogen wurde. In der Folge übertrug sich diese Furcht (durch Reiz-Generalisierung) auf andere Pelztiere, ja auf pelzartige Gegenstände allgemein. In einem zweiten Durchgang wurde nun diese substituierte Angst wieder gelöscht, indem nur angenehme Begleitreize zunächst mit Pelzen, dann Pelztieren und schließlich der Ratte geboten wurde.
Das Beispiel zeigt – in etwas makabrer Weise – wie Angst durch Koppelung mit einem Reiz auf im Grunde neutrale Objekte übergehen kann, und zwar oft gerade durch unbeabsichtigte, wenn auch

---

* Albert war übrigens nicht WATSONS Sohn, wie in einigen Lehrbüchern irrtümlich berichtet wird!

fahrlässige Erziehungspraktiken. Es zeigt aber auch, wie solche Ängste eventuell verhaltenstherapeutisch angehbar sind.

*Zur Ergänzung und Vertiefung:*

Hilgard / Bower 1970, Kapitel 3 (25 Seiten).
Haseloff / Jorswieck 1970, Kapitel 5 (7 Seiten).
Jones in Hofer / Weinert 1973, S. 27–47.

## 1.2 *Thorndike und das Lernen durch Versuch und Irrtum*

In gewissem Sinn eine Weiterführung brachte der Ansatz des amerikanischen Psychologen Edward L. Thorndike (1874–1949), wenn sich auch seine Versuche mit denen Pawlows zeitlich stark überlappten.
Seine Versuche (er experimentierte überwiegend mit Katzen) folgten mit vielerlei Varianten folgendem Grundmuster:

*Versuch „Problem-Käfig":*
Eine hungrige Katze ist in einem Käfig eingesperrt. Durch den Druck auf eine Taste oder einen Hebel wird ein versteckter Mechanismus in Gang gesetzt, der ein Futterkügelchen in den Käfig fallen läßt. Die Aufgabe kann dadurch erschwert werden, daß der Tastendruck nur dann diesen Effekt hat, wenn z. B. gleichzeitig oder kurz zuvor ein Licht aufleuchtet oder ein Klingelzeichen ertönt. Charakteristisch für die ersten Versuchsdurchgänge ist, daß das Tier kratzt, beißt, an den Stäben rüttelt, schnuppert, kurz alle möglichen Verhaltensweisen aus seinem Repertoire hervorholt. Dabei wird es – zufällig – auch einmal die Taste drücken. Das Fressen des gespendeten Futters unterbricht das bisher gezeigte wahl- und ziellose „Probierverhalten". In den folgenden Versuchsdurchgängen (die Katze wird nur hungrig eingesetzt) findet sie allmählich immer schneller zum Tastendruck, bis sie schließlich sofort nach dem Einsetzen die richtige Bewegung oder Bewegungsabfolge beherrscht.

Das Futter ist für die hungrige Katze ein angenehmer, befriedigender Reiz, der die bestehende Bedürfnisspannung reduziert. Das Herabfallen des Futters erscheint dem Tier als Effekt oder Auswirkung des Tastendrucks. Je häufiger nun eine solche Koppelung zwischen einem bestimmten Verhalten und dem positiven Nacheffekt aufgetreten ist, desto wahrscheinlicher ist es auch, daß das Tier diese Verhaltensweise wiederum zeigt, oder – was meist identisch ist – desto häufiger zeigt (= „emittiert") das Individuum die Verhaltensweise. Diese leicht verständlichen Mechanismen formuliert THORNDIKE als die beiden fundamentalen Gesetze seines Systems:

A. *Effektgesetz* („Gesetz der Auswirkung", law of effect):
*Verhaltensweisen (als S-R-Verbindungen) treten dann mit höherer Wahrscheinlichkeit auf, wenn sie in der Vergangenheit zu einem befriedigenden Resultat geführt haben.*

Natürlich ist – vorerst – auch die Umkehrung dieses Satzes gültig, die wir – zur Abwechslung – in anderer Formulierung anbieten:

*Eine Stimulus-Response-Verbindung wird dann geschwächt, wenn sie von einem Zustand gefolgt wird, den ein Individuum zu vermeiden trachtet.*

Sie haben den Mechanismus, der diesem Gesetz zugrunde liegt, verstanden, wenn es Ihnen gelingt, eine Versuchsanordnung zu entwerfen, in der ein negativer Nacheffekt auftritt, und das Verhalten des Versuchstieres vorherzusagen.

B. *Frequenz-Gesetz* („Gesetz der Übung", law of exercise):
*Unter gleichen Bedingungen wird jede Reaktion auf eine Situation um so stärker mit der Situation verknüpft sein, je häufiger sie mit ihr in Verbindung gebracht wurde und je intensiver und anhaltender diese Verbindungen sind.*

Also: Assoziationen werden durch die Häufigkeit des Auftretens verstärkt, durch Nichtübung geschwächt.

*Erläuterung:*

Das Individuum erlebt den Effekt als „Erfolg" oder Mißerfolg seines Verhaltens. Das Verhalten kann also vom Tier eingesetzt werden als *„Instrument"*, um den Effekt zu manipulieren. Die Theorie THORNDIKES wird daher auch als „instrumentelles Lernen" (auch instrumentelles Konditionieren) oder als „Lernen am Erfolg" bezeichnet.

Nach der Lehre THORNDIKES sind die beiden Hauptgesetze nicht unabhängig voneinander: Weder Bekräftigung ohne Übung noch

Übung ohne Bekräftigung führen zu einem dauerhaften Lernerfolg. So hat es z.B. keinen Sinn, eine Versuchsperson „üben" zu lassen, mit verbundenen Augen mit dem ausgestreckten Zeigefinger eine Zielscheibe zu treffen, wenn man ihr keine Information (Bekräftigung) darüber zukommen läßt, wie gut sie getroffen hat. Auf der anderen Seite fordert aber THORNDIKE für beide Gesetze zusammen Allgemeingültigkeit:

Das Lernen ist eine Funktion der Bekräftigung:

$$L = f(B)$$

Das Lernen ist eine Funktion der Übung, d.h. der Zahl der Wiederholungen:

$$L = f(Ü)$$

Die gegenseitige Abhängigkeit kann man durch folgende Formel wiedergeben:

$$L = f(B \cdot Ü)$$

Wenn eines der beiden Glieder gleich Null wird, findet kein Lernen statt. Wir werden sehen, daß beide Behauptungen nicht unwidersprochen geblieben sind.

*Erläuterung:*

Mit seinem Effekt-Gesetz zieht THORNDIKE einen Sachverhalt – zunächst noch unausgesprochen – mit in die Überlegungen ein, der bis dahin unbeachtet geblieben war, aber in der Folgezeit von eminenter Wichtigkeit werden sollte, nämlich den der

*Motivation:*
Dem Versuchstier kann man beim trial-and-error-Verhalten unmöglich eine „Absicht" oder eine bewußte Zielverfolgung unterstellen. Trotzdem ist das Verhalten nicht *völlig* ziellos. Eine Katze, die zwar keinen Hunger, aber Durst hat, wird im Versuch diejenigen Verhaltensweisen, die ihr Futter verschaffen, nicht häufiger zeigen, wohl aber jene, die ihr Milch verschaffen. Das heißt, ob ein Nacheffekt vom Individuum als befriedigend oder positiv erlebt wird oder nicht, ist von Zuständen abhängig, die aus der Vergangenheit erklärt werden müssen, im Fall des Beispiels vom Nahrungs- oder Flüssigkeitsentzug, in anderen Fällen von „Voranpassungen, Einstellungen, Haltungen" u. dgl. (HILGARD/BOWER 1970, S. 33). THORNDIKE formuliert in diesem Zusammenhang das

sogenannte „*Gesetz der Bereitschaft*“ (law of readiness), das wir hier jedoch nicht ausführen wollen, weil es uns später und in anderem Zusammenhang differenzierter beschäftigen wird (vgl. Motivation, Kapitel C 1).

*Zur Ergänzung und Vertiefung:*

Skowronek, H., 1971, S. 18–27.
Haseloff / Jorswieck, 1970, S. 36–42.
Hilgard / Bower, 1970, S. 30–92.

## 1.3 Guthrie und die Kontiguitätstheorie

EDWIN R. GUTHRIE (1886–1959) hat 1935 mit seiner Kontiguitäts-Theorie (lat. contingere, tangere = berühren: raumzeitliche „Berührung“) wohl die faszinierendste Lerntheorie entworfen. Sie besticht einmal durch ihre nicht mehr zu überbietende Kürze und Einfachheit und zum anderen durch die Umfassendheit, da sie wohl tatsächlich nahezu alles menschliche und tierische Lernen zu erklären vermag.
Das einzige Gesetz dieser Theorie, aus dem sich alles Weitere ableitet, lautet:

> Kontiguitätsgesetz:
> „*Eine Kombination von Reizen, die mit einer Bewegung einhergeht, pflegt beim erneuten Auftreten diese Bewegung nach sich zu ziehen*“ (HILGARD / BOWER 1970, S. 95–96).

„Bewegung“ ist als das Element jedes Verhaltens, jeder Handlung, aber auch des Denkens als innerem Sprechen zu verstehen. Der Satz ist in allen Einzelteilen so gemeint, wie er da steht: Eine bestimmte Bewegung wird entweder ausgelöst oder nicht ausgelöst (durch die Reizkombination); etwas Dazwischenliegendes gibt es nicht; das Lernen folgt dem *Alles-oder-Nichts-Prinzip*.
Man benötigt keine Annahmen über Bereitschaften, Bedürfnisse, zu interpretierende Nacheffekte usw. Die Wirkung von Belohnung oder Bestrafung kann ebenso erklärt werden wie das klassische Konditionieren bei PAWLOW und das operante Konditionieren bei SKINNER.
Wie ist das möglich?
Die Theorie ist „molekular“ zu verstehen im Gegensatz zu den übrigen Theorien, die „molar“ (lat. moles = Masse) gemeint sind. In der Realität kommt eine einzelne „Bewegung“ (etwa als Muskelkontraktion) ebensowenig isoliert vor wie ein einzelner Reiz.

Jedes Verhalten auf der einen Seite und jede Wahrnehmung auf der anderen Seite ist eine Kombination einer zwar sehr großen, aber endlichen Zahl von Elementen, d.i. einer „Population". Mit Reiz ist auch nicht etwa der physikalische Reiz gemeint, sondern das, was davon vom Individuum aufgefaßt, „wahrgenommen" wird.

> *„Das, was der Organismus auffaßt, wird zum Signal für das, was getan wird"* (HILGARD / BOWER, S. 1127.

*Erläuterung:*

GUTHRIES Theorie wurde von ESTES (1950) mathematisch und „quasi-quantitativ" als Wahrscheinlichkeitsmodell gefaßt. Stark vereinfacht wird dabei etwa folgendes ausgesagt:
In einer alltäglichen Lernsituation tritt eine Population von N Reizelementen (etwa Flötenton a", Mittagssonne, grüne Tapete, 22° Raumtemperatur, Holztisch und Tischtuch usw.) mit einer Reaktion von M „Bewegungen" als Verhaltenselementen (z.B. Kontraktion von 100 Muskeln, die in ihrer Gesamtheit zum Schreiben des Buchstabens „a" führen) gleichzeitig auf; dies führt zur einmaligen und endgültigen Koppelung aller N Reizelemente mit allen M Reaktionselementen. Würde dieselbe Reizkombination ein zweites Mal auftreten, dann würde sie dieselbe Bewegungskombination nach sich ziehen. Da dies aber praktisch nie der Fall sein kann, weil sich viele der Reizelemente geändert haben, nicht oder nicht so aufgefaßt werden, zusätzliche Reize hinzukommen (die bereits mit anderen Bewegungen assoziiert sind) usw., muß es auch nicht sofort zur selben Verhaltensweise kommen. Eine Zufallsstichprobe von Reizelementen wird mit einer Zufallsstichprobe von „Bewegungen" assoziiert. Hat man eine Information über die Anzahl der alten (gekoppelten) und der neuen Reizelemente, dann kann man aufgrund von Wahrscheinlichkeitsberechnungen voraussagen, wie viele Koppelungen zwischen Situation und Reaktion nötig sind, um das Verhalten zu provozieren.

Die nach THORNDIKES Theorie zweifellos vorhandene Wirkung der Belohnung bzw. der Verstärkung wird von GUTHRIE dadurch erklärt, daß die belohnte Verhaltensweise ja stets die letzte im Versuch war, die also als einzige durch nachfolgende Reiz-Reaktions-Verknüpfungen nicht mehr zerstört wurde. Verstärkung ist damit nichts anderes als die Bewahrung des „Letztereignisses" vor Entkoppelung. Auf dieselbe Weise ist das Vergessen verstehbar

durch Neuverknüpfungen von Reizelementen mit anderen Reaktionskombinationen. So wird die Flucht aus dem Käfig von einem Tier dadurch gelernt, daß die letzte und *nur* die letzte Verhaltensweise vor dem Vergessen bewahrt bleibt, „weil sich das Tier nach der Flucht in einer neuen Lage befindet und so mit der alten Situation keine neuen Assoziationen mehr gestiftet werden können" (HILGARD / BOWER 1970, S. 101).
HILGARD / BOWER scheinen der Kontiguitätstheorie, wohl zusammen mit den mathematisch-statistischen Lerntheorien, eine große Chance für die Zukunft einzuräumen. Jedenfalls lohnt sich die genauere Lektüre durchaus auch für den Praktiker.

*Zur Ergänzung und Vertiefung:*

Hilgard / Bower 1970, Kapitel 4.

## 1.4 *Skinner und das Operante Konditionieren*

Die Lehre B. F. SKINNERS (geb. 1904) in Kürze darzustellen ist ein kühnes Unterfangen und allenfalls durch den folgenden Hinweis zu rechtfertigen: Wer sich dem System des *Operanten Konditionierens* bzw. der *Verhaltensformung* widmen will, muß es ganz tun. Da wir aber – wie einleitend erwähnt – einen anderen Akzent setzen wollen, müssen einige kurze Bemerkungen hinreichen.

Zunächst wieder ein
*Versuch „Schrittweise Verstärkung":*
SKINNER arbeitete vorwiegend mit Tauben in Käfigen mit bestimmten Vorrichtungen, vorwiegend zum schnellen Füttern, meist etwas einfacher eingerichtet als THORNDIKES „problem boxes". Da sich die Dressurerfolge meist sehr schnell einstellen, experimentierte er oft im Hörsaal vor vollem Auditorium.
Eine einjährige Taube, auf 80% ihres Gewichtes „zurückgehungert", hatte in Vorversuchen gelernt, auf ein Klingelzeichen hin Futter von einer in den Käfig schwingenden Schale aufzunehmen. Im Käfig befindet sich lotrecht eine weiße Karte mit einem schwarzen Kreis in der Mitte. Diesen zu picken soll die Taube lernen. Das Tier bewegt sich zunächst ziellos im Käfig. Beiläufig und zufällig blickt es dabei auch einmal in die Richtung der Karte. In diesem Augenblick ertönt das Klingelzeichen, die Schale schwingt in den Käfig, die Taube holt sich das Futterkorn. In der Regel kehrt sie dann zum Ausgangspunkt zurück, und die Prozedur wiederholt

sich 4–5mal. Wird die Blickwendung sicher beherrscht, dann erhält sie nur noch Futter, wenn sie einen Schritt hin zur Karte macht, danach nur, wenn sie auf die Karte und schließlich auf den schwarzen Kreis pickt. Der ganze Lernvorgang nimmt nicht mehr als 3–5 Minuten in Anspruch (vgl. HASELOFF/JORSWIECK 1970, S. 100).

SKINNERS System (er weigert sich, es Theorie zu nennen), umgreift die Ansätze PAWLOWS, THORNDIKES und GUTHRIES und führt sie einem unmittelbaren praktischen Einsatz zu. Er denkt sie konsequent zu Ende, ohne prinzipiell neue theoretische Annahmen zu machen. Sehr starke Unterschiede ergeben sich allerdings durch die deutlichen Akzentverschiebungen:

1. Das „klassische" Konditionieren, nämlich die Koppelung eines Reizes S mit einer Reaktion R (Reflex im allerweitesten Sinn des Wortes) bezeichnet SKINNER als *„Lernen vom Typus S"*, ihre Reaktionen als „respondentes" Verhalten bzw. als „ausgelöste" (elicited) Reaktionen, und er beschäftigt sich dann kaum noch mit dieser Reaktionsklasse.
2. Das Gegenstück hierzu, nämlich die „abgegebenen" (emitted) Reaktionen sind diejenigen, die einen Reiz der Umgebung (z.B. Futtergabe) auslösen. Sie sind damit *„Wirkreaktionen"* (operants, operantes Verhalten). Diese Art des Konditionierens nennt SKINNER *„Lernen vom Typus R"*.

> *Erläuterung:*
>
> Innerhalb der psychologischen Literatur spricht ausschließlich CORRELL von ‚operativem Konditionieren'. Dies ist ein ärgerlicher Übersetzungsfehler, da er Anlaß zu Verwechslungen mit dem ‚operativen Denken' bei PIAGET liefert. Der Fachausdruck heißt richtig ‚OPERANTES KONDITIONIEREN'.

3. Der zentrale Begriff ist für SKINNER der der *Verstärkung* (reinforcement). Aber anders als bei THORNDIKE ist er hier voll operationalisiert: Der Verstärker (reinforcer) ist durch seine Auswirkungen definiert. SKINNER sagt:

   *Jeglicher Reiz ist dann ein Verstärker, wenn er die Wahrscheinlichkeit einer Reaktion erhöht* (HILGARD/BOWER 1970, S. 135).

*Erläuterung:*

Über das, was letztlich verstärkend wirkt, macht sich SKINNER keine Gedanken. Damit entfällt die Notwendigkeit eines „Gesetzes der Bereitschaft", die Annahme eines spezifischen Motivs oder einer Bedürfnisspannung. Es entfällt allerdings auch die Möglichkeit vorauszusagen, welcher Reiz in jedem Einzelfall (vor allem bei der Übertragung auf den menschlichen Bereich) als Verstärker wirken wird. In seinen Lernprogrammen nimmt SKINNER als selbstverständlich an, daß der Umweltreiz „richtig" prinzipiell verstärkend wirke, was in dieser Absolutheit sicher anzuzweifeln ist.

4. Wenn Verstärkung durch die *Steigerung* der Reaktionswahrscheinlichkeit definiert ist, so gilt dies auch für den sog. negativen Verstärker, der dadurch wirksam wird, daß man seine Darbietung *unterläßt.*
   Damit ist, wenigstens terminologisch, ein Unterschied gesetzt zur Bestrafung, die an sich durch ihre Darbietung *vermindernd* auf die Reaktionstendenz einwirken müßte.
   Sie tut dies aber nicht in dem zu erwartenden symmetrischen Ausmaß, wofür es allerdings einleuchtende Gründe im System gibt (vgl. HILGARD/BOWER S. 159–163). Im Prinzip ist beides identisch.
5. Mit dem Prinzip der „*sukzessiven Approximation*" (schrittweisen Annäherung) gelingt SKINNER eine *Verhaltensformung* (shaping of behavior), die in so drastischer Ausprägung einmalig sein dürfte.
   Macht das Versuchstier irgendeine (geringfügige) Bewegung *hin* zum gewünschten Endverhalten, so wird bereits dieses Partialverhalten verstärkt usw. Natürlich muß man bei einer solchen Vorgehensweise recht detailliert wissen, wie sich das gewünschte Endverhalten aufbaut, was im Humanbereich und in der Pädagogik gewisse Probleme aufwerfen dürfte.
6. Da SKINNER mit dem Prinzip der sukzessiven Approximation nahezu jedes (Tier-)Verhalten mühelos aufbauen kann, ist die Zahl der notwendigen Bekräftigungen (und damit das Frequenzgesetz THORNDIKES) eine Funktion eher der Komplexheit dieses Endverhaltens als des Lernerfolgs und damit relativ bedeutungslos. (Auch „Einversuchlernen" ist möglich.) SKINNER mißt daher als Kriterium des Lernerfolgs die Resistenz eines gelernten Verhaltens gegenüber der Extinktion, d.h., er zählt aus, wie oft das Verhalten auch dann noch „emittiert"

wird, wenn keine Belohnung mehr erfolgt (und setzt diese Zahl ins Verhältnis zur Zahl der Bekräftigungen während der Lernphase = extinction ratio). Mit Hilfe dieser Anordnung „entdeckte“ SKINNER einen Tatbestand, der für sein System geradezu kennzeichnend und repräsentativ wurde:

7. Das Prinzip der *intermittierenden Bekräftigung:*
   Ein Verhalten ist dann besonders löschungsresistent (also dauerhaft gelernt), wenn in der Lernphase nicht *jedes* „richtige“ Verhalten, sondern (nach einem bestimmten Versuchsplan) *intermittierend* bekräftigt wurde.
   So wird beispielsweise das Picken einer Versuchstaube auf einen farbigen Knopf nur bei jeder 3. (oder 20. bzw. 100.) richtigen Reaktion belohnt, oder das Futter wird erst geboten bei einer richtigen Reaktion nach 6, 9 oder 12 Minuten (Intervall- bzw. Proportional-Verstärkung).

> *Erläuterung:*
>
> Bei beiden Varianten kann man auch die feste Quote durch eine variable Zufallsquote um einen Mittelwert herum ersetzen und gelangt so zu noch weit höheren Lernerfolgen. Die so erzielte Löschungsresistenz ist mathematisch voraussagbar, wenn man die Theorie GUTHRIES oder die Modelle von ESTES zugrunde legt, d.h., sie ist letztlich weder etwas für die SKINNERsche Methode Besonderes noch etwas Überraschendes, so daß man (nachträglich) sagen möchte:
> Es kann gar nicht anders sein.

Die kontinentale Psychologie und Pädagogik haben zum Teil mit Begeisterung und Enthusiasmus, zum anderen Teil mit großem Widerstreben von der Lehre SKINNERS Kenntnis genommen bzw. sie zum Einsatz gebracht. Beides erscheint unangemessen, und beides liegt wohl in der in Aussicht gestellten *totalen Manipulierbarkeit* des Verhaltens begründet. Niemand hat wohl Bedenken gegenüber dem Einsatz der Methode im Tierversuch oder wenn es um Bravourleistungen der Tierdressur geht. Bei der Anwendung im Humanbereich müßte sich aber sowohl der Enthusiasmus der einen Seite wie auch der Widerstand der anderen Seite auf einem gesunden Mittelwert einpegeln. Die großen Erwartungen hinsichtlich der Vorteile von linearen Lernprogrammen, wie sie aus der SKINNERschen Schule propagiert werden, dürften sich letztlich nicht erfüllen, wenn auch ein gewisser Wert ihnen im schulischen

Alltag sicher zukommen wird. Die Transfer-Leistungen der so gelernten Stoffe und Materialien sind nach den gegenwärtigen Erfahrungen zu gering, als daß sich ein größerer Aufwand lohnen würde. Darüber wird später noch eingehender zu sprechen sein. Im Bereich der Verhaltenstherapie sind unzweifelbar Erfolge vorhanden, die sich neben denen der eher konventionellen therapeutischen Methoden sehen lassen können, doch auch hier ist der Streit der Schulen noch unentschieden. Der Manipulierbarkeit menschlichen Verhaltens nach der Methode der sukzessiven Approximation sind sicher engere Grenzen gesetzt, als es SKINNER sich dachte, und sein Zukunftsroman „Walden two" (Die Vision einer aggressionsfreien Gesellschaft, rororo, Hamburg 1972) mag für den einen Faszination, für den anderen ein Alpdruck sein, aber für beide sicherlich Utopia und Stoff für endlose Debatten.

*Zur Ergänzung und Vertiefung:*

Hilgard/Bower 1970, Kapitel 5 (insbesondere zur Bedeutung der Strafe: S. 159–163).
Haseloff/Jorswieck 1970, Kapitel 11.

*Synopse der S-R-Theorien*
(Zentrale Begriffe und Gemeinsamkeiten)

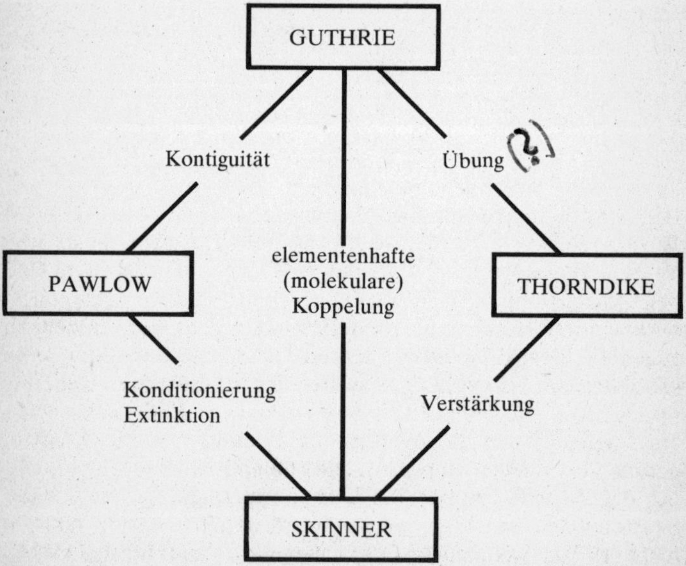

*Aufgabe A 1:*
Die Vertreter der S-R-Theorien haben ihre Erkenntnisse fast ausschließlich auf dem Weg über Tierversuche gewonnen. Ohne hier die Frage der Übertragbarkeit auf menschliches Lernen anschneiden zu wollen (dafür wäre ein sehr viel tieferes Verständnis der Zusammenhänge und der Details erforderlich), mag es doch ganz interessant sein, den Blick auf die offensichtlichen „Vorlieben" der Forscher für ganz bestimmte Tierarten zu lenken:

PAWLOW arbeitete (zumindest in den Anfängen der Theorieentwicklung) vorwiegend mit Hunden.
THORNDIKE bevorzugte eindeutig Katzen und Ratten.
GUTHRIE hat kaum eigene Versuche gemacht; er stützte seine Argumentation auf die Versuchsergebnisse anderer Forscher, wobei die Auswahl der Versuchstiere relativ unerheblich war.
SKINNER dagegen hat seine überzeugendsten Versuche mit Tauben durchgeführt.

Diese Auswahl ist sicher nicht ganz zufällig gewesen.
Überlegen Sie:

a) Warum hätte wohl THORNDIKE das Wesentliche seiner Theorie nur schlecht oder gar nicht an Tauben demonstrieren können?
b) Hätte SKINNER sein System auch an Krokodilen oder Schlangen erproben oder beweisen können?
c) Warum ist das Kontiguitätsprinzip GUTHRIES weniger als die anderen Systeme auf spezifische Tierverhaltensweisen bezogen?

(Hilfen für die Lösung der Aufgaben finden Sie im Anhang unter der jeweiligen Aufgaben-Nummer.)

## 2. Die kognitiven Theorien

Wir wollen zunächst versuchen, die grundsätzlichen Unterschiede zwischen den S-R-Theorien und den kognitiven Theorien zu verdeutlichen. Da die Fronten in der Wirklichkeit nicht so deutlich abgrenzbar sind, wird es nötig sein, hin und wieder etwas pointiert zu formulieren, um das Wesentliche herauszustellen. Die Relativierung erfolgt dann bei den Einzeldarstellungen.

(1) Bei den S-R-Theorien ging es vorwiegend darum, daß und nach welchen Gesetzen ein Umweltreiz mit einer Verhaltensweise gekoppelt wird. Das lernende Individuum blieb dabei weitgehend außerhalb der Betrachtung. Man analysierte den Reiz als „Input" und die Reaktion als „Output". Daß „dazwischen" auch etwas geschieht, wurde zwar durchaus gesehen,

aber nur als „dazwischentretender“, den Koppelungsprozeß modifizierender Faktor. Die Person ist die große Unbekannte, eine „BLACK BOX“. Was in ihr vorgeht, kann man nur insoweit beobachten, als es den Output verändert:

S→ | BLACK BOX | →R

In den kognitiven Theorien versucht man, gerade diese inneren Prozesse, also die „Black Box“, näher zu analysieren.

(2) Die Reizsituation wird in den S-R-Theorien viel eher physikalisch-physiologisch definiert, während man in den kognitiven Theorien die Reize mehr danach beschreibt, wie das Individuum sie erlebt. Zwar gilt dies ausgesprochenermaßen auch bei GUTHRIE, und auch die anderen S-R-Theoretiker anerkennen i.a. die Tatsache, daß nur das, was vom Individuum aufgenommen wird, im Lernprozeß wirksam werden kann. Aber dieser Modifikationsprozeß wird in die „Black Box“ verlegt; man interessiert sich nicht weiter dafür.
Bei TOLMAN hingegen wird der Reiz zum „Zeichen“, das für das Individuum etwas „bedeutet“; in der Gestalttheorie wird das, was die Reizelemente in der Wahrnehmung zu einem Ganzen vereinigt, zum Ausgangspunkt genommen,
und in den strukturalen Theorien interessiert man sich besonders für die Art und Weise, wie diese „Elemente“ miteinander in Interaktion treten.

(3) Die kognitiven Theorien sind in ihrem Grundansatz in viel höherem Maße „molar“ oder „makroskopisch“, also auf größere und komplexere Einheiten ausgerichtet als die S-R-Theorien, die man im Gegensatz hierzu eher als „molekular“ oder „mikroskopisch“ zu bezeichnen pflegt, weil bei ihnen die Elemente des Verhaltens in der Größenordnung der Muskelkontraktionen definiert sind. Die Experimente und die Forschungsergebnisse der Kognitionstheoretiker lassen sich oft besser auf die realen Gegebenheiten des täglichen Lebens übertragen, weil die Handlungseinheiten größenordnungsmäßig einander ähnlicher sind. Daß viele der Forschungsergebnisse der einen Gruppe auch durch die Prinzipien der anderen Gruppe erklärbar sind, sei hier nur am Rande vermerkt. Die Theorien schließen sich also auf weite Strecken hin nicht gegenseitig aus.

### 2.1 *Tolman und das Lernen von Zeichen*

EDWARD C. TOLMAN (1886–1959) wendet sich in seiner kognitiven Lerntheorie sehr deutlich gegen den „Muskelzuckismus" der strengen S-R-Theoretiker und nimmt Elemente der kontinentalen und als „mentalistisch" bezeichneten Theorien mit auf, so daß seine Lehre als echtes Verbindungsglied der beiden großen Theoriengruppen angesehen werden kann, obgleich TOLMAN noch ganz dem behavioristischen Lager zugehört.
Zunächst sei ein grundlegendes und für seine Lehre typisches Experiment dargestellt. Es sollte eine Entscheidung herbeiführen zu der Frage, ob Versuchstiere in einer bestimmten Situation eher eine Bewegungsabfolge lernen oder ob sie nicht eher eine Art „Wissen" über das zu erreichende Ziel erwerben und damit eine mehr ganzheitliche Handlungseinheit erlernen.

*Versuch: „Orientierungslernen"*:
In einem kreuzförmigen Labyrinth mußten zwei Gruppen von Ratten lernen, zu einem Futterplatz zu gelangen. Beide Gruppen wurden nach Zufallsfolge entweder bei $S_1$ oder bei $S_2$ eingesetzt. Die Tiere der Gruppe A fanden das Futter jedesmal, wenn sie sich im Kreuzungspunkt nach rechts wendeten: Beim Start von $S_1$ lag das Futter bei $F_1$, beim Start von $S_2$ bei $F_2$.

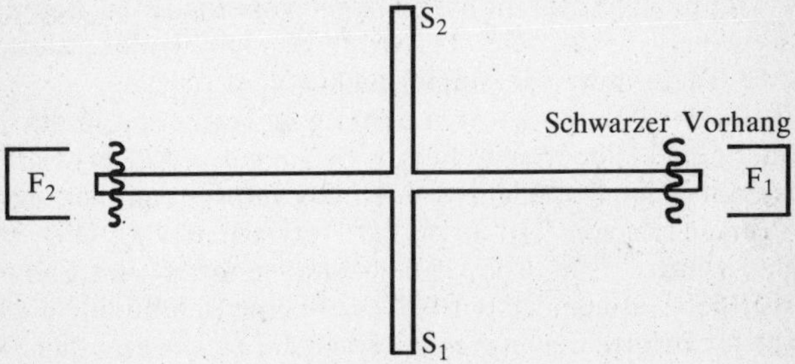


Ortslernen nach Tolman

Gruppe B fand das Futter jedoch stets in $F_1$; starteten die Tiere von $S_1$, bedurfte es einer Rechtswendung, bei $S_2$ einer Linkswendung.
Gruppe B benötigte signifikant weniger Übungsdurchgänge, sie lernte deutlich schneller oder besser als Gruppe A.

Genaugenommen haben beide Gruppen natürlich Verschiedenes gelernt. Gruppe A lernte nach den Theorien THORNDIKES und SKINNERS eine Bewegungsabfolge, während die Gruppe B einen bestimmten *Ort* als Futterplatz „kennen“-lernte.
Nun war das Labyrinth bei diesem Versuch oben offen, so daß die Tiere Hinweisreize aus der Umgebung benutzen konnten. Verschloß man es ringsum, so konnten die Tiere natürlich nur Bewegungsabfolgen lernen, was wiederum mehr Durchgänge erforderte. In einem anderen Versuch ließ sich zeigen, daß Ratten den richtigen Weg auch schwimmend fanden, nachdem sie ihn watend oder laufend gelernt hatten. Es waren also auch hier nicht bestimmte Abfolgen von Bewegungen gelernt worden, sondern die Ratten hatten spontan Hinweisreize benutzt, um zum Ziel zu gelangen.
Aus diesen und ähnlichen Vesuchen schloß TOLMAN, daß Organismen in der Regel *nicht Bewegungsabfolgen* bzw. Ketten von Muskelkontraktionen erlernen, sondern *Orientierungen*. Das heißt, gibt man ihnen Gelegenheit hierzu, so benutzen sie Reize der Umgebung als *Hinweise* für die Identifikation des Zieles und handeln darum dementsprechend „sinnvoll“. Noch deutlicher wird dieser Sachverhalt in den Versuchen zum sogenannten *„latenten Lernen“*, die TOLMAN und HONZIK 1930 durchführten.

*Versuch:* „Latentes Lernen“:
Drei Gruppen von Ratten hatten unter verschiedenen Bedingungen ein relativ schwieriges Labyrinth zu durchlaufen, und zwar über 17 Tage hinweg je einmal täglich.
Die Tiere der Gruppe 1 waren hungrig und erhielten in der Zielkammer eine kleine Menge Futter. Bei ihnen verringerte sich die Fehlerzahl beim Durchlaufen des Labyrinths stetig, wie das aus den Versuchen von THORNDIKE zu erwarten war. Die zweite Gruppe wurde 2 Stunden vor dem Start gefüttert; im Labyrinth selbst erhielt sie in den ersten 10 Tagen keine Belohnung; die Fehlerzahl verringerte sich in dieser Zeit auch nur unwesentlich. Vom 11. Tag an erhielt nun auch diese Gruppe in der Zielkammer Futter, und schlagartig sank von da an die Fehlerzahl sogar noch unter diejenige der Gruppe 1, die bereits 10 Tage lang den richtigen Weg „geübt“ hatte. Die 3. Gruppe fungierte als Kontrollgruppe; sie fand nie Futter in der Zielkammer.

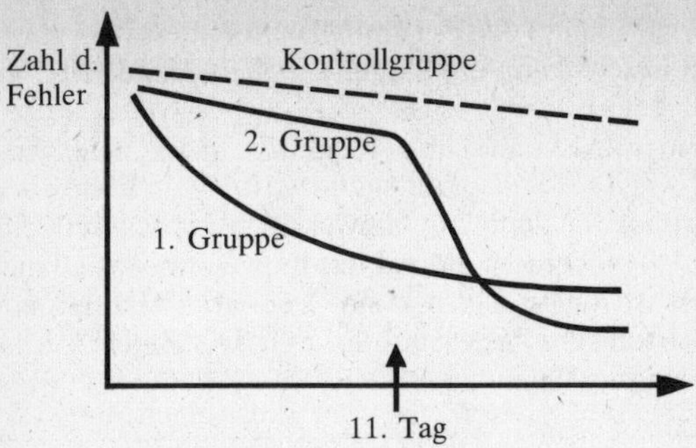


Latentes Lernen im Labyrinth
(nach einer Darstellung von Tolman & Honzik, vgl. Foppa 1970, geglättete Kurve).

Nach den Verstärkungstheorien hätten die Ratten der Gruppe 2 in den ersten 10 Tagen eigentlich nichts lernen dürfen, da ja keine Bekräftigung erfolgt war. In ihrem Verhalten zeigte sich denn auch kein Lernfortschritt. Als am 11. Tag jedoch das Futter gegeben wurde, zeigten die Tiere sofort, daß doch ein Lernen stattgefunden hatte. Wenn auch der Lernfortschritt bis dahin nicht gezeigt werden konnte, so war er doch latent vorhanden: Die Leistung in den folgenden Tagen übertraf sogar die der 1. Gruppe.

Folgende Konsequenzen sind aus diesen Ergebnissen zu ziehen:

1. Es ist zu unterscheiden zwischen *Lernen* und *Leistung*. Es kann sehr wohl etwas gelernt worden sein, ohne daß das Gelernte auch zum Vollzug kommt. Solange der Lerngewinn sich nicht in Leistung (performance) offenbart, spricht man von *latentem Lernen*.
2. Lernen, jedenfalls dieses latente Lernen, ist möglich *ohne* jede Form von *Verstärkung* und damit wohl auch *ohne* jede Motivation. Ob das latent Gelernte ohne Motivation jemals manifest wird, sich also als Leistung bemerkbar macht, muß vorerst offenbleiben. Jedenfalls ist der Lernakt selbst vom Vollzugsakt und damit von der Motivation und von der Bekräftigung zeitlich abtrennbar.
3. Die Versuchstiere der nichtbelohnten Gruppe hatten in der ersten Versuchsphase keine Bewegungsabfolgen gelernt, denn sie hatten ja „richtige“ und „falsche“ Gänge annähernd gleich oft durchlaufen. Sie hatten statt dessen das Labyrinth gleichsam auswendig gelernt. Sie hatten gelernt, sich zu *orientieren,* so daß

sie in dem Moment, wo es sinnvoll wurde, den Weg zur Futterkammer bereits kannten. Sie hatten eine „Landkarte" des Labyrinths gelernt.

4. Diese kognitive Landkarte (cognitive map) oder kognitive Matrix, wie TOLMAN später sagte, wirkt ähnlich wie ein Orientierungsplan, in dem die Umweltreize zu Marken, Signalen oder Zeichen werden, die auf das hinweisen, was „danach" zu erwarten ist. Diese Zeichen sind bedeutungshaltig, indem sie die Erwartung des Zieles mobilisieren. Das Zeichen erhält vom Ziel her seine Valenz.

*Erläuterung:*

Dieser Vorgang läßt sich etwa so veranschaulichen:
Zu einer Erwartung gehören 3 Dinge:

a) Etwas, was zunächst wahrgenommen wird, der Reiz als solcher $= S_1$.
b) Etwas, was auf die Wahrnehmung hin getan wird $= R_1$.
c) Etwas, was auf diese Reaktion hin erfolgt und dann wahrgenommen werden wird, also das „zu Erwartende" $= S_2$.

Also z.B.: Ich sehe einen „Knopf" ($S_1$). Wenn ich diesen Knopf drücke ($R_1$), dann erwarte ich (aus Erfahrung), daß ich den Ton der Türklingel höre ($S_2$). Der „Knopf" ist zum „Klingelknopf" geworden (vgl. HILGARD/BOWER 1970, S. 251).
Der ganze Komplex ($S_1R_1S_2$) ist die Erwartung, die ich aus früheren Handlungen gelernt habe, und ich kann diese Erwartung auch hegen, ohne den Knopf tatsächlich zu drücken. Realisiert wird die Erwartung dann, wenn ich etwa einen Besuch machen möchte.

Mit der Annahme, daß Lernen im Erwerb einer kognitiven Matrix bestehe, wird im Grunde das Konzept des Lernens als Verhaltensänderung verlassen oder doch überstiegen, wenn natürlich auch später Verhalten als beobachtbare Variable zur Beweisführung wieder nötig wird. Letztlich bedeutet diese Konzeption aber aus behavioristischer Sicht den Einbruch in die „black box".

5. Die Versuchstiere pflegen an Entscheidungspunkten, also z.B. an Kreuzungen im Labyrinth, kurz zu zögern, ja bisweilen sogar regelrecht erkundende Kopf- und Blickbewegungen zu vollziehen. Es ist, als ob sie sich überlegen würden, welcher Weg der richtige sei. TOLMAN spricht hier von einem verinnerlichten trial-and-error-Verhalten („vicarious trial and error"), das das

tatsächliche Begehen des falschen Weges ersetzt. Dieses Verhalten darf aber nicht verwechselt werden mit dem trial-and-error bei THORNDIKE, denn im Gegensatz zu diesem ist es „offenbar eine Unterbrechung von Reaktionsabläufen zugunsten eines Vergleichs von Alternativen" (SKOWRONEK 1971, S. 52), und es zeigt sogar eher an, daß in diesem Augenblick Mittel-Ziel-Zusammenhänge gesehen werden und damit so etwas wie „Einsicht" stattgefunden hat. Es ist damit eher zu vergleichen mit dem hypothetischen Probierverhalten des Menschen als mit dem plan- und ziellosen Agieren der Tiere bei THORNDIKE.

TOLMANS Theorie des Orientierungslernens verbindet Erkenntnisse der Gestalttheorie, die wir im nächsten Abschnitt darstellen werden, mit den behavioristischen Grundgedanken. Nennt man das „Erkennen" von Mittel-Ziel-Zusammenhängen Einsicht, dann muß man auch Tieren bereits einsichtiges Verhalten zugestehen. Tatsache ist, daß sich sowohl Tiere als auch Menschen in solchen Versuchsanordnungen, wie sie TOLMAN darstellt, in höherem Grade zweckvoll verhalten als in den sehr starren S-R-Experimenten, und vor allem, daß ihnen eine Übertragung des Gelernten auf andere Situationen (Transfer) offensichtlich leichter fällt.

*Versuch: „Zielorientiertes Handeln":*
Die Ratten hatten in einem oben offenen, aber hohen Labyrinth einen relativ schwierigen Weg zur Zielkammer (mit Belohnung) gelernt. Nun gab man ihnen Gelegenheit, in bestimmten Kammern nach oben auszusteigen, während das übrige Labyrinth mit einer Platte abgedeckt wurde. Die Ratten folgten nach dem Ausstieg nicht, wie man nach THORNDIKE hätte erwarten müssen, dem Verlauf der „unterirdischen" Gänge, sondern steuerten geradewegs (in Luftlinie) auf die Zielkammer zu, wo sic wieder einstiegen.
In anderen Versuchen konnten die Ratten auf Anhieb die jeweils kürzesten Umwege benützen, wenn der direkte Weg blockiert war, falls sie zuvor (ohne Belohnung) das Labyrinth „latent" kennengelernt hatten.

*Zur Ergänzung und Vertiefung:*

Hilgard / Bower 1970, Kapitel 7 (40 Seiten).
Haseloff / Jorswieck 1970, Kapitel 12 (9 Seiten).

## 2.2 *Gestaltpsychologie und das Lernen durch Einsicht*

War es bisher schon schwierig gewesen, die Darstellung der Theorien chronologisch anzuordnen, weil die Veröffentlichungen und Weiterentwicklungen sich natürlich zeitlich stark überschnitten, so müssen wir jetzt einen deutlichen Schritt in die Vergangenheit machen. Mit einer Veröffentlichung von MAX WERTHEIMER im Jahr 1912 wird der Beginn einer psychologischen „Schule" in Deutschland, der *Gestaltpsychologie*, angesetzt.

*Erläuterung:*

WERTHEIMER demonstrierte, daß zwei feststehende Lichter, die im Abstand von ca. 0,1 Sekunde aufleuchteten, beim Beobachter den Eindruck einer Bewegung des Lichtes von einer Quelle hin zur anderen hervorrufen (das sog. „Phi-Phänomen", das uns heute vom Film her geläufig ist). Die Bewegungswahrnehmung erschien als ein Phänomen eigener Art, nämlich als eine „Ganzheit", die sich nicht als die Summe der einzelnen Reizelemente verstehen ließ. In den folgenden Jahrzehnten wurden in den verschiedensten Sinnesbereichen Experimente durchgeführt, um zu demonstrieren, daß das Ganze mehr sei als die Summe seiner Teile. Strukturierte Ganzheiten nannte man „Gestalten". Eine akustische Gestalt ist z.B. die Melodie: Transponiert man sie in eine andere Tonart, so ist keines der Elemente mehr identisch, der Hörer aber hört noch dieselbe Melodie. Auf optischem Gebiet werden häufig die bekannten optischen Täuschungen benutzt, um zu demonstrieren, daß es bei der Wahrnehmung einer Gestalt weniger (oder gar nicht?) auf die Elemente, sondern vielmehr auf die Beziehung der Elemente zueinander ankommt.

MÜLLER-LYERSCHE Täuschung: Welche der beiden horizontalen Strecken ist länger?

War auch die Gestaltpsychologie zunächst fast ausschließlich an Wahrnehmungsphänomenen interessiert, so bezog sie doch bald Stellung auch gegen die assoziationistischen und elementenhaften (molekularen) Vorstellungen amerikanischer Lerntheoretiker. Energisch bestritt sie deren Grundüberzeugung, daß sich Lernen auf elementare Vorgänge reduzieren hieße. Wie wir sahen, hat TOLMAN einige der Gedanken später aufgegriffen und in das neobehavioristische Begriffssystem assimiliert.

*Versuch: „Grautöne“:*
Ein früher Versuch von W. KÖHLER zeigt, auf welcher Ebene man argumentierte: Man dressierte Hühner darauf, nur von einer von zwei verschieden getönten Grauflächen Futter zu picken. War das zunächst erlaubte Feld das dunklere, dann ersetzte man im Prüfungsdurchgang das hellere durch ein noch dunkleres. Die Hühner pickten dann nicht mehr vom bisher erlaubten, sondern vom jeweils dunkleren Feld. Sie hatten damit nicht eine bestimmte Reaktion gelernt („Picke von diesem Grauton!“), sondern eine Relation oder die Unterscheidung von Helligkeitsabstufungen („Picke vom jeweils dunkleren Feld!“). Nicht der absolute Reiz, sondern eine *Reizgestalt,* nämlich die Beziehung zwischen zwei Reizen, war zum Ausgangspunkt geworden.

Bevor wir die Hauptprinzipien der Gestalttheorie, soweit sie sich als Lerntheorie versteht, darstellen, seien einige Aussagen zum Gestaltbegriff vorausgeschickt.
- Eine Gestalt ist eine von ihrer Umgebung (Grund) abgehobene gegliederte Einheit oder Ganzheit.
- Ihre Eigenschaften können nicht aus den Eigenschaften der Teile erschlossen werden.
- Gestalten sind – über die Elemente hinweg – transponierbar, ohne ihre wesentlichen Eigenarten zu verlieren (z.B. Quadrat aus Kreidestrichen, Stöcken, Bewegungsabfolge).
- Zwischen den Teilen einer Gestalt besteht eine dynamische Wechselwirkung. Die eindeutige Zuordnung zwischen Reiz und Erscheinung ist nicht mehr möglich.
- Gestalten zeichnen sich durch bestimmte Ordnungseigenschaften aus (Regelmäßigkeit, Einfachheit, Geschlossenheit), die bei der Wahrnehmung besonders akzentuiert werden.
- Diese Akzentuierung läßt die Gestalt prägnanter erscheinen, als es von den absoluten Reizen her gegeben erscheint, d.h., es gibt eine „Prägnanztendenz“ oder eine Tendenz zur „guten Gestalt“, die ihren Ort im wahrnehmenden Individuum hat (vgl. hierzu die ausführlichere Darstellung bei HILGARD/BOWER 1970, S. 265ff, ebenso in OERTER 1974).

Wie kommt man nun von diesen Gestalt-Prinzipien zu einer Theorie des Lernens?

Aus den zahlreichen Versuchen WOLFGANG KÖHLERS mit Schimpansen sei hier einer beispielhaft ausgeführt.

*Kisten-Versuch (KÖHLER):*
Im Käfig des Schimpansen Koko hängt an der Wand eine Banane in einer Höhe, die für den Affen unerreichbar ist. Außerdem steht, einige Meter von der Wand entfernt, eine Kiste im Raum. Die Schilderung KÖHLERS über das Verhalten des Tieres sei hier wörtlich wiedergegeben (zit. nach SKOWRONEK 1971, S. 43), weil gerade die Details von Bedeutung sind.
„Koko springt mehrmals unter dem Ziel in die Höhe, versucht dann mit einer Schlinge seines Seiles, die er in die Hand nimmt, das Ziel zu erreichen, kommt nicht an und dreht sich nach einer Reihe solcher Bemühungen, die alle nichts mit der Kiste zu tun haben, von der Wand fort; so scheint er bisweilen die Sache aufzugeben, kommt aber schließlich doch immer wieder. Nach einiger Zeit – er ist gerade wieder von der Wand fort – tritt er an die Kiste heran, blickt zum Ziel hinüber und gibt der Kiste einen kurzen Stoß, ohne sie dabei vom Fleck zu bewegen. Seine Bewegungen sind viel langsamer geworden als vorher; er läßt die Kiste stehen, macht ein paar Schritte von ihr fort, kehrt aber sogleich wieder um und gibt ihr den dritten Stoß in derselben Art, um danach von neuem langsam umherzugehen; die Kiste ist jetzt im Ganzen um etwa 10 cm verschoben, und zwar auf das Ziel zu. Dieses wird um ein Stück Apfelsine – darüber geht ihm nichts – verbessert, und wenige Augenblicke danach steht Koko wieder an der Kiste, packt sie plötzlich, zerrt sie in einem Zuge und in gerader Linie bis fast genau unter das Ziel (mindestens 3 Meter weit), steigt sofort hinauf und reißt das Ziel von der Wand. Seit Beginn des Versuchs ist eine knappe viertel Stunde vergangen.“

In anderen Versuchen haben die Tiere zwei und mehr Kisten aufeinanderzustapeln, einen Stock als Werkzeug zu gebrauchen oder gar zwei Bambusstäbe ineinanderzustecken, um das Futter zu bekommen. Die Verhaltensbeobachtungen zeigen in allen Versuchen bestimmte Ähnlichkeiten:
Nach den ersten mehr oder minder ausdauernden vergeblichen Versuchen, scheinen die Tiere zunächst von ihren Bemühungen abzulassen. Sie erblicken dann irgendwann das bereitliegende Hilfsmittel und bringen es mit dem Ziel in Verbindung, was oft durch deutliche Augenbewegungen beobachtbar wird. Dies ist offenbar der Augenblick, in dem das Problem gelöst wurde, also das

„Lernen" stattfand, denn die Ausführung bedarf dann meist nur ganz kurzer Zeit. Es hat eine Einsicht in die Zusammenhänge stattgefunden, indem nämlich eine unvollständige, „schlechte" Gestalt zu einer geschlossenen, zu einer „guten" Gestalt umstrukturiert wurde.
Um die Ergebnisse dieser Versuche richtig interpretieren zu können, müssen noch einige Besonderheiten erwähnt werden.

*1. Rolle der Erfahrung*
Die Tiere kamen leichter zur Lösung des Problems, also zur Einsicht, wenn sie zuvor schon öfters mit den Gegenständen, die später als Hilfsmittel oder Werkzeug dienen sollten, umgegangen waren, wenn sie ihnen also nicht völlig unbekannt waren. Wir können annehmen, daß sie bestimmte Qualitäten oder Eigenschaften dieser Gegenstände bereits kennen mußten.

*2. Wiederholung*
Die Lösung war oft am nächsten Tag wieder verloren gegangen, jedoch konnte sie i. a. sehr bald, jedenfalls viel schneller und sicherer als beim erstenmal, wieder gefunden werden. Man hatte den Eindruck, daß Einsicht noch einmal stattfinden mußte, daß also die Wiederholung des Verhaltens nicht eine Sache des Gedächtnisses allein war.

*3. Wahrnehmungsfeld*
Die Lösung gelang jedesmal dann leichter, wenn Hilfsmittel und Ziel, vom Tier aus gesehen, in einer Blickrichtung lagen. Befand sich das Tier *zwischen* Stock und Banane, so war es schwerer oder unmöglich, eine Verbindung zwischen beiden herzustellen.
Die Herstellung einer Mittel-Zweck-Relation wurde offenbar durch die gleichzeitige Wahrnehmung beider Objekte begünstigt.

*4. Lernen aus Beobachtung*
Interessanterweise wurde die Lösung auch dann leichter und schneller gefunden, wenn das Tier einen Artgenossen zuvor bei der Aufgabe hatte beobachten können. Doch blieb auch hier die *eigene* Einsicht Voraussetzung einer Lösung, denn nie übernahm das Tier schlicht imitierend die ganze Handlungsabfolge.

*5. Zielgerichtetes Probieren*
Das probierende Verhalten, das die Tiere vor der schließlichen Lösung oft zeigten, war – im Unterschied zu den THORNDIKEschen

Beobachtungen – kein plan- und zielloses Emittieren von Verhaltensweisen aus dem Repertoire, sondern es wirkte eher wie eine Hypothesenprüfung: Die Bemühungen dieses „trial-and-error" waren stets auf das Ziel hin ausgerichtet, wenn auch anfänglich die Mittel noch oft die falschen waren. (So warf z.B. ein Tier den Stock aus dem Käfig auf die dort liegende Banane, bevor es ihn später als Armverlängerung benutzte.)

*6. Plötzlichkeit*

Typisch für das Lernen durch Einsicht ist die Tatsache, daß von den Versuchstieren die Lösung stets mit einer gewissen Schlagartigkeit oder *Plötzlichkeit* gefunden wird. Das ist allerdings zunächst darauf zurückzuführen, daß es sich doch meist um relativ einfache Problemsituationen handelt, wie sie eben im Tierversuch nicht anders durchführbar sind. Beim menschlichen Problemlösen ist diese Plötzlichkeit im Auftauchen der Einsicht (das „Aha-Erlebnis") längst nicht mehr die Regel. Bei den komplexen Problemen des Alltags oder des schulischen Lernens bedarf es meist mehrerer Teileinsichten, die in einem eher kontinuierlichen Nacheinander gefunden werden müssen.

*7. Übertragbarkeit*

Stellte man den Tieren Aufgaben, die in bezug auf die Lösungsmethode denjenigen ähnlich waren, die sie bereits beherrschten, so gelang die Lösung erstaunlich schnell, wenn nicht auf Anhieb. Oft reduzierten die Tiere die „Ähnlichkeit" spontan auf Gleichheit, so daß der Lösungsweg auch dem Beobachter erkennbar wurde: Ein Schimpanse, der das Heranholen einer Banane mit Hilfe eines Stockes bereits beherrschte, erhielt einen noch belaubten Ast. Bevor er ihn jedoch als Werkzeug benutzte, streifte er zuerst alle Blätter ab. Warum er das tat, wissen wir zwar nicht, jedenfalls war die Aufgabe jetzt mit der schon gelernten fast identisch.

Der Begriff der Ähnlichkeit ist hier natürlich zu unbestimmt und verschwommen. Wir werden ihn später (im Zusammenhang mit dem Transfer) noch zu präzisieren haben. Tatsächlich gelingt eine Problemlösung oft auch dann, wenn die Aufgabe äußerlich ganz unähnlich, aber in ihrer Struktur gleich war, was man als *Transposition* bezeichnete.

Nachdem die wichtigsten Versuchsergebnisse aufgezählt sind, fehlt nun noch das theoretische Prinzip, das alle Erscheinungen hinreichend erklärt.
Indem wir weniger Zentrales weglassen, können wir etwa so formulieren

> ‚Einsicht' ist die Interpretation von Reizelementen als Teile eines Ganzen, einer Gestalt.

oder

> ‚Einsicht' ist das Umstrukturieren eines Wahrnehmungs- oder Erlebnisfeldes im Sinn einer „guten Gestalt" (resp. einer „besseren" Gestalt).

Hier ist natürlich zu fragen, wie das Individuum zu den Kriterien kommt, die das Wesentliche einer guten Gestalt ausmachen. Die Gestaltkriterien und das Prägnanzgesetz sagen als reine Deskriptionen hierüber nichts aus. Die Organisationsprozesse, die in der Wahrnehmung und im Erleben die Reize gruppieren, ordnen und aufeinander beziehen, verstand man weitgehend als dem Individuum innewohnend und angelegt, wenn nicht angeboren, was natürlich den massiven Widerstand der Behavioristen herausforderte. Um die Rolle der Erfahrung näher zu bestimmen, wurde eine Spurentheorie des Gedächtnisses aufgestellt, auf die wir hier aber nicht näher eingehen wollen (vgl. HILGARD/BOWER, S. 268ff).

> *Erläuterung:*
>
> Um einem nicht ungefährlichen Mißverständnis zu begegnen, sei auf eine im pädagogischen Sprachgebrauch, aber auch in der pädagogischen Praxis häufig zu findende sprachliche Ungenauigkeit hingewiesen. Lernen *durch* Einsicht ist nicht dasselbe wie Lernen *mit* Einsicht. Dieses wäre ein Lernen, bei dem Einsicht oder Verständnis zum eigentlichen Lernprozeß lediglich hinzukommt, womit es in die Nähe des Lernens von sinnhaltigem Material gegenüber dem mechanischen Einprägen(!) rückt. Beim einsichtigen

Lernen (Lernen *durch* Einsicht) ist hingegen das Gewinnen von Einsicht der Lernprozeß selbst, nämlich das zielgerichtete Umstrukturieren, bei dem die kognitive Struktur (oder die kogn. Matrix von TOLMAN oder ein kognitives Schema) sich geändert hat. Wir werden in den nächsten Kapiteln darauf zurückkommen.

Die Versuchsanordnungen und Forschungsergebnisse liefern uns eine Fülle interessanter Einsichten in den Denkprozeß und in das Problemlösungsverhalten.
Um zu verstehen, daß trotzdem Weiterführungen notwendig sind, muß man sehen, was diese Theorie nicht erklären kann.
Hierzu meint PIAGET, die Gestaltpsychologie führe das Funktionieren der Intelligenz auf Mechanismen der Wahrnehmungsstruktur zurück, die ihrerseits auf „physische Gestalten" reduzierbar seien. Darin sei eine grundsätzliche Passivität des Lernenden während des Lernprozesses impliziert, da der lernende Organismus von diesen Mechanismen gleichsam gezwungen und gezogen werde. Tatsächlich besteht eine theoretische Lücke zwischen der Ausgangslage und der Lösung eines Problems: Es bleibt offen, *wie* es letztlich zur Umstrukturierung kommt (vgl. SKOWRONEK 1970, S. 36).

*Aufgabe A 2.2:*
Gegeben sei ein Quadrat mit der Seitenlänge a, über welches diagonal ein Band mit der Form eines Parallelogramms gelegt sei. Außer a ist jeweils nur die Seite s bekannt.

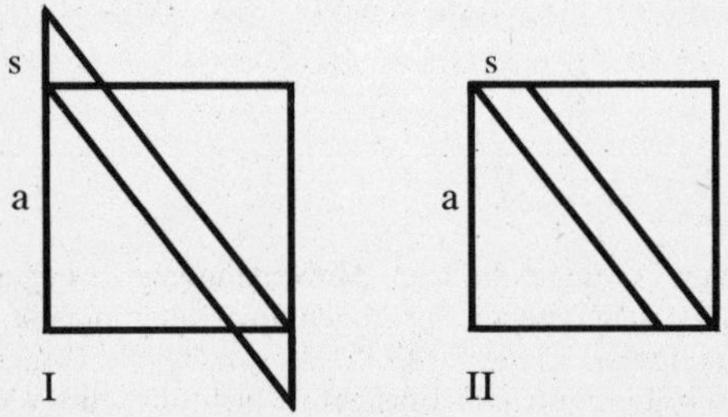


Gefragt ist jedesmal nach der Summe der Flächeninhalte beider Figuren. Versuchen Sie, mit jeweils mindestens zwei Lösungswegen zuerst Aufgabe I und danach II zu lösen. Sie wissen dann, was Umstrukturieren heißt.

(Dies sind Variationen der Dunckerschen Aufgaben zum produktiven Denken).

*Zur Ergänzung und Vertiefung:*

Hilgard/Bower 1970, Kapitel 8.
Haseloff/Jorswieck 1970, Kapitel 7.

## 2.3 *Piaget und die kognitive Struktur*

Es mag überraschen, in einem Abriß über Lernpsychologie die Lehre Piagets vertreten zu finden. Er selbst würde sich viel eher als Entwicklungs- oder als Denkpsychologe verstehen. Da man aber weder Entwicklung noch Denken vom Lernbegriff hinreichend scharf trennen kann, darf in einer Lernpsychologie für Lehrer und Pädagogen Piagets System nicht fehlen. Bekanntlich hat es in der Schule bereits heute schon breite Verwendung gefunden, und es dürfte, wenn man die verschiedenen Weiterführungen einbezieht, in Zukunft sicher noch an Bedeutung gewinnen.

Zunächst wieder ein Standardversuch.

*Versuch „Invarianz der Menge":*
Versuchspersonen sind Kinder von 5–7 Jahren. Auf dem Tisch stehen zwei gleiche Standzylinder, die (möglichst vom Kind selbst) so mit Wasser zu füllen sind, daß schließlich in beiden Gläsern „gleichviel" Wasser ist. Nun schüttet das Kind (oder der Versuchsleiter) das eine Gefäß um in ein breiteres Glas. Zum Vergleich rückt man nun die beiden jetzt gefüllten Gläser nebeneinander und fragt: „Ist jetzt in beiden Gläsern gleich viel Wasser oder ist irgendwo mehr oder weniger?" In der Regel wird das Kind das Wasser in dem breiteren Gefäß als weniger bezeichnen (weil der Spiegel niedriger ist). Man kann den Versuch weiterführen, indem man nun in ein schmales Gefäß umschüttet. Da der Wasserstand hier höher ist als im Vergleichsglas, wird das Kind meist antworten, daß hier mehr Wasser drin sei. An den Ergebnissen des Versuchs ändert sich nichts, wenn das Kind selbst diskrete Mengen, etwa Glasperlen, einfüllt, und zwar gleichzeitig einzeln in jedes Gefäß, wobei es eigentlich „wissen" müßte, daß die Anzahlen gleich sind.

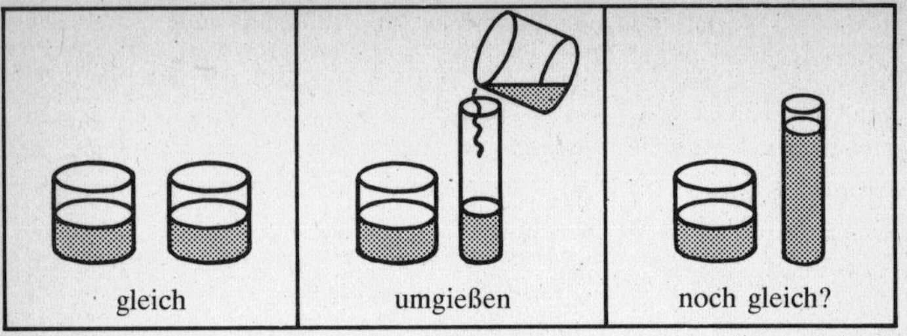


Erklärt man dem Kind nun, daß es doch gleich viel Wasser sein müsse, da man ja nur umgeschüttet habe, und daß nichts dazu- oder weggekommen sei, so wird es das zwar glauben und „verstehen“ (!), vielleicht sogar im anschließenden Versuch das Gleichheitsurteil bringen. Führt man den Versuch jedoch am nächsten Tag oder mit unwesentlichen Varianten (gefärbtes Wasser, quadratischer Querschnitt der Gefäße) durch, so wird es wieder auf das „Varianz“-Urteil (= verschieden viel) zurückfallen (es sei denn, es ist entwicklungsmäßig bereits in der Nähe der nächsten Stufe). Das heißt, das Kind setzt den Belehrungen einen für den Erwachsenen nur schwer verständlichen Widerstand entgegen. Wie können die beobachteten Phänomene erklärt werden?

Zunächst eine kurze, mehr vordergründige Erklärung:
Das Kind besitzt eine Denkgewohnheit oder ein Denkschema, das sich etwa so übersetzen läßt: „*Höherer* Spiegel – *mehr* Wasser.“ Dieses Schema hat sich tausendfach bewährt, denn in der Familie pflegt z.B. Saft in *gleichartigen* Gläsern unter den Geschwistern verteilt zu werden. Die andere Dimension, nämlich der Durchmesser (die „Breite“) des Gefäßes, wird in der Regel nicht variiert. Sie ist daher nicht dominant im Erleben, wenn sie auch durchaus nicht unbekannt zu sein braucht. Jedenfalls kann das Kind dieser Altersstufe nur jeweils eine Dimension zu einem gegebenen Zeitpunkt einem Urteil zugrunde legen. PIAGET sagt, das Kind „zentriere“ sein Urteil auf der Dimension der Höhe.
Um zu einem differenzierteren und allgemeinen Verständnis zu gelangen, müssen wir das System PIAGETS in den für die Schule wichtigsten Punkten näher ausführen.

### 2.3.1 Der Schemabegriff und die kognitive Struktur

Das „Schema“ ist für PIAGET die kleinste Einheit, auf der menschliches (u. weitgehend auch tierisches) Verhalten aufbaut. Es ist entweder, wie der Reflex oder die Instinkthandlung, angeboren oder aufgrund vorangegangener Erfahrungen erworben.

> *Ein Schema ist ein Verhaltens- oder Orientierungsmuster mit wenigen, aber hervorstechenden Merkmalen* (OERTER 1974, S. 61).

*Erläuterung:*

Man spricht von (mindestens) drei verschiedenen Formen psychischer Schemata je nach den Bereichen, in denen sie zum Einsatz kommen:

1. *Sensomotorische Schemata:*
   Z.B. das Greifen des Säuglings, das von den Gegenständen, die die Hand umschließt, unabhängig geworden ist; Werfen und Fangen eines Gegenstandes usw.
2. *Kognitive Schemata:*
   Es lassen sich zwei Untergruppen unterscheiden:
   a) *Klassifikations-Schemata:*
   Z. B. alles, was sich bewegt, ist „Wauwau“, oder: kugelförmiger Gegenstand ist „Ball“.
   b) *Erklärungs-Schemata:*
   Alle Gegenstände fallen nach unten, die Sonne wandert (!) von Ost nach West.
3. *Evaluations-* (oder Bewertungs-) *Schemata:*
   Alle Diebe sind schlechte Menschen, Gehorchen ist gut usw.

Hierzu einige weitere Aussagen, die diesen zentralen Begriff besser verständlich machen sollen.

- Ein Schema ist das Ergebnis eines (ersten) Abstraktions- oder Generalisierungsaktes des Individuums, aufgrund dessen von den konkreten Umständen und Gegebenheiten der Situation, unter denen es erlernt wurde, abgesehen werden kann.
- Ein Schema ist ein erster, hypothetischer Bezugsrahmen, der wie eine Schablone an neue Erfahrungen angelegt wird.
- Das Schema ist stets im Gegensatz zu S-R-Verbindungen, abstrakt, d.h., es läßt sich über den Wechsel äußerer Erscheinungen hinweg vielfältig unverändert anwenden.
- Schemata sind Gewohnheiten. Ihr Zustandekommen kann man

sich durchaus nach den Gesetzen der klassischen S-R-Theorien erklären, wenn man die Generalisationsprinzipien (Reiz- und Reaktionsgeneralisierung, „spread of effect“ usw.) einbezieht*.
- Schemata zeichnen sich durch eine gewisse Stabilität oder „Starrheit“ aus, d.h., sie setzen einer Veränderung einen gewissen Widerstand entgegen. Gerade diese Veränderung aber (Erweiterung, Differenzierung) kennzeichnet den Lernprozeß (s.u.).
- Treten mehrere (kognitive) Schemata miteinander in Verbindung (Interaktion), so bilden sie ein Schema höherer Ordnung oder eine (kognitive) Struktur.
- Schemata und Strukturen sind als „Gestalten“ im Sinne der Gestalttheorie zu verstehen. Strukturen sind hierarchisch gegliedert.

### 2.3.2 Der Anpassungsprozeß und das Gleichgewichts-Theorem

Piaget ist von Hause aus Biologe, und er wendet den biologischen Homöostase-Begriff nun auch auf psychische Sachverhalte an. Neu ist dieser Gedanke durchaus nicht. Wir kennen ihn z.B. bereits aus dem Motivationskonzept in den S-R-Theorien als Tendenz zur Reduktion einer Bedürfnisspannung (z.B. im Gesetz der Auswirkung bei Thorndike), aber auch in der Triebkonzeption Freuds und in allen kybernetischen Modellen. Auf menschliche Entwicklung und speziell die Entwicklung der Intelligenz angewendet, heißt das:

> *Das Individuum ist in jeder Lebenssituation bemüht, ein größtmögliches Gleichgewicht zwischen dem Organismus und seiner Umwelt herzustellen (Äquilibration), d.h. eine maximale Anpassung (Adaptation) zu ermöglichen.*

Entwicklung – und in unserem Zusammenhang Lernen – ist damit das Fortschreiten von Zuständen geringeren (oder labileren) Gleichgewichts zu Zuständen größeren (oder stabileren) Gleichgewichts. Was dieses Fortschreiten oder den Lernprozeß in Gang setzt, sind die Begegnungen des Individuums mit der dinglichen oder sozialen Umwelt, die durch ihre Informationen immer wieder dieses Gleichgewicht stören.

---

* Ein Beispiel für Reizgeneralisierung haben Sie in dem Versuch mit dem kleinen Albert von Watson & Rayner in Kapitel A 1.1 bereits kennengelernt.

*Erläuterung:*

Ein Kind, das das oben beispielhaft erwähnte Evaluations-Schema hat, daß alle Diebe schlechte Menschen seien, sieht einen Robin-Hood-Film. Die bisher geschlossene „Gestalt" des Schemas wird defekt, Ordnung und Gleichgewicht sind gestört, und das Kind fühlt sich getrieben, dagegen etwas zu tun. Dafür gibt es zwei Möglichkeiten:

1. Man mißversteht die Filmintention so, daß Robin weiterhin als „Räuber" verstanden wird, oder
2. man modifiziert das Schema: Diebstahl ist nur dort schlecht, wo andere (und zwar „gute") Menschen geschädigt werden.

Ob auch dieses Schema später noch einer Revision unterzogen werden wird, ist eine Frage weitgehend der Art der Umweltanregungen.

Wie dieses Beispiel veranschaulicht, kann Anpassung oder „Äquilibration" (= Gleichgewichtsherstellung) auf zweierlei Weise erreicht werden:

Assimilation:
– *Die Einfügung einer Umweltinformation in ein bereitstehendes Schema.*

Akkommodation:
– *Veränderung eines Schemas in Richtung auf die Passung oder Stimmigkeit in bezug auf eine Umwelterfahrung.*

Assimilation ist nur dann als Anpassungsprozeß verständlich, wenn nicht eine schlichte Abbildung der Umweltinformation im Individuum angenommen wird, sondern eine Interpretation in der Richtung auf bereitliegende Schemata stattfindet.
Assimilation ist damit ein aktiver Prozeß der Bedeutungsverleihung, den wir in den späteren Kapiteln als ‚Enkodierung' bezeichnen werden. Assimilation ist eine subjektive Weise des „Verstandenhabens", das durchaus nicht immer „richtig" sein muß im Sinn der objektiven oder sonst üblichen Bedeutung. Zur Veranschaulichung ein Vers von Eugen Roth:

„Ein Mensch, obwohl er selbst kaum satt,
gibt gern vom Letzten, was er hat.
Jedoch der Dank für solche Gaben?
‚Wieviel muß der gehamstert haben!'"
(aus: Mensch und Unmensch)

Man versteht oder interpretiert eine Sache zunächst stets so, wie es durch die eigenen Denkgewohnheiten (die Schemata) nahegelegt ist. Damit ist Assimilation gleichsam der konservative oder egozentrische Teil unseres Denkens.
Wollte nun Roths ‚Mensch' versuchen, das Mißverständnis aufzuklären, würde er vielleicht – falls er nicht auf völlige Verständnislosigkeit stößt – beim andern eine Akkommodation des bisherigen Schemas auslösen, indem bei ihm (dem ‚Unmenschen') die Erkenntnis aufdämmert, daß Geschenke auch aus anderen Gründen als dem eigenen Überfluß gegeben werden können.
In dieser Weise ist menschliches Denken und Lernen ein dauerndes Oszillieren zwischen Assimilation und Akkommodation: Nach einer zweckdienlichen Akkommodation wird ein neuer Assimilationsversuch unternommen. Gelingt er, dann ist der intelligente Akt abgeschlossen; mißlingt er abermals, dann müssen weitere Akkommodationen folgen usw. So entwickelt sich in unzähligen Anpassungsprozessen eine immer differenziertere und leistungsfähigere kognitive Struktur, in deren einzelnen Schemata immer mehr Daten der Umwelt ohne weitere Akkommodationen aufgenommen = verstanden werden können: Das Gleichgewicht zwischen Individuum und Umwelt wird langsam immer stabiler.
Wir können diesen Prozeß, der analog einem kybernetischen Regelkreis funktioniert, auch an dem Modell der „*TOTE-Einheit*" von Miller, Galanter und Pribram (1960) demonstrieren (vgl. auch Oerter 1969, S. 92ff.).

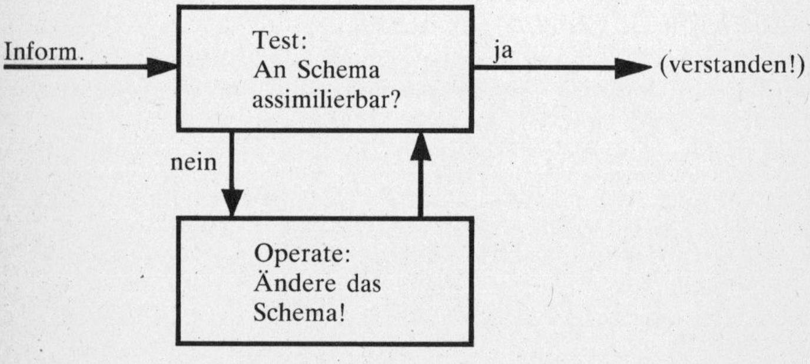


*T*est – *O*perate – *T*est – *E*xit

*Erläuterung:*

Diese TOTE-Einheit kann uns bei allen weiteren Überlegungen als kleinste Einheit (Element) des Lern- und Entwicklungsprozesses dienen. Interessant ist, daß sie von HUNT (1963) einer Theorie der Motivation zugrunde gelegt wurde, in der die Motivation dem Lern- und Intelligenzakt als inhärent gedacht wird. Tatsächlich wird Motivation für die Gestalttheoretiker und für Piaget nie zu einem Problem sui generis, denn sie ist entweder als Prägnanztendenz oder als Streben nach Gleichgewicht in jedem einzelnen Intelligenzakt bereits inbegriffen. Wir werden bei der Besprechung der Motivation darauf zurückkommen.

### 2.3.3 Der Operationsbegriff und PIAGETS Entwicklungsstufen

Um das, was PIAGET unter Operation versteht, klarmachen zu können, müssen wir auf PIAGETS Stufenlehre näher eingehen, auch wenn wir später an dieser selbst Kritik anzumelden haben. Die Numerierung der einzelnen Stufen erfolgt in der Literatur sehr unterschiedlich, da oft verschieden zusammengefaßt wurde. Wir wollen schlicht durchzählen:

*1. Stufe der sensomotorischen Intelligenz (Geburt bis 2. Lj.)*
Dies ist die Stufe, in der das Verhalten des Kindes wenn nicht ausschließlich, so doch stark überwiegend von seinen sensomotorischen Schemata bestimmt ist. Ein eigentliches Denken ist noch nicht möglich. Das Kind „weiß" etwas, indem es dies tut. Das Denken kann nicht von der äußeren Handlung getrennt werden, es ist ein Handlungsdenken, das einer eigenen Handlungslogik folgt.

*Erläuterung:*

In der Endphase dieser Stufe kann das Kind z.B. Werkzeuge gebrauchen, wie wir das bei den KÖHLERschen Affenversuchen gesehen haben (man spricht deshalb auch vom Schimpansenalter der Kinder). Aber ist die Handlung abgeschlossen, dann existiert beim Kind auch kein „Wissen" über Einzelheiten mehr. Wir können uns eine Vorstellung von einem solchen Handlungsschema machen, wenn wir uns die Schwierigkeit vor Augen halten, die etwa ein Tischtennisspieler hat, wenn er einem Anfänger erklären soll, wie das Schmettern „geht". Er beherrscht es zwar, aber um es zu analysieren, müßte er sich selbst erst mehrere Male beim Tun „aus der Distanz“ beobachten. (Gute und anschauliche Beispiele bringen BRUNER, OLVER und GREENFIELD 1971 im Kapitel über „Handlungsmäßige Darstellung“.)

*2. Stufe des vorbegrifflich-symbolischen Denkens (2–4)*

Diese Stufe beginnt mit der „Objektkonstanz“ und damit mit einem ersten Invarianz-Schema: Das Kind der 1. Stufe hätte einen Gegenstand, den es nicht sieht, auch nicht gesucht. Gegenstände der physischen Welt sind aber nun auch dann noch im „Bewußtsein“ repräsentiert, wenn sie nicht mehr unmittelbar wahrgenommen werden können; z.B. kann das Kind nach ihnen suchen oder sie benennen. Es ist ein Wissen vorhanden, das vom Gegenstand abgetrennt werden kann. Das Kind kann dafür ein Wort oder irgendein anderes Zeichen verwenden, das stellvertretend für das Wissen oder die Handlung gebraucht wird, also ein *Symbol.* Bestand in der sensomotorischen Stufe das Wissen vom Schlafen ausschließlich im wirklichen Schlafen, so kann das Kind jetzt auch Schlafen spielen bzw. sein Wissen um das Phänomen im symbolischen Schlafen darstellen. Dies ist ein besonders wichtiger Entwicklungs- oder Lernschritt, denn es ist gleichsam ein zweites Abstraktionsniveau, das das Kind erreicht hat: Es kann ein Schema (ein sensomotorisches zunächst) „handhaben“, benennen, es bewußt einsetzen, ja manipulieren. Es ist die erste Erscheinungsform dessen, was man *Denken* nennt. Es ist damit auch eine Vorstufe desjenigen Handelns, das PIAGET als Operation bezeichnet. „Penser c'est opérer“ (PIAGET). Die Entwicklung dieses Phänomens Operation werden wir in den nächsten Stufen weiterverfolgen. Übrigens müssen wir annehmen, daß diese Stufe bereits von Tieren nicht mehr erreicht werden kann.

*3. Stufe des anschaulichen Denkens (4–7)*

In diese Stufe gehört der eingangs skizzierte Umschüttversuch. War das Kind der 2. Stufe fähig geworden, sein Wissen über einen Gegenstand (oder eine Handlung) von dem Gegenstand selbst zu trennen, so erlangt es jetzt die Fähigkeit, seine eigene Wahrnehmung *als* Wahrnehmung des Gegenstandes zu verstehen. Es weiß, daß es das Ding (oder das Ereignis) sieht (oder hört oder tastet), und es kann sogar einzelne Merkmale dieser Wahrnehmung bereits isoliert betrachten. Bestand in der 1. Stufe das Wissen im Tun und bezog es sich in der 2. Stufe auf das Tun (oder das Ding), so bezieht sich jetzt das Wissen auf die Wahrnehmung oder auf die wahrnehmbaren Merkmale eines Gegenstandes oder einer beobachteten Handlung.

*Erläuterung:*

Wenn wir hier von „Wissen" sprechen, so sind damit stets kognitive Schemata gemeint (vgl. Furth, 1973). Wir sehen, daß diese Schemata immer abstrakter werden und sich zunehmend von der Einheit zwischen Ich und Welt entfernen. Immer mehr wird Umwelt als „draußen" erlebt. Eines allerdings kann das Kind dieser Altersstufe noch nicht:
Von der *eigenen* Wahrnehmung abzusehen. Wie *ich* die Dinge sehe, so sind sie. Daß ein anderer Beobachter sie (z. B. von einem anderen Standpunkt aus) anders wahrnimmt, ist noch nicht nachvollziehbar (vgl. hierzu etwa den Bergmassiv-Versuch, OERTER 1973, S. 460). Das ist der Grund, warum PIAGET vom *Egozentrismus* des Kindes dieser Entwicklungsstufe spricht. Der Begriff ist aber eher irreführend als hilfreich, und PIAGET verwendete ihn in seinen späteren Werken auch nicht mehr.

Wird auf dieser Stufe auch ein neues Abstraktionsniveau erreicht, so sind damit doch auch die Grenzen aufgezeigt: Das Denken des Kindes ist in der eigenen Wahrnehmung, in der Anschauung des Wahrnehmbaren, gefangen.
Das Kind beobachtet eine Handlung, z. B., wie der Versuchsleiter (oder es selbst) das Wasser in den Gläsern des Versuchs umschüttet. Diese Handlung existiert nun, und nichts kann sie ungeschehen machen. Hatte die Handlung ein Ergebnis, so wird dieses registriert (Wasserspiegel ist niedriger). Schüttet der Versuchsleiter das Wasser zurück, so ist dies eine weitere Handlung, die ihrerseits ein Ergebnis haben mag. Aber dieses Ergebnis von der Handlung als solcher getrennt zu sehen, ist dem Kind erst auf der nächsten Stufe möglich. Das heißt aber auch, es kann keine Handlung geben, die das Ergebnis einer vorangegangenen Handlung aufhebt. Gehe ich 10 Schritte nach Osten, dann 10 Schritte nach Westen, dann bin ich 20 Schritte gegangen. Wo ich danach stehe, kann das Kind nur anhand von (anschaulichen) Ortsmarken feststellen.

*Erläuterung:*

Da das Kind die Handlung nicht vom Ergebnis der Handlung trennen kann, sondern beides in einem Schema zusammensieht, wird uns auch sein Widerstand gegen Belehrungsversuche plausibel. Wir können ihm kaum etwas anderes sagen als etwa: „Ich habe das Wasser doch nur umgeschüttet." Das Kind könnte antworten: „Na und?" Wir: „Es ist noch dasselbe Wasser!"
Kind: „Natürlich, aber hier ist es mehr!"
Wir: „Ich könnte es wieder zurückschütten!"
Kind: „Dann ist es wieder weniger!" usw.
Es besteht für das Kind keine Notwendigkeit, die Identität der Wassermenge vor und nach der Manipulation zu behaupten. Zwar kann das Kind die Eigenschaft „Menge" durchaus vom Gegenstand Wasser abstrahieren (es versteht die Begriffe „mehr" oder „weniger" durchaus in unserem Sinn, wie sich zeigen läßt). Aber beurteilbar ist sie *nur* und ausschließlich aufgrund der Anschauung. Die optische Täuschung, der auch der Erwachsene erliegen würde, wenn er nicht den ganzen Vorgang beobachtet hätte, ist dann verantwortlich für das falsche Urteil des Kindes.

*4. Stufe der konkreten Operationen (7–12)*

Das Ergebnis einer Handlung kann nun als Ereignis mit eigenem Realitätscharakter vom Handlungsgeschehen als solchem abstrahiert werden. Erstmals könnte das Kind sagen: Was das Ergebnis betrifft, so kann ich eine Handlung ungeschehen machen, indem ich sie in umgekehrter Richtung in Gang setze. Jetzt sind unsere Belehrungen für das Kind nicht nur verständlich, jetzt sind sie sogar höchst überflüssig, denn das Kind bringt sie selbst und spontan. Oft macht sich das Kind, das vielleicht nur ein halbes Jahr älter geworden ist, lustig über die Fragen des Versuchsleiters, so selbstverständlich und trivial ist ihm plötzlich der Sachverhalt geworden. Das Handlungs-Schema „Wasser umschütten" ist reversibel geworden.

*Erläuterung:*

Man könnte nun verführt sein, anzunehmen, daß dieser Entwicklungsschritt generell vollzogen wurde, daß also überall das Ergebnis einer Handlung begrifflich von der Handlung selbst abgetrennt werden kann. Das ist jedoch nicht der Fall. Noch das 9jährige wird diese Erkenntnis nicht haben, wenn es um den Gewichtsvergleich einer Knetkugel und einer aus dieser geformten Walze geht. Und

noch die Hälfte der 12jährigen wird das Volumen vor und nach einer solchen Umformung als verschieden bezeichnen, also ein „Varianz-Urteil" statt eines „Invarianz-Urteils" abgeben. Das erreichte Abstraktionsniveau ist also offenbar geringer und bezieht sich nicht schlechthin auf Handlungen und deren Ergebnisse, sondern nur auf die jeweilige Handlung und die Dimension, auf die sich die Versuche bezogen (also Umschütten und Menge, Verformen und Gewicht bzw. Volumen).
Piaget beschreibt diese ärgerliche Störung als „Verschiebung". Wir werden ihm in dieser Argumentation nicht folgen können, sondern nach einer anderen Erklärung suchen.

Mit der Reversibilität des kognitiven Schemas ist das möglich geworden, was PIAGET eine *Operation* nennt. Der vollen Reversibilität eines Schemas gehen Vorformen voraus, die hier nicht näher beschrieben sind (eine ausführliche Darstellung bringt MONTADA 1970 in Kapitel 3.6). Sie alle kündigen eine größer werdende Beweglichkeit dieser Schemata an, deren Endausprägung und damit *volle* Beweglichkeit die Reversibilität ist.

*Eine Operation ist eine verinnerlichte Handlung des Individuums, die frei ist von der engen Bindung an die tatsächlich ausgeführte Handlung.*

Nun wird uns auch klar, daß eine solche Abstraktionsleistung wie die Verinnerlichung einer Handlung sich selbstverständlich nicht auf jede nur denkbare Handlung bezieht, sondern eben nur auf diejenigen Handlungen, mit denen man hinreichend Erfahrung gemacht hat, sei es durch eigenen Vollzug oder durch Beobachtung des Vollzugs durch andere in mehr oder weniger ähnlichem Kontext. (Vgl. hierzu SEILER in FREY/LANG 1973, S. 249ff.: Die Bereichsspezifität formaler Denkstrukturen – Konsequenzen für den pädagogischen Prozeß.)
Daß dies bezüglich der Verformung einer Knetkugel und vor allem bezüglich der Veränderung von Gewicht und Volumen beim 7jährigen noch nicht der Fall ist, liegt auf der Hand.

*5. Stufe der formalen Operationen (ab 12)*
Diese Stufe, die allerdings durchaus nicht mehr von allen Menschen überhaupt erreicht wird, bringt nun die Fähigkeit, mit den Operationen selbst wieder zu operieren, also gewissermaßen Operationen 2. Grades zu vollziehen. Die Operationen der 4. Stufe

waren verinnerlichte Handlungen an konkretem Material (daher „konkrete“ Operationen). Wäre dort auch das Material nur in der Vorstellung gegeben, so wäre eine Operation mit diesen Vorstellungen den Kindern nicht mehr erreichbar gewesen.
Nun aber kann der Jugendliche die Operationen selbst reflektieren. Er kann sich Handlungen vorstellen, die in der Realität gar nicht gegeben sind, und Aussagen über diese Handlungen machen. Es ist dies das Denken in Möglichkeiten, das auch das rein formale Schließen aufgrund hypothetischer Annahmen möglich macht.

*Versuch „Pendelfrequenz“:*
PIAGET und INHELDER untersuchten bei Kindern verschiedener Altersstufen, wie sie vorgehen, um *die* Eigenschaft eines Pendels zu finden, die für die Frequenz der Ausschläge verantwortlich zu machen ist. In den voroperatorischen Stufen (bis zum 7. Lj.) gelangen nicht einmal Teilerfolge; die möglichen Variablen Gewicht, Länge und Schwingungsamplitude wurden in unsystematischen Kombinationen ausprobiert. Auf der Stufe der konkreten Operation erkannten die Kinder, daß es diese drei Merkmale des Pendels gibt und daß eines von ihnen das gesuchte sein müsse. Es gelang jedoch nicht, sie jeweils rein zu isolieren und dann zu variieren. Erst auf der Stufe der formalen Operationen gelang – nach einigem Probieren – die voll systematische Variation, weil es hier erst möglich war, sowohl die Isolierung eines Merkmals als auch dessen Variation klar vorzustellen und die möglichen Ergebnisse des Tuns in Gedanken vorwegzunehmen.

*Zusammenfassung:*
- Operationen sind verinnerlichte Handlungen mit maximaler Mobilität (Reversibilität und Assoziativität).
- Die Beweglichkeit (Mobilität) dieser Handlungen entwickelt sich zusammen mit und in Abhängigkeit von dem Grad der Verinnerlichung bzw. der Ablösung von der tatsächlichen Handlung.
- Von der vollkommenen Abhängigkeit und damit der Mobilität Null (Starrheit) in den sensomotorischen Schemata wird die „Vorstellung“ der Handlung sukzessive von den verschiedenen Abhängigkeiten (tatsächliche Handlung, Wahrnehmung, Ergebnis, konkreter Kontext) befreit und verliert im gleichen Ausmaß den für das Schema typischen Charakter der Starrheit. Aus dem (starren) sensomotorischen Schema ist die (mobile) Operation entstanden.

– Dieser Entwicklungsgang der zunehmenden Abstraktion und Mobilisierung muß für jede denkbare Handlungseinheit in einem je eigenen Lernprozeß durchlaufen werden. Möglicherweise findet eine gewisse Übertragung (Transfer) auf benachbarte Bereiche statt, doch ist sie in Richtung und Ausmaß weitgehend unbekannt.

(Ein kurzgefaßter Überblick über die Grundzüge von PIAGETS Lehre ist zu finden bei PIAGET/INHELDER in BONN/ROHSMANITH 1972. Speziell das Problem der Stufenlehre PIAGETS wird diskutiert von SAMSTAG in BREUNIG 1973. Auf den Operationsbegriff geht AEBLI [1971 b, Grundformen] in Kap. III und IV ausführlich ein.)

### *Kritik, Modifikation und Weiterführung der Lehre Piagets*

Mit der zuletzt aufgestellten These haben wir bereits die klassische Lehre PIAGETS verlassen. Muß nämlich jede einzelne Operation eigens erlernt werden, dann wird es sinnlos, von einer generellen Entwicklungsstufe des operativen Denkens zu sprechen. Jede Altersangabe wird damit ebenso sinnleer. Die Kennzeichnung einer Stufe müßte man an dem jeweils betrachteten Begriff festmachen.

Also: In bezug auf den Begriff „Menge" und die zugehörigen möglichen Handlungen, die „Menge" beeinflussen, erreicht das Kind die Stufe der konkreten Operationen mit (durchschnittlich) 7 Jahren, in bezug auf Gewicht mit 9, auf Volumen mit 12, auf Zeitrelationen mit 14 usw. PIAGET ist damit gezwungen, für jeden nur denkbaren Begriff eine je eigene Versuchsreihe aufzubauen, und er tut dies auch. Das ist aber für eine Lerntheorie, die pädagogisch relevant werden soll, höchst unökonomisch. Was wir benötigen, ist eine Theorie darüber, wie es zu diesen Entwicklungsschritten und zu dieser Mobilisierung eines Schemas bis hin zur Operation kommt, gleichgültig, um welches Schema und um welchen inhaltlich bestimmten Begriff es sich handelt.

*Erläuterung:*

Für den Lehrer ist es natürlich recht interessant, die Ergebnisse der äußerst vielfältigen und sehr geschickt arrangierten Versuche zu kennen, weil er damit in etwa voraussehen kann, wann er im großen und ganzen mit angemessenem Verständnis und einem mobilen Begriffsinventar der Schüler im jeweiligen Stoffgebiet rechnen kann, nota bene, ohne daß er selbst etwas dafür tut oder tun kann. PIAGET gibt uns keine Auskunft darüber, wie oder durch welche Art von Umweltanregung das Kind von einer Stufe in die nächste gelangt, obgleich er den Einfluß der Erfahrung dabei nicht leugnet. Für den Unterricht selbst und für die Didaktik bleibt das System daher wenig fruchtbar, und insoweit ist Piaget tatsächlich nur Entwicklungspsychologe und nicht Lernpsychologe. Man ist aber nach der Lektüre der Ergebnisse oder Resümees von Werken Piagets versucht zu sagen: Dieser kleine, unaufgeklärte Rest, der Piagets System zu einer Lernpsychologie machen würde, müßte doch zu bewältigen sein (vgl. hierzu jedoch Montada 1970!).

Jerome S. Bruner hat in einer Kontroverse gegen Piaget darauf hingewiesen, daß es ja – in dem klassischen Umschüttversuch wie in allen Versuchen zur Invarianz – die Art der Repräsentation sei, die das Kind zum falschen Urteil („mehr Wasser" statt „gleich viel") verführe. Enthält man ihnen nämlich die irreführende Anschauung vor (durch Zwischensetzen eines Schirmes), so kommen die Kinder gar nicht auf den Gedanken, daß sich die Wassermenge geändert haben könnte. Das von Piaget so ausführlich behandelte Varianzstadium sei ein Artefakt seiner Versuchsanordnungen und der (von Bruner so genannten) „ikonischen" (anschaulichen) Repräsentation*. Tatsächlich hat der Repräsentationsmodus einen sehr starken Einfluß auf die Aussage bzw. au die Erkennensleistung des Kindes. Es wäre aber zu fragen, ol Bruner nicht durch Ausschaltung der Anschauung eine Glashaus-Situation geschaffen hat, die noch weniger den reale Umweltsituationen entspricht als die Anordnungen Piagets. I einem allerdings hat Bruner sicher recht: In vielen alltäglicher und mehr noch in schulischen Situationen ist die geboten Anschauung eher ein Hindernis für den Erkenntnisvorgang al eine Hilfe.

Hans Aebli, ein ehemaliger Schüler Piagets, hat versucht, di Grundzüge der Lehre für die Didaktik fruchtbar zu mache (Aebli 1970), und in manchen Details muß das auch als durchau gelungen bezeichnet werden. Zwei Ansatzpunkte seien hier her ausgegriffen:

Auch Aebli nimmt an Piagets Stufenlehre Anstoß, weil sie de Pädagogen zur Untätigkeit verdammt (Aebli 1963, S. 88). An di Stelle wohlunterscheidbarer Entwicklungsstufen tritt ein „geistige Kraft", die mit dem Lebensalter zunimmt. Welche Denk leistung (= „operationale Strukturhöhe") in einer konkrete Aufgabe erreicht wird, hängt auf der einen Seite von dieser „geist

* Bruner unterscheidet drei Repräsentationsmodi: ‚enaktiv' – ‚ikonisch' – ‚symb lisch'.

gen Kraft“ und auf der anderen Seite von aufgabenspezifischen Faktoren ab: Zahl der gebotenen Elemente, Komplexität der Problemsituation, verfügbare Zeit und Motivationsstärke (AEBLI 1971a, S. 74ff.). Tatsächlich lassen sich hier empirische Zusammenhänge aufweisen. Aber es ist ähnlich wie bei der BRUNERschen Glashaus-Variante:
Ich kann in der Tat das Invarianz-Urteil beim Kind in einer früheren Altersklasse provozieren, indem ich die Aufgabenfaktoren erleichtere. Aber nicht die erreichte oder erreichbare Strukturhöhe ist die pädagogisch relevante Variable, sondern die „geistige Kraft“. Und diese zu fördern, hat offenbar auch AEBLI kein Instrument (vgl. hierzu auch SKOWRONEK 1970, S. 97f.). Der zweite Ansatzpunkt erscheint aussichtsreicher:
PIAGET hat seine Versuche grundsätzlich so interpretiert, als ob ihre Ergebnisse anzeigen und „aufdecken“ würden, auf welcher kognitiven Entwicklungsstufe sich das Kind im Augenblick befindet. Es wird damit eine latente, auch ohne den Versuch bereitliegende kognitive Struktur angenommen, der Versuch ist nur diagnostisches Instrument.
AEBLI setzt dem ein weniger statisches Konzept gegenüber: Die Versuchanordnung ist für das Kind der Anlaß, die erforderliche Lösung zu *elaborieren* (herauszuarbeiten). Dies gelingt ihm (oder nicht) mit Hilfe der oben erwähnten Faktoren. Außerhalb des Versuchs oder entsprechender Aufgaben des täglichen Lebens ist nichts existent. Wiederholt man den Versuch, so ist wieder eine neue *Elaboration* erforderlich. Gelingt die Lösung leichter, so ist dies ein Lernerfolg aus der ersten Elaboration. Der eigentliche Lernprozeß besteht damit in dieser Elaboration. Wir werden später sehen, inwiefern dies ein pädagogisch fruchtbarer Ansatz sein kann.

*Aufgabe A 2.3:*
Wollen Sie wissen, ob Sie selbst im Begriffsbereich von Zeit und Geschwindigkeit die Stufe der formalen Operationen erreicht haben?
Ein Flugzeug fliegt auf direkter Route von München nach Hamburg und danach (mit gleicher Motorenleistung) zurück nach München. Wenn nun während der ganzen Reise ein Wind mit konstanter Geschwindigkeit in der Richtung von München nach Hamburg weht, wird dann für den gesamten Flug die Reisedauer
a) länger
b) kürzer
c) oder bleibt sie gleich
gegenüber einem Flug bei Windstille?
(entnommen aus HOCHKEPPEL 1970, S. 85)

*Zur Ergänzung und Vertiefung:*

Montada 1970.
Oerter 1973, Kapitel 3.1 bis 4.4.
Piaget/Inhelder 1963 in: Bonn/Rohsmanith 1972.
Bruner/Olver/Greenfield 1971, Kapitel 9 (Invarianz).
Pulaski 1975.
Ginsburg/Opper 1975.
Steiner 1973.
(und natürlich PIAGET in seinen eigenen Schriften!).

## 2.4 *Berlyne und der kognitive Konflikt*

Um die Bedeutung des Folgenden richtig einschätzen zu können, müssen wir uns noch einmal vergegenwärtigen, wo wir PIAGET und die Strukturalisten verlassen haben. AEBLI (1973 S. 88) meint: „Wenn PIAGET nachweist, daß in einem bestimmten Alter eine Operation vorhanden ist, so *braucht* sie dem Kind nicht mehr beigebracht zu werden. Wenn die Operation aber noch nicht vorhanden ist, so *kann* sie ihm *noch* nicht beigebracht werden."
Er setzte dagegen den Begriff der Elaboration und erwartet Lernprozesse während der Versuche selbst. Aber auch PIAGET hat nicht schlicht auf endogene Reifungsschübe gewartet, sondern er nahm an, daß das Kind in der Auseinandersetzung mit seiner Umwelt immer wieder ähnlichen Frage- und Problemstellungen begegnet und sich so ganz allmählich ein Entwicklungsfortschritt ergibt.
Wodurch aber wird ein solcher Lernfortschritt angestoßen? Welches ist das kritische Element in alltäglichen Situationen, das zum Fortschreiten provoziert? Wodurch wird die (kognitive) Aktivität des Individuums, die eine unumgängliche Bedingung des Lernens ist, in Gang gebracht?
BERLYNE hat einen Gedanken, den allerdings vor ihm schon viele formuliert hatten, als erster in eine präzisere Form gebracht. Es handelt sich um die Vorstellung, daß dem (tierischen wie menschlichen) Organismus ein „Drang" nach neuer Information innewohne. Bekannte Bezeichnungen sind: Orientierungsreflex (PAWLOW), Neugierverhalten, Explorationstrieb usw.
Hierzu ein kleines Experiment. Betrachten Sie bitte, bevor Sie weiterlesen, folgende Figur 30 Sekunden lang:

Offenbar kann kaum jemand der Tendenz widerstehen, einem begegnenden „Etwas“, und sei es auch noch so sinnlos, einen Namen oder eine Bedeutung zu geben oder zumindest zu fragen: Was soll das?
Wir beobachten immer wieder, daß der Mensch (vermutlich im Gegensatz zum Tier) eine Ungewißheit über den Sinn oder die Bedeutung eines Umweltreizes nur schwer ertragen kann.
Erlebte Ungewißheit größeren Ausmaßes erzeugt Angst, denn die Möglichkeit einer schädlichen oder bedrohenden Bedeutung kann dann nicht ausgeschlossen werden. Bei geringeren Ausdehnungsgraden der Ungewißheit wird das Individuum diese Angst nicht bewußt registrieren; was bleibt, ist das Gefühl des Unbefriedigtseins oder der Unruhe, das zu einer wenn auch vorläufigen Sinngebung antreibt.
Die Menschen unterscheiden sich sicher erheblich in dem Ausmaß, in dem Ungewißheit zu diesem Suchen nach Sinn und Bedeutung provoziert, aber vorhanden ist die Tendenz bei allen Menschen. Die interindividuellen Unterschiede sind wohl darauf zurückzuführen, daß die kognitiven Schemata bei verschiedenen Personen einen unterschiedlichen Grad an Differenziertheit aufweisen. Sind sie sehr global, dann wird bei der Assimilation eine „Passung“ schon sehr viel früher akzeptiert als bei sehr differenzierten und präzise abgegrenzten kognitiven Strukturen, bei denen die Kriterien der „Passung“ anspruchsvoller sind.
Berlyne nennt dieses Aktivwerden zum Zwecke der Sinnfindung „*Orientierungsreaktion*“, und es bezieht sich sowohl auf die Wahrnehmung (Aktivierung der Sinne) als auch auf das Denken. Aus diesem Ansatz ergibt sich zwangsläufig, daß das Denken als kognitive Aktivität um so „not-wendiger“ und intensiver wird (bis zu einem bestimmten Höchstwert), je mehr die Assimilation (= das Verstehen) *mißlingt*. Das Denken wird zu einem Fragen und schließlich zu bohrendem Interesse. Berlyne nennt dies „*Epistemische Neugier*“.

> Epistemische Neugier *ist das Bestreben des Menschen, eine Ordnung in die Erscheinungen seiner Umwelt zu bringen resp. seine Umwelt als überzufällig und geordnet zu verstehen.*

*Versuch „kognitiver Konflikt“:*
Versuchsmaterial sind die logischen Blöcke von Dienes. Legen Sie einem ca. 8jährigen Kind zunächst zwei Klötze vor, und zwar im Abstand von 40–50 cm ein großes rotes und ein kleines blaues Quadrat:

Sodann geben Sie ihm – mit der Bitte, sie jeweils auf den „richtigen“ Haufen zu legen – weitere Klötze:

großer roter Kreis
kleines blaues Dreieck
kleines blaues Rechteck
großes rotes Rechteck.

So fahren Sie fort (immer: groß/rot oder klein/blau), bis Sie sicher sind, daß das Kind verstanden hat.
Dann reichen Sie ihm einen *großen blauen* Stein. Setzt das Kind ihn, ohne zu überlegen, zu einem der beiden Haufen und akzeptiert es auch, wenn Sie ihn daraufhin zum anderen Haufen legen, dann brechen Sie ab, und spielen Sie mit dem Kind etwas Leichteres. Zögert es aber oder legt es den Klotz einmal hierhin, einmal dahin, dann erlebt es einen kognitiven Konflikt. Sie können es nun ohne allzuviel Mühe weiterführen, ja es drängt selbst weiter, in günstigen Fällen bis hin zur zweidimensionalen Klassifikation (zum Vierfelder-Schema). Danach muß allerdings zur Festigung eine andere Variante durchgespielt werden (etwa klein/dick gegen groß/dünn), damit das Prinzip „abstrakter“ wird. (Vgl. hierzu die Versuche von Morf, zit. bei Steiner 1973, S. 197ff.)

> Ein erstes Ergebnis:
> *„Die für ein effektives Lernen notwendige Aktivität des Denkens wird durch problematische Situationen, durch Konfrontationen mit den Schwierigkeiten einer Aufgabe oder durch Konfliktsituationen wesentlich gefördert“*
> (Skowronek 1970, S. 124).

Auf eine kurze Formel gebracht, sagt die Theorie des kognitiven Konfliktes etwa folgendes:
– Ein mäßiges bis mittleres Aktivations-Niveau (Erregungsni-

veau) wird vom Organismus als angenehm empfunden und aufgesucht. Ein sehr hohes *und* ein zu geringes Aktivationsniveau dagegen werden zu vermeiden gesucht.

- Durch die wache Wahrnehmung von Umweltreizen und deren Verarbeitung (Denken) ist in der Regel ein mäßiges Aktivierungsniveau gewährleistet.
- Trifft der Organismus bei dieser „Reizsuche" auf eine Information, die er nicht assimilieren bzw. kognitiv verarbeiten kann (= kognitiver Konflikt), so wird dadurch das Aktivationsniveau erhöht. Die so erhöhte Aktivität richtet sich auf die Reduktion dieses Aktivationsniveaus und mobilisiert die operatorischen Systeme.
- Gelingt aufgrund der in Gang gebrachten Operationen eine Assimilation, so ist der Konflikt gelöst. Die kognitiven Schemata sind differenzierter und umfassender geworden (akkommodiert), es wurde gelernt.
- Gelingt eine Assimilation nicht, so steigt das Aktivationsniveau weiter bis zu einem Grenzwert. Danach sucht der Organismus den konflikterzeugenden Umweltreiz zu meiden.

Graphisch könnte der Verlauf psychischer (= kognitiver) Aktivierung etwa so dargestellt werden:

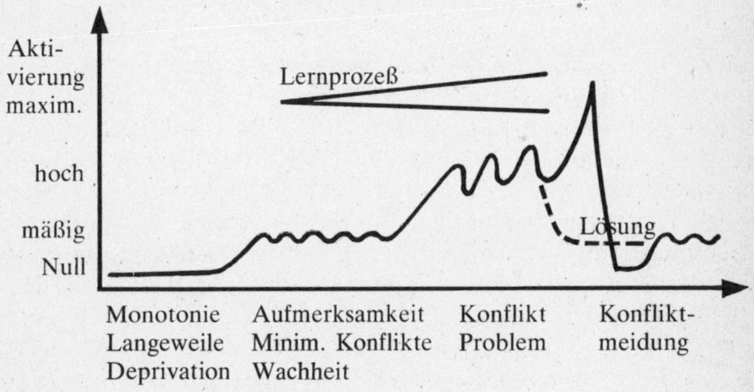


Die pädagogisch-didaktischen Anwendungen, die aus diesem Modell (zusammen mit Piagets System) ableitbar oder extrapolierbar sind, seien hier nur kommentarlos aufgezählt. Veranschaulichung, Konkretisierung und Diskussion seien dem 2. Teil dieses Buches vorbehalten (Teil B).

- Vorenthaltung statt Angebot von Information („Stauen statt Drängen", Wagenschein 1962).
- Schülerfrage statt Lehrerfrage
- dosierte dissonante Information
- problemstellende statt erklärende Lehrweise (provozierend statt explizierend)
- entdeckendes statt rezipierendes Lernen
- produktives statt reproduktives Denken.

Von den Autoren aus dem pädagogischen Bereich, die solche und ähnliche Gedanken, wohl eher intuitiv und in pädagogischen Erfahrungen wurzelnd, vertreten haben, seien genannt: GAUDIG, KERSCHENSTEINER, WAGENSCHEIN, COPEI u. a.

*Versuch „Frage-Training" von* SUCHMAN:
In einem längerfristigen Unterrichtsprojekt wird Schülern ein überraschendes physikalisches Phänomen demonstriert. Beispielsweise wird gezeigt, wie eine Messingkugel, die zunächst gerade noch durch einen Messing-Ring hindurchpaßt, nach Erhitzen hängenbleibt. Gegenüber dem sonst üblicherweise folgenden Unterrichtsgespräch wird folgende „Spielregel" eingeführt: Nur die Schüler dürfen Fragen stellen, und zwar ausschließlich so, daß der Lehrer nur mit Ja oder Nein antworten kann. Das bedeutet für die Schüler eine mehrfache Erschwerung. Da sie nun nicht gefragt werden, müssen sie selbst erkennen, was sie nicht verstanden haben. Eine Aufklärung aber können sie vom Lehrer nicht erwarten, solange sie ihre Fragen nicht in Hypothesenform gekleidet haben (SUCHMAN in NEBER 1973, S. 247–272). „Die Erfahrungen mit dieser Technik zeigten, daß 10jährige ihr Fragesystem über eine (kontrollierte) Zeit von 15 Wochen hin kontinuierlich verbesserten. Die Genauigkeit, mit der sie Merkmale der gezeigten Objekte aufnahmen, die Fähigkeit, Erklärungsversuche zu formulieren und kritische Experimente zu entwerfen, nahm deutlich zu" (SKOWRONEK 1970, S. 127).

Wir dürfen wohl annehmen, daß diese Zunahme einer Fähigkeit nicht nur auf die Physikstunden und nicht nur auf die Zeit des Experiments beschränkt blieb.

*Aufgabe A 2.4:*
Sie kennen sicher das fingierte Gespräch zwischen Sokrates und dem Clochard?

Sokrates: „Sage mir, Freund, wie hältst du's mit der Wahrheit?"
Clochard: „O Herr, ich bin schlecht! Alles, was ich rede, ist Lüge!"
Sokrates: „Du lügst, denn siehe, soeben sagst du die Wahrheit!"

Gelingt es Ihnen, die beiden Schemata, die hier miteinander in Konflikt geraten, zu benennen?

Ein anderes Beispiel: Betrachten Sie zunächst Abbildung (a). Sie wissen: Bei Bewegung des Zylinders wird die darübergelegte Platte eine gerade Linie beschreiben, sie bleibt stets auf gleicher Höhe.

Abb. a)

Abb. b)

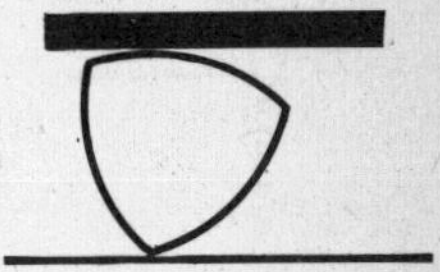

Der dreieckig-walzenförmige Körper bei (b) (Reuleauxsche Figur) ist so konstruiert: Über einem gleichseitigen Dreieck werden Kreisbogen geschlagen, deren Mittelpunkt jeweils eine Ecke des Dreiecks und deren Radius die Seitenlänge ist. Was geschieht mit der aufgelegten Platte bei Bewegung der Walze?
Können Sie Ihren kognitiven Konflikt beschreiben?
Finden Sie das Gemeinsame zur Sokrates-Episode?
(Entnommen aus Hochkeppel 1970, S. 89).

*Zur Ergänzung und Vertiefung:*

Skowronek 1970, Kapitel 5.
Oerter 1971, Kapitel 4.3.

*Synopse der kognitiven Theorien*

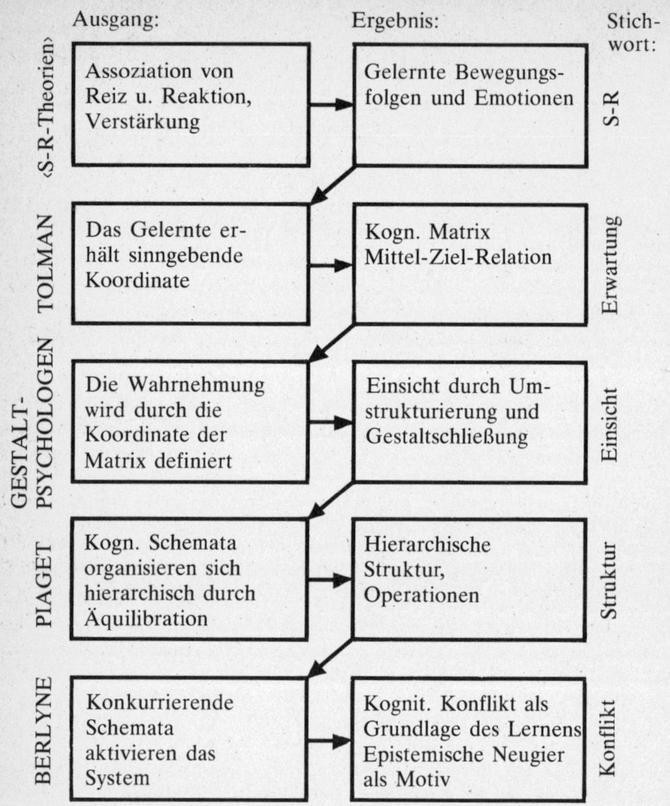


## 3. Übergeordnete Lernmodelle

Unter dieser Überschrift wollen wir drei Versuche erwähnen, die Grenzen einzelner Lerntheorien zu übersteigen und die Theorien selbst untereinander in Beziehung zu setzen. Ob diese Systeme selbst Theorie-Anspruch erheben (wie bie MOWRER) oder nur als Modell verstanden sein wollen, in dem gewisse Momente des Lernprozesses hervorgehoben und in einen „plausiblen“ Zusammenhang gebracht werden, soll uns hierbei nicht beschäftigen.

## 3.1 *Die Zweifaktorentheorie von Mowrer*

O. H. MOWRER vertrat (zuletzt im Jahre 1960, vgl. SKOWRONEK 1970, S. 125f.) eine Konzeption, nach der sich aufgrund der bisherigen Forschungsergebnisse Lernen auf *zwei* prinzipiell verschiedene Prozesse zurückführen lasse, die nicht mehr aufeinander beziehbar oder miteinander vereinbar seien. Er unterscheidet dabei das sogenannte „*Zeichenlernen*" vom „*Lösungslernen*". Der grundsätzliche Unterschied beider liegt darin, daß in der S-R-Kette beim Zeichenlernen die *Reize* ersetzt und verändert (substituiert) werden bei gleichbleibenden Reaktionen, während beim Lösungslernen die *Reaktionen* bei gleichen Stimuli verändert bzw. substituiert werden.

| Zeichenlernen | Lösungslernen |
|---|---|
| Bedingter Reflex (Konditionierung) | Versuch und Irrtum (i.w.S.) |
| Autonomes Nervensystem (hormonale, vegetative, enzymatische Veränderungen) | Zentralnervensystem (kortikale und subkortikale Veränderungen) |
| Lernen *von* Emotionen und Affekten, von Bedürfnissen (also von *sekundären* Motiven) | Lernen *aufgrund* der Bedürfnisse und Motive (Bekräftigungslernen) |
| Entstehen von Bedürfnissen und Motiven | Reduktion von Bedürfnisspannungen |
| Übertragen von Angst und Furcht | Vermeiden von Angst und Furcht |
| Zeichenlernen *schafft* Probleme, Zeichenlernen *erzeugt* Erwartungen | Lösungslernen *löst* Probleme, Lösungslernen handelt *aufgrund* von Erwartungen. |

Wir wollen das System hier nicht weiter ausführen.
Der Leser wird verwiesen auf die gute Zusammenfassung bei SKOWRONEK 1970, S. 125–140.
Die Darstellungsform in diesem Buch läßt sich mit diesem Konzept nur schlecht parallelisieren. Man könnte – mit einigen Vorbehalten – die jeweils ersten Theorien in unseren beiden Gruppen, also PAWLOW und TOLMAN, der Kategorie *Zeichenlernen* zuordnen.

Tatsächlich haben das Lernen von Affekten und Emotionen (PAWLOW) und das Lernen von Erwartungen beim Orientierungslernen (TOLMAN) gemeinsam das motivierende und steuernde Element. Die jeweils übrigen Theorien sind relativ leicht ineinander überführbar, in diese beiden jedoch kaum.

## 3.2 *Das hierarchische Modell von GAGNÉ*

Von einer anderen, nämlich der praktischen Seite her bemühte sich GAGNÉ um eine Zusammenfassung unserer bisherigen Kenntnisse und Einsichten über Lernen. Er verfolgt den (auch von BERGIUS 1971, S. 11 ff. vorgeschlagenen) funktionalistischen Ansatz, indem er den Lernprozeß als solchen analysiert: „Jede menschliche Aufgabe läßt sich in eine Serie von Teilaufgaben zerlegen, die sich aufgrund der zu ihrer Ausführung notwendigen Operationen genau voneinander abgrenzen lassen." (GAGNÉ, zitiert nach SKOWRONEK 1971, S. 68).
Das Entscheidende und Neue ist dabei die Hypothese, daß diese Teilprozesse in der Form der Überordnung und Unterordnung aufeinander bezogen sind und eine hierarchische Gliederung aufweisen dergestalt, daß die jeweils komplexeren Lernarten oder Lerntypen aufruhen auf den jeweils einfacheren und diese zur Voraussetzung haben.
SKOWRONEK (1971, S. 69) vergleicht in bezug auf die pragmatische Zielsetzung GAGNÉ mit SKINNER, die ja auch gemeinsam haben, daß sie ihr System nicht als neue Theorie verstanden wissen wollen.
Ob der Ansatz GAGNÉs für die unmittelbare Unterrichtspraxis Relevanz hat, scheint mir persönlich zur Zeit noch fraglich. Für die Curriculum-Planung dagegen scheint sie ein nicht geringes Gewicht zu haben, vor allem wenn man die hier angedeutete Hierarchie zusammensieht mit anderen hierarchischen Aufbauprinzipien, die im folgenden Text noch zur Sprache kommen, vor allem der hierarchischen Struktur der Begriffe, der Regeln und Prinzipien, der Problemlösungsstrategien und der kognitiven Stile.
Für die Lektüre des zweiten Teils dieses Buches sei erwähnt, daß GAGNÉs Einteilung auch bei der Kapiteleinteilung und der Abfolge der Themen Pate gestanden hat.

„Lerntyp I: Signallernen
Der Lernende erwirbt eine allgemeine, diffuse, emotional getönte Reaktion auf ein Signal (klassische Konditionierung, PAWLOW – TOLMAN).

Lerntyp II: Reiz-Reaktions-Lernen
Der Lernende erwirbt eine umschriebene Reaktion auf einen relativ genau unterschiedenen (äußeren und inneren) Reiz (instrumentelle Konditionierung, THORNDIKE – GUTHRIE).

Lerntyp III: Kettenbildung
Gelernt wird eine Kette von zwei oder mehr Reiz-Reaktions-Verbindungen (SKINNER).

Lerntyp IV: Sprachliche Assoziation
Es handelt sich um das Lernen von *sprachlichen* Ketten. Die Bedingungen entsprechen denen für das Lernen anderer (motorischer) Ketten.

Lerntyp V: Multiple Diskriminationen
Das Individuum lernt eine Anzahl unterschiedlicher Reaktionen auf ebenso viele unterschiedliche Reize… Gelernt werden muß also, auf einen bestimmten Reiz hin in bestimmter Weise zu reagieren und auf einen anderen, aber vielleicht ähnlichen, *anders* zu reagieren.

Lerntyp VI: Begriffslernen
Der Lernende erwirbt die Fähigkeit, auf eine Klasse von Reizen, die sich in ihrer äußeren Erscheinung stark voneinander unterscheiden können, mit *einer* Reaktion zu antworten.

Lerntyp VII: Regellernen
Regeln sind Verknüpfungen von Begriffen – genauer formuliert: *sinnvolle Beziehungen zwischen* Begriffen… Im allgemeinen werden allerdings nicht nur *einzelne* Regeln gelernt, sondern jeweils Regelsysteme oder Regelhierarchien.

Lerntyp VIII: Problemlösen
Problemlösen meint das Ausdenken oder Entdecken neuer Regeln durch Kombination früher erlernter Regeln…“

(Gekürzt zitiert nach WEINERT in Funkkolleg Päd. Psychologie, H. 9, S. 16ff.).

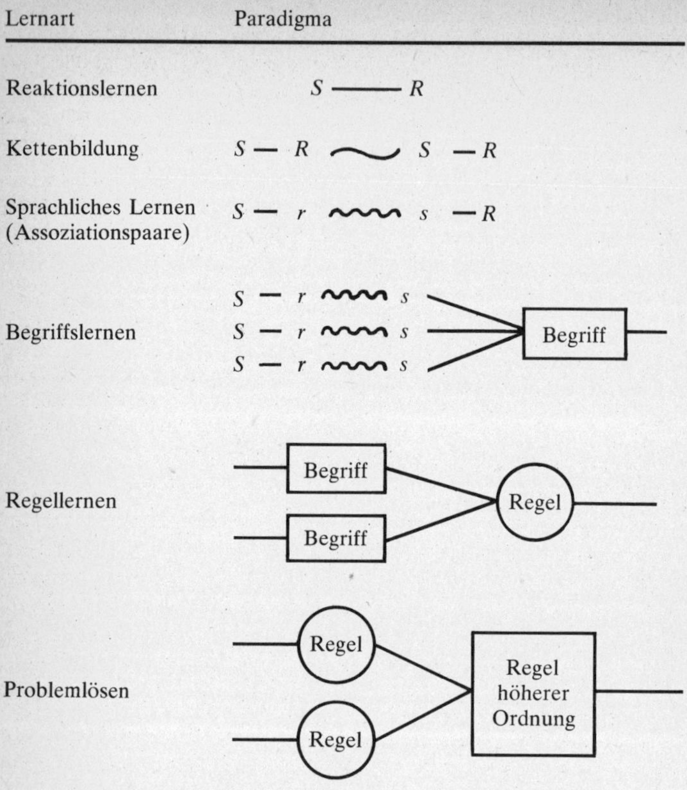


Eine Ordnung der menschlichen Lernarten, nach R. M. Gagné (1964, S. 312). In dieser Aufzählung sind Signallernen und Lernen multipler Diskriminationen aus bestimmten Gründen ausgespart.
(Abbildung nach Skowronek 1971, S. 77).

## 3.3 *Flußdiagramm des Lernprozesses*

Das folgende Blockbild stellt eine Art Algorithmus des Lernprozesses dar. Es ist damit eine Veranschaulichung eines Vorgangs und natürlich nicht mißzuverstehen als Wiedergabe tatsächlich existierender „Instanzen" des Individuums. Es soll – theorienübergreifend – dem Leser die Abfolge der Themen, wie sie in diesem Buch dargeboten werden, vor Augen führen und als Leitfaden dienen für die weitere Lektüre und zur „Entwirrung" des überaus komplexen Phänomens Lernen (vgl. ATKINSON / SHIFFRIN in Funkkolleg, 1974, S. 646, und BERGIUS 1971, S. 47). Das Schema liest sich – von links nach rechts – etwa folgendermaßen:

I. Der „Input" ist der physikalische Reiz, dem das Individuum bei seiner Bewegung oder seiner „Existenz" in der Welt begegnet. Es ist das, was die S-R-Theoretiker als Stimulus oder Umweltsituation bezeichnen, meßbar in cm, g, sec, Farbe (Wellenlänge des Lichts u. ä.), Ton (als Luftschwingung) usw., also noch ohne jede „Interpretation".

II. Dieser Reiz trifft auf die Sinnesorgane (Rezeptoren) des Menschen: Retina, Trommelfell, Wärme- und Tastrezeptoren usw. Es wird damit zur „Information" für das Individuum. Aber nicht alles, was die Sinne aufnehmen könnten, wird tatsächlich als Information auch weitergeleitet: Nur ein Bruchteil dessen tritt als Wahrnehmung in das Bewußtsein und in die Verfügbarkeit des Individuums.
Eine Art Filter, der aus Vorerfahrungen und anderen Faktoren ableitbar ist (Kapitel B 1.1), sorgt dafür, daß nur Material von einer gewissen Bedeutsamkeit in den weiteren Verarbeitungsprozeß aufgenommen wird. Was hier herausgefiltert wird und aus dem sensorischen Register „ausfällt", ist das Übersehene, Überhörte, das Nichtbemerkte, das Nicht-Wahrgenommene.

III. Der Rest erreicht als Wahrnehmung den Kurzzeitspeicher (Kapitel 1.2). Dieser ist ein vorwiegend akustisch wirkendes System, das nicht mehr als ca. 6–8 Informationseinheiten („bit") gleichzeitig aufnehmen kann. Es wirkt funktional durch ständiges Wiederholen der Information (umlaufendes Echo, Memorieren) und verfolgt den Zweck, das Material so lange zu bewahren, bis eine Kodierung stattgefunden hat. Notwendig ist hierzu Aufmerksamkeit (Kapitel 1.2.1) und Üben (Kapitel 1.2.2).

IV. Die Kodierungsstelle ist der Ort, an dem die einlaufende Information ihre Chiffre, ihre Bedeutung erhält. Besteht für das neue Material bereits ein „Registerplatz", so wird es dort kategorisiert und als „verstanden" in den Langzeitspeicher transportiert. Ist noch kein passender Code vorhanden, so wird durch Umstrukturieren der vorhandenen Kategorien ein solcher neu geschaffen. Dies ist der Vorgang der Begriffsbildung (Kapitel 2.1 und 2.2) oder – in der Sprache PIAGETS – der Assimilation und der Akkommodation. In den Langzeitspeicher gelangen prinzipiell nur kodierte Informationen, nie aber unkodierte Elemente.

V. Der Langzeitspeicher stellt das Gedächtnis dar. Es dürfte sehr wahrscheinlich anatomisch-physiologische Korrelate aufweisen, deren Natur uns aber noch weitgehend unbekannt ist. Was dort abgelegt ist, ist unverlierbar (Kapitel 3.1). Es unterliegt jedoch gewissen Veränderungseinflüssen aus neuen Lernprozessen, die wir entweder als störend empfinden (Kapitel 1.3) oder aber als den Kernpunkt allen Lernens verstehen, nämlich als Akkommodation. Die Erinnerung ist der mehr oder weniger gezielte Abruf von Information aus dem Langzeitspeicher (Kapitel 3.1).

VI. Dieser Abruf steht i. a. im Dienst einer Forderung; es ist eine Gesetzmäßigkeit (Regel) zu finden (Kapitel 3.2) oder ein Problem zu lösen (Kapitel 3.3), d. h., die geforderte Aufgabe hat eine bestimmte Struktur.
Dem steht gegenüber die sogenannte subjektive Organisationstendenz: Das Individuum pflegt das kognitive Material in einer stets ähnlichen und für es selbst typischen Weise zu ordnen und so auch wieder abzurufen (Teil C, speziell C. 3.2).
Entspricht die Anforderungsstruktur der Aufgabe der kognitiven Struktur und der subjektiven Organisationstendenz des Individuums, so bestehen optimale Lernbedingungen.

VII. Der „Output“ ist die „Leistung“ des Individuums, die als Verhalten zum Ausdruck kommt. Andere Bezeichnungen sind: response, Reaktion, Reproduzieren, aber auch Produzieren, Lösung usw.
Dieses Verhalten ist sehr stark mitbeeinflußt von Umweltfaktoren, die wir unter dem Stichwort „Soziales Lernen“ (Teil C, Kapitel 2) behandeln. Natürlich wirken diese Faktoren durch ein ständiges „Feedback“ hinein in den ganzen Lernprozeß, was sich graphisch schwer darstellen läßt. Durch die Tatsache, daß das Individuum selbst (und nicht nur die Umwelt) das Ergebnis des eigenen Lernaktes beobachtet und bewertet, wird das ganze Blockdiagramm gleichsam „kurzgeschlossen“: Die eigene Leistung (VII) wird zum Reiz (I) für das weitere Lernen (Bekräftigung, Selbstbekräftigung) (vgl. auch JOERGER 1975).

*Flußdiagramm des Lernprozesses*

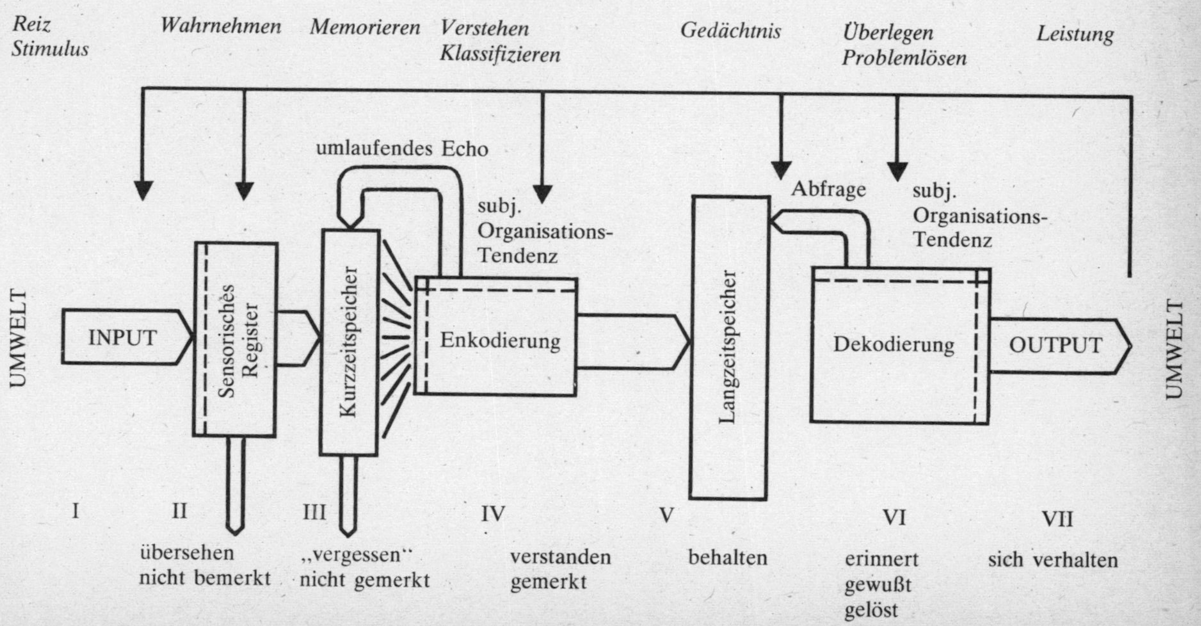

# Teil B
# Der Lernprozeß

## 1. Die Aufnahme der Information – Input

### 1.1 *Die Wahrnehmung als Filter des Inputs*

Wir haben bereits mehrfach darauf hingewiesen, daß das, was wir über unsere Umwelt wissen, nicht ein schlichtes Abbild der physikalischen Gegebenheiten darstellt. Zunächst gibt es natürlich physikalische Reize, die unsere Sinne nicht aufnehmen können (wie z.B. ultraviolettes Licht, Schallschwingungen über 40 000 Hertz u.v.a.). Darüber hinaus gibt es jedoch auch viele physikalische Reize, die an sich von den Rezeptoren (Sinnesorgane) durchaus aufgenommen werden könnten, die aber trotzdem nicht unser Bewußtsein oder unser Erleben erreichen. Sie tun dies ohnehin nicht in der Form, in der sie von den Sinnen aufgenommen und in den Nerven zum Gehirn weitergeleitet werden. Auf dem Weg von der Erregung der Rezeptoren bis zur mehr oder weniger bewußten Wahrnehmung wird ein Umformungsprozeß durchlaufen, der äußerst komplex und weitgehend auch noch unbekannt ist. Für unseren Zusammenhang ist wichtig, daß das Wahrnehmen Aktivität von seiten des Individuums voraussetzt und nicht rein passiv „funktioniert". „Was uns die Sinnesorgane von den Gegenständen vermitteln, sind daher Anzeichen, deren Verarbeitung in der Wahrnehmung man sich nicht viel anders vorstellt als die Verwertung klinischer Symptome durch den Diagnostiker" (Hofstätter 1970, S. 324).

#### 1.1.1 Der Einfluß von Vorerfahrungen auf die Wahrnehmung

Zunächst wäre es doch wohl recht plausibel anzunehmen, daß die Wahrnehmung von Umweltgegebenheiten den Anfang eines jeden Lernprozesses darstelle und daß Wahrnehmung eine der ersten Voraussetzungen allen Lernens sei. Indem wir etwas überpointieren, können wir diese These aber auch umkehren: Wahrnehmung ist das Ergebnis von Lernprozessen; Wahrnehmung selbst kann und muß gelernt werden.

*Erläuterung:*

Von besonderem Interesse sind hier die Aufzeichnungen über blindgeborene Patienten, die in einem späteren Lebensalter nach Operationen (etwa des grauen Stars) langsam erst „sehen" lernen mußten. Es wird berichtet, daß die Patienten durch die neuen visuellen Eindrücke sehr verwirrt, ja bestürzt waren, so daß sie schließlich vor zu vielen unbewältigten Eindrücken „gar nichts mehr sehen" konnten. „Alle Patienten waren mit dem Wortgebrauch vertraut, fanden es aber schwierig oder sogar unmöglich zu beschreiben, was sie sahen, oder Worte darauf anzuwenden" (Gibson 1973, S. 317). „Der Patient konnte seinen Eindrücken Begriffe wie ... bewegt und unbewegt, fern oder nah nicht zuordnen. Er konnte nicht unmittelbar sagen, ob sich auf einem Stück Papier zwei oder drei schwarze Flecken befanden ... Die Begriffe waren in seinem Wortschatz enthalten, sie bezogen sich aber nur auf Tast- und Muskeleindrücke ..." „Ein silberner Bleistifthalter und ein großer Schlüssel erschienen ... verschieden, sie konnten aber nicht identifiziert oder benannt werden. Legte man sie aber dem Patienten in die Hand, dann konnte er sie sofort benennen" (a.a.O. S. 318).
Ähnliche wie die hier geschilderten Phänomene treten auch auf bei der Verletzung von bestimmten Hirnzentren, wo zwar die Sinnesorgane voll intakt geblieben sind, aber das Verständnis (die Klassifizierbarkeit) ist verlorengegangen (Seelentaubheit, Seelenblindheit, Wortblindheit).

In jedem Wahrnehmungsvorgang ist eine Art Wissen um das Wahrgenommene bereits enthalten. Dies gilt auch in einem anderen, mehr übertragenen Sinn. Geht ein Vogelkenner im Wald spazieren, so nimmt er Vogelstimmen wahr (selbst wenn er sie nicht identifizieren kann), die ein anderer überhaupt nicht gehört hätte. Der Maler unterscheidet Farbnuancen, die der Laie beim besten Willen nicht erkennt usw. Allgemein kann man sagen: Das Wissen über eine Sache „schärft die Sinne" in diesem Sachbereich, und es macht die Wahrnehmung um so differenzierter, je differenzierter das Wissen bzw. die Erfahrung ist. Für den Lehrer ist die Kehrseite dieses Sachverhalts wichtig: Bietet er zur Einführung eines neuen Unterrichtsgegenstandes audiovisuelle Anschauung, so muß er damit rechnen, daß die Wahrnehmungen der Schüler höchst undifferenziert ausfallen, ja im Extremfall so pauschal sind, daß der Schüler tatsächlich nur und ausschließlich das wahrnimmt, was er ohnehin schon über den Gegenstand weiß, so daß er also keinerlei Gewinn aus der Veranschaulichung zieht. Wir werden auf die damit verbundenen Probleme der Veranschaulichung im Unterricht noch in anderem Zusammenhang zurückkommen.

### 1.1.2 Der Einfluß von Bedürfnis und Motivation auf die Wahrnehmung

In seiner Umwelt-Lehre hat der Biologe JAKOB VON UEXKÜLL (1956) anschauliche Beispiele gebracht, wie die Wahrnehmungsstruktur bei Lebewesen korrespondiert mit der Bedürfnisstruktur der Art. Die räuberisch lebenden Libellen fangen ihre Beutetiere ausschließlich im Flug. Sie nehmen (daher) nur bewegte Objekte wahr, obwohl ihr Facettenauge das sitzende oder ruhende Beutetier ohne weiteres abbilden könnte. Aber in diesem Zustand hat es keine Bedeutung als mögliches Nahrungsmittel, gehört also nicht zur „Merkwelt" der Libelle. In einem allgemeinen Sinn können wir sagen: Nicht alle Dinge der gegenständlichen Welt haben für ein bestimmtes Individuum Bedeutung, sondern diese erhalten sie erst aufgrund der Bedürfnisstruktur des Lebewesens. Was aber für ein Individuum keine Bedeutung hat, das wird nicht wahrgenommen und fällt damit aus dem sensorischen Register aus.
Nun ist der Mensch natürlich nicht wie das Tier seiner rein physiologischen Bedürfnisstruktur unterworfen. Aber setzen wir den umfassenderen Begriff Motivation an die Stelle des Bedürfnis-Begriffs, dann läßt sich im Experiment zeigen, daß auch der Mensch Objekte der Umwelt „übersieht", nicht bemerkt, nicht oder doch schlechter identifizieren kann, wenn sie in seiner (derzeitigen) Motivationsstruktur keine oder nur geringe Bedeutung haben. Motivation, Werthaltung und Einstellung sind in dieser Hinsicht als synonym zu betrachten.

*Versuch: „Wahrnehmung und Werthaltung":*
BRUNER, POSTMAN und MCGINNIES teilten ihre Versuchspersonen aufgrund von Vorversuchen in sechs Gruppen ein, und zwar anhand der Einstellungs- oder Werthaltungstypologie von E. SPRANGER: theoretische, ökonomische, ästhetische, soziale, politische und religiöse Schwerpunkte der Orientierung. Sodann bot er ihnen längere Reihen von Wörtern aus diesen sechs Bereichen tachi-

stoskopisch an. Es ergab sich, daß die Versuchspersonen signifikant mehr Wörter aus ihrem je eigenen Wertbereich erkannt hatten als aus den fremden Bereichen (vgl. THOMAE 1965, S. 68).

Die Wahrnehmung unterliegt also einer *Selektion* (Auswahl) und einer *Sensibilisierung* (besonderer Zuwendung) aufgrund von Einstellungen oder speziellen Motiven. In der Literatur werden diese Phänomene meist unter dem Stichwort „Motivation" abgehandelt (vgl. THOMAE 1965, S. 67f.).

### 1.1.3 Der Einfluß der Erwartung auf die Wahrnehmung

Wie wir aus dem theoretischen Teil (TOLMAN) wissen, lernt das Individuum, Dinge der Umwelt als Zeichen zu deuten für etwas, das kommen wird; es lernt Erwartungen. Die kognitive Matrix besteht daher für ein Individuum, das bereits einiges gelernt hat, aus einem vielschichtigen Netz von Erwartungen. Jede neue Wahrnehmung tritt nun in den Kontext vorangegangener Wahrnehmungen, in denen die (erlernten) Zeichen bestimmte Erwartungen für die aktuelle Wahrnehmung mobilisieren. Diese Erwartungen bestimmen nun ihrerseits mit, wie und als was die neuen sinnlichen Eindrücke gedeutet werden.

*Versuch: „Größenschätzung":*
PIAGET und LAMBERCIER untersuchten an verschiedenen Altersstufen den Einfluß von Erwartungen, die unmittelbar zuvor erlernt worden waren. „Sie zeigten ihren Versuchspersonen kurzzeitig (Bruchteile von Sekunden) zwei verschieden große Kreise (20 und 28 mm Durchmesser) dreimal hintereinander. Das vierte Mal wurden dagegen zwei gleich große Kreise dargeboten. Diese Folge von vier Darbietungen wurde viermal wiederholt. Am Ende unterschätzten die Versuchspersonen den gleich großen Kreis, der anstelle des größeren Kreises gezeigt wurde. Interessanterweise machten nicht die Kinder, sondern die Erwachsenen die größte Fehlschätzung. Das rührt daher, daß Erwachsene mehr als Kinder die vorausgegangene Erfahrung nutzen und stärkere Erwartungen bezüglich eines zukünftigen Ereignisses aufbauen" (Oerter 1974, S. 84).

Das Phänomen ist so alltäglich, daß wir es oft als reine Flüchtigkeit abtun (geben Sie einem Kind 9 Divisionsaufgaben und als 10. eine Multiplikationsaufgabe!). Auch ein Teil der FREUDschen Fehllei-

stungen gehört hierher, z. B. Verlesungen und Versprechungen, bei denen der Wunsch der Vater des Gedankens war.
Weiterhin gehören unter diese Überschrift die sogenannten „Konstanzphänomene". Wie kommt es, daß wir zwei gleich hohe Bäume, die wir in verschiedener räumlicher Entfernung sehen, tatsächlich als gleich groß wahrnehmen, obwohl sie doch in perspektivischer Verzeichnung ein ganz verschieden großes Netzhautbild entwerfen? Die Gegenstände der uns umgebenden Welt reflektieren, wie die Farbphotographie uns lehrt, bei hoch- und bei tiefstehender Sonne völlig verschiedene Farbwerte. Wir nehmen sie jedoch beidesmal als völlig identisch wahr, weil wir gelernt haben, die Farbe als konstantes Attribut eines Gegenstandes zu verstehen und zu erwarten.
Ein anderes großes Gebiet, das hierher gehören würde, sei lediglich genannt, nämlich das der Wahrnehmungstäuschungen, angefangen von Halluzinationen und Visionen bis hin zu Kontrasteffekten, Kippfiguren und geometrisch optischen Täuschungen.
Schließlich sei noch erwähnt das Phänomen der Gestaltwahrnehmung, dessen eminente Bedeutung gerade für das Lernen wir im theoretischen Teil bereits kennengelernt haben (A 2.2). Sinneseindrücke werden vom Organismus so organisiert, gruppiert, ergänzt und akzentuiert, daß schließlich die unter den gegebenen Umständen bestmögliche „Gestalt" wahrgenommen wird. Im Gegensatz zur klassischen Gestaltpsychologie nimmt man heute an, daß die bekannten Gestaltgesetze, wie Geschlossenheit, Regelmäßigkeit, das Gesetz der geradlinigen Fortsetzung usw., Resultate vorgängiger Lernprozesse sind, ebenso wie die Prägnanztendenz bzw. die Tendenz zur „guten Gestalt" selbst. Das Umstrukturieren in der Wahrnehmung ist dann das Ergebnis eines neuen Deutungsversuchs aufgrund zwischengeschalteter kognitiver Operationen. Wir werden uns bei der Besprechung des Problemlösens noch damit zu beschäftigen haben. Im übrigen sei auf die sehr deutliche Verwandtschaft zu den Begriffen Assimilation und Akkommodation bei PIAGET (A 2.3.2) aufmerksam gemacht.

Zusammenfassung

1. Wahrnehmung ist ein komplexer Prozeß, der ein hohes Maß an Aktivität des Individuums voraussetzt, und nicht schlichtes Rezipieren oder Registrieren der physikalischen Welt.
2. Vorangegangene Erfahrung sowie überdauernde subjektive Organisationstendenzen spielen bei der Wahrnehmung eine entscheidende Rolle.

3. Im Bilde des Block-Diagramms vom Lernen (A 3.3) oder in kybernetischer Sichtweise muß, bevor eine „echte“ Wahrnehmung entsteht, zuerst das ganze System durchlaufen werden, gleichsam in blitzartigen „Probeläufen“, wobei sich die Wahrnehmung sukzessive verändern kann bis hin zu einem (immer noch vorläufigen) Zustand des „Verstandenhabens“, „Wiedererkennens“ oder gar „Entdeckens“. Damit ist Wahrnehmung weder begrifflich noch praktisch eindeutig zu trennen vom ganzen Erkenntnis- und Denkvorgang. Auch zeitlich gesehen, ist kein definitives Ende des Rückkoppelungsprozesses zwischen Denken und Wahrnehmung zu sehen. Eines beeinflußt das andere und bewirkt so ständige Veränderung und damit Lernen.

*Beispiel für Anwendung:*

Auf Erkenntnissen dieser Art beruht letztlich das Prinzip des spiraligen Lernens. Bis ins Extrem vereinfacht, könnten wir es etwa so darstellen:

Ein und derselbe physikalische Versuch (z. B. die auf einem wassergefüllten Teller unter einem umgestülpten Becherglas brennende Kerze) wird einem 4-, 8-, 12- und 20jährigen vorgeführt. In jeder Altersstufe nimmt der Proband aufgrund der inzwischen veränderten kognitiven Struktur anderes wahr und stellt jedesmal verschiedene weiterführende Fragen. Dies ist auch der Kern der BRUNERschen These, „daß jeder Stoff jedem Kind in jedem Stadium der Entwicklung in intellektuell redlicher Weise wirksam vermittelt werden kann“ (BRUNER in WEINERT 1972, S. 105).

In praktischer Hinsicht bleiben hier natürlich viele Probleme offen. In jeder Altersstufe nähert sich dieser Regelungsprozeß einem Grenzwert, der durch den Differenziertheitsgrad der jeweiligen kognitiven Struktur bestimmt ist. Häufigere Darbietung bringt nur Sättigung und Überdruß und damit flachere Wahrnehmung, solange die kognitive Struktur nicht so weit verändert wurde, daß erneute Wahrnehmung auch neue Deutung zuläßt. *Wann* das grob und in der Regel erwartet werden kann, ist Sache entwicklungspsychologischer Forschung (wie etwa bei PIAGET) und natürlich der intimen Kenntnis des Schülers.

*Zur Ergänzung und Vertiefung:*

Lunzer/Morris 1971, Kapitel 1.
Oerter 1973, Kapitel 4.2.
Vernon 1974.
Gibson 1973.

*Aufgabe B 1.1:*
Betrachten Sie das untenstehende Klecksbild eine Weile. Was könnte das wohl sein oder bedeuten?
Schreiben Sie Ihre Deutungen auf ein Blatt Papier.
Bemühen Sie sich, möglichst viele, wenigstens aber acht Antworten niederzuschreiben, bevor Sie die darunter stehenden Fragen lesen.

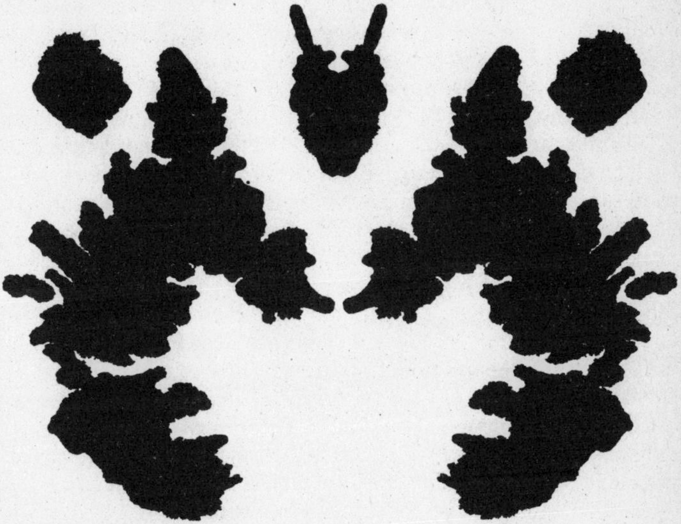

Versuchen Sie nun, die folgenden Fragen zu beantworten:
1. Können Sie einige Ihrer Deutungen inhaltlich zurückführen.
   a) auf eigene Erlebnisse oder Vorerfahrungen?
   b) auf eigene Bedürfnisse oder Motive?
   c) auf eigene Erwartungen oder Befürchtungen?
2. Haben Sie häufiger (etwa 3 oder mehrmals) die Figur als Ganzes gedeutet, oder haben Sie (fast) nur einzelne unzusammenhängende Details zur Deutung herausgegriffen?
3. Haben Sie belebte oder bewegte Objekte, vielleicht Menschen in irgendeiner Tätigkeit gesehen?

## 1.2 *Das mechanische Lernen*

Nachdem wir im letzten Kapitel so viel Wert gelegt haben auf die Feststellung, daß bereits zu Beginn eines Lernprozesses, nämlich bei der Wahrnehmung, Akte der Sinngebung und Deutung eine

wesentliche Rolle spielen, wollen wir nun das andere Extrem betrachten, nämlich jene Akte des Lernens, bei denen diese Sinnverleihung auf ein Minimum reduziert ist wie beim Memorieren und beim Einprägen von mehr oder weniger sinnfreiem Material.
Diese Reduktion kann natürlich immer nur eine relative sein. Etwas „Sinn" oder Bedeutung ist ja Voraussetzung dafür, daß überhaupt Wahrnehmung stattfand.
Was nützt uns aber die Kenntnis von Gesetzmäßigkeiten beim mechanischen Lernen, wenn es doch die Ausnahme darstellt und praktisch nicht rein vorkommt?
Nun, zunächst hat es ja der Lehrer doch wohl gar nicht in der Hand, das an sich sinnvolle Material so anzubieten, daß der Schüler es auch mit dieser Sinngebung lernt und lernen muß. Die Sinngebung ist stets ein Akt des Lernenden; vollzieht er diesen Akt unzureichend, dann lernt er eben mechanisch ohne Rücksicht auf die Möglichkeiten, die im Material lägen. Wir alle wissen, daß dieses mechanische Einprägen (etwa einer Formel oder von Vokabeln) durchaus an der Tagesordnung und nicht ganz zu eliminieren ist. Die Sinnverleihung ist aber ein Akt, auf den der Lehrer relativ wenig Einfluß hat, zumindest während einer aktuellen Lernaufgabe. Daß sinnvolles Lernen bessere Ergebnisse zeitigt als mechanisches, ist nachgerade trivial. Aber um sinnvolles Lernen zu ermöglichen, muß man wissen, was letztlich den Unterschied ausmacht, worin der „Sinn" besteht und welchen Gewinn man sich einhandelt. Zunächst sei jedoch eine notwendige Begriffsklärung vorangeschickt.

(1) Es ist zu unterscheiden zwischen den Gegensatzpaaren *mechanisches* Lernen und *sinnvolles* Lernen einerseits und Lernen von *sinnlosem* und *sinnvollem* Material andererseits.

So kann man durchaus potentiell sinnvolles Material sich ausschließlich mechanisch einprägen ebenso, wie man einem an sich sinnleeren Material einen sekundären (mehr oder weniger „sinn"-vollen) Sinn unterlegen kann. Die Eigenschaft sinnvoll bezieht sich im ersten Fall auf den Lernvorgang (adverbialer Gebrauch, also „wie"?), im zweiten Fall auf den Lerngegenstand (attributiver Gebrauch, also „was"?).

(2) Es ist zu unterscheiden zwischen sinnvollem Lernen einerseits und Lernen durch Einsicht andererseits.

Im Fall des sinnvollen Lernens ist Ziel, Absicht und Ergebnis des Lernvorgangs, den Sinn (oder irgendeinen Sinn) im Material zu erkennen und damit das Lernresultat zu festigen, eventuell auch später wieder einzusetzen. Beim Lernen durch Einsicht liegt der Akzent auf der *Veränderung* (Umstrukturierung) des bisher akzeptierten Sinns einer Sache und damit der Veränderung der kognitiven Struktur. Lernen durch Einsicht ist damit Lernprozeß und Lernergebnis zugleich.

Im folgenden sprechen wir ausschließlich vom mechanischen Lernen, das sich sowohl auf sinnvolles als auch sinnarmes Material beziehen kann. Wir werden dabei sehen, daß die Grenzen zum sinnvollen Lernen nicht ganz starr sind. Mechanisches Lernen wird in der Literatur auch unter folgenden Bezeichnungen behandelt:

rote learning
Auswendiglernen
Memorieren

### 1.2.1 Die Aufmerksamkeit und das Unmittelbare Behalten

Die Wahrnehmung und den Kurzzeitspeicher dürfen wir nicht funktional trennen, wie wir das optisch zur Veranschaulichung im Blockdiagramm des Lernmodells getan haben. Die Verbindung beider Phänomene ist sehr eng.

Gehen wir zunächst wieder von diesem Bild aus, dann erreicht ein Sinnesreiz über das sensorische Register den Kurzzeitspeicher. Um nun auf dem Weg bis zur „echten" Wahrnehmung eine Vorstrukturierung zu bewerkstelligen, benötigt der Organismus eine gewisse Zeit, in der die Erregung der Nervenbahnen erhalten bleiben muß. „Lernen bedarf der Rettung des Augenblickes in den nächsten Augenblick hinüber" (Bergius 1971, S. 49).

Nach einer Theorie von Hebb gibt es zwei verschiedene Speichersysteme:

- *Der Langzeitspeicher* ist zu denken als eine Spurenbildung durch anatomisch-chemische und strukturelle Veränderung in den Leitungsbahnen des Gehirns, die zeitlich unbegrenzten Bestand hat.
- *Der Kurzzeitspeicher* dagegen existiert nur funktionell in Form von Rückkoppelungsschleifen der Erregung, die sehr schnell (innerhalb weniger Sekunden) immer schwächer werden, aber durch vorstellungsmäßiges oder „inneres" Repetieren (recall retention, rehearsal) noch einige Zeit am Leben erhalten werden können, bis sie nach maximal einigen Minuten endgültig auslaufen (fading). Was bis dahin keinerlei Kodierung erfahren hat, fällt endgültig aus dem Speichersystem aus und kann nie wieder erinnert werden. Von „Vergessen" können wir

hier kaum sprechen, weil es noch nie „gemerkt“ worden ist.

Nun hat BROADBENT (1957, zitiert nach BERGIUS 1964, S. 252) ein interessantes Modell der *Aufmerksamkeit* entwickelt, das diese Phänomene zum Ausgangspunkt nimmt; wir wollen es das „Y-Modell“ nennen:

Der Kurzzeitspeicher kann maximal 6–8 Informationseinheiten (= bit) in der Zeiteinheit („Präsenzzeit“) gleichzeitig aufnehmen und im „Echo“ umlaufen lassen (= „memory span“). Nun nimmt BROADBENT an, daß die Information vom Sensorium her auf *zwei* Kanälen in den Speicher einkommen kann und sich dort, wie bei dem Buchstaben Y, vereinigt. Ist nun die erste Information gerade im Umlauf, so wird sie durch das Einkommen einer weiteren Information über den anderen Kanal empfindlich gestört, so daß im ungünstigen Fall beide Informationen ganz aus dem Speicher ausfallen.

*Beispiel:* A habe gerade eine Telephon-Nummer nachgeschlagen, die er nun bis zum Wählen im „Echo“ repetiert. In diesem Augenblick wird er von B etwas Belangloses gefragt. Das Resultat ist, daß A die Nummer nochmals nachschlagen muß, die Frage aber auch nicht verstanden hat.

*Versuch:* BROADBENT u. KAY: *„Y-Störung“:*
Die Versuchspersonen hatten die Aufgabe, aus einer ablaufenden Reihe sinnloser Silben immer das *vorletzte* Glied zu reproduzieren. Dies bereitete ihnen außerordentliche Schwierigkeiten, weil durch die Wahrnehmung des neuen, letzten Gliedes ein Memorieren („rehearsal“) des vorletzten unmöglich gemacht wurde (BERGIUS 1964, S. 253).

Auf eine knappe Formel gebracht, sagt dieses Modell:
- Die Aufmerksamkeit eines Individuums beim Lernen besteht darin, daß einkommende Information so lange in einem „umlaufenden Echo“ aufbewahrt wird, bis eine Kodierung stattgefunden hat.
- Mehr als 6–8 Informationseinheiten können nicht gleichzeitig verarbeitet werden. Eine Verteilung der Aufmerksamkeit innerhalb der Präsenzzeit ist unmöglich.

Dieses Modell wäre aber unvollständig und für den praktischen Einsatz zu abstrakt, solange nicht näher umschrieben ist, was man unter „Informationseinheit“ zu verstehen hat.

MILLER führte (1956) analog zur informationstheoretischen Einheit „bit“ den Begriff „chunk“ (= Block, Klotz) ein. Er versteht darunter die Tatsache, daß mehrere „bit“ (= Elemente) dann zu einer größeren Einheit zusammengefaßt werden können, wenn sie für die Person aus früherer Erfahrung eine „bekannte Einheit“ darstellen (die Nähe zur gestaltpsychologischen oder zur Sinnganzheit ist hier nicht zu verkennen).

*Erläuterung:*

Die Buchstabenreihe R T O enthält ohne Zweifel dreimal „etwas Neues“ oder drei Informationseinheiten (bit). Im Gegensatz hierzu muß man sich nur *eine* Sache merken, wenn die Anordnung so aussieht: „TOR“. Ebenso könnte – für den Fachmann – etwa „der Satz des Pythagoras“ oder „der Westfälische Friede“ je einen einzigen „chunk“ darstellen.

So können aufgrund reicherer Erfahrung immer mehr „bits“ zu immer größeren „chunks“ zusammengefaßt werden, und selbst eine relativ lange Nachricht kann durch relativ wenige „chunks“ repräsentiert sein. Durch entsprechende Kodierung in „chunks“ gelingt es z. B., 40 „bit“ in den 6–8 „chunks“ der Behaltensspanne unterzubringen (vgl. BERGIUS 1964, S. 255). Natürlich sind Erwachsene und Intelligente in bezug auf diese Kodierfähigkeit den Kindern sehr stark überlegen, aber auch bei Kindern dürften starke interindividuelle Unterschiede bestehen. Eine gewohnheitsmäßig gewandte und schnelle Vorkodierung wird auch als *„Wachheit“* oder *„Vigilanz“* bezeichnet.
Für die Schule hat das Modell deswegen Relevanz, weil aufgezeigt wird, daß auch der Aufmerksamkeitsumfang und damit das unmittelbare Behalten übbar ist und vor allem, auf welchem Weg dies zu geschehen hat, nämlich durch rasches und bewegliches Kodieren. Über diesen Kodierungsprozeß wird in den nächsten Kapiteln noch viel zu sagen sein.
Für die unmittelbare Anwendung in der Schule gilt:
(1) Der Schüler kann innerhalb der Präsenzzeit (bis 5 Sekunden) nicht mehr als ca. 5 bis 6 sinnvolle Einheiten aufnehmen. Da der Kodierungsprozeß aber (in Abhängigkeit vom Lebensalter) noch relativ langsam und unbeweglich ist, macht man keinen Fehler, wenn man 2 bis 3 „chunks“ als obere Grenze ansetzt. Ein gesprochener Satz dieser zeitlichen Erstreckung darf

also, soll er erinnert werden, nicht mehr als ca. 3 wesentliche Elemente aufweisen. (Nach OERTER 1973, S. 330, würde diese Zahl für 10jährige gelten, für Zweitkläßler nur 2 Elemente!)

(2) Was bei einem Kind eines bestimmten Alters und Intelligenzgrades zu einem „chunk“ (= bekannte Einheit) werden kann, müßte der Lehrer allmählich durch Erfahrung lernen.

(3) Jeder Versuch, während eines „umlaufenden Echos“ neue Information zu ermitteln, kann zur Auslöschung beider Informationen führen (Ablenkung).

(4) Der Kurzzeitspeicher (das umlaufende Echo) ist im akustischen Bereich leistungsfähiger als in allen anderen Sinnesbereichen. Das bedeutet, daß z.B. optische Eindrücke länger dargeboten werden müssen, um denselben Einprägungserfolg zu gewährleisten als akustische.

*Beispiel:* Die Rechtschreibregel:
„Nach l, m, r, das merke ja,
steht weder tz noch ck!“

dürfte – laut gesprochen – sich über eine bis höchstens zwei Präsenzzeiten des Kindes erstrecken. Für ein Kind, das den Satz zum erstenmal hört, sind vermutlich folgende Elemente wichtige Informationseinheiten (= „chunks“):

Nach (!) – l – m – r – weder –
noch – tz – ck – das merke ja.

Dabei wird unterstellt, daß das Kind den Sinn des Satzes als solchen verstanden hat und tz bzw. ck als Einheit, nämlich als geschärftes z bzw. k, gut kennt. Das Kind hätte also neun „chunks“ umlaufen zu lassen, was entschieden zuviel ist. Das Kind wird den Satz weder nachsprechen noch inhaltlich verarbeiten können, im Gegenteil: die zweite Verszeile wird die erste, die mit 5 „chunks“ vielleicht gerade noch zu bewältigen wäre, so stören, daß keine der beiden mehr reproduziert wird.
Hat das Kind jedoch durch Erläuterungen und durch Verstehen gelernt, größere Einheiten zu bilden (durch Abstraktion), so bleiben nur noch folgende 4 „chunks“:

nach – l, m, r (= Konsonanten) – weder/noch (= nie) –
tz, ck (= Schärfung)

Das Kind, das den Satz *so* kennt, kann ihn sich evtl. während eines Diktats auch leise vorsprechen.

*Erläuterung:*

Solange eine Fremdsprache nur unzureichend beherrscht wird, bereitet dem Hörer das rein akustische Identifizieren große Schwierigkeiten, schon gar, wenn er nicht wenigstens im groben informiert ist, worüber geredet wird. Er wird sehr viele Details, die an sich zum Verständnis nicht unbedingt erforderlich wären, sich ebenso zu merken versuchen wie wichtige Details (rehearsal), was ihm aber kaum je gelingen dürfte: Alles geht ihm viel zu schnell (= Y-Störung), so daß er überhaupt nichts mehr versteht. Hat er aber erst einmal aufgrund einzelner „Brocken" einen ersten Zugang zum Inhalt gefunden, dann gelingt es ihm bald immer besser, „bekannte Einheiten" (chunks) zu bilden. Das Sprechtempo ist ihm dann kein Problem mehr.

### 1.2.2 Die Übung als Einprägung

Als Prototyp des mechanischen Lernens gilt seit EBBINGHAUS (1885) das Auswendiglernen von Listen sinnloser Silben, sogenannter „Trigramme": MUB – VEP – NAF usw. Solches Material benutzte man, weil man allgemeine Gesetzmäßigkeiten finden wollte. Der Einfluß von Bedeutung ist aber von Person zu Person verschieden und daher in diesem Zusammenhang nur eine Störvariable. Das ändert zwar nichts an der Tatsache, daß auch sinnvolles Material mechanisch gelernt werden kann, nur entzieht es sich dem Beobachter, ob es auch tatsächlich wurde. In den Versuchen von EBBINGHAUS und vielen anderen Forschern zeigte es sich nun, daß Lernprozeß und Lernerfolg zunächst schon davon abhängen, auf welche Art und Weise man sich das Material einprägt. Wir greifen drei der für die Schule wichtigsten Faktoren heraus.

#### 1.2.2.1 *Lernen in Teilen oder Lernen im Ganzen*

Man kann einen vorgegebenen Lernstoff (z.B. eine Liste von 30 sinnlosen Silben, ein Gedicht oder einen Liedtext, eine Seite Vokabeln, eine Tabelle von Geschichtsdaten oder mathematischen Formeln) entweder jeweils als kompaktes Ganzes sich einzuprägen versuchen, oder man kann es in Einzelteile zerlegen und diese am Schluß zusammenfügen. Was ist vorteilhafter? Die Ergebnisse der Forscher sind widersprüchlich und zeigen, daß so die Frage nicht gestellt werden kann.

*Erläuterung:*

Ist das Ganzlernen einigermaßen klar (man spricht sich ein Gedicht von 3 Strophen mit je 4 Zeilen als Ganzes so oft vor, bis man es als Ganzes reproduzieren kann), so gibt es beim Teillernen bereits mehrere Möglichkeiten.

a) Das reine Teillernen:
Man lernt von der ersten bis zur letzten Zeile des Gedichtes jede einzeln bis zur Beherrschung und versucht sie anschließend zusammenzufassen.

b) Das progressive Teillernen:
Bereits zu Beginn wird hier die Verbindung der Teile mitgeübt und sodann die erste Strophe als Ganzes. Dann geht man ebenso zur zweiten und schließlich zur 3. Strophe über. Danach müssen die Übergänge zwischen den Strophen gesondert geübt werden.

c) Das wiederholende Teillernen:
Hier wird der besondere Akzent gerade auf die Übergänge gelegt, indem nach jedem neu hinzugelernten Teil stets das Ganze von vorn wiederholt wird: a-b-ab, c-bc-abc, d-cd-bcd-abcd usw.

Allgemein kann man zu der Frage, welche der möglichen Methoden die beste ist, allenfalls folgendes sagen:

- Ob man einen Lernstoff als Ganzes überhaupt lernen kann, hängt von seiner Größe oder der Menge ab. („Der Taucher" von Schiller wäre nicht zu bewältigen.) Ist diese Menge gut überschaubar, bringt das Ganzlernen die meisten Vorteile. Übersteigt sie dieses Optimum, dann wird das Einprägen sehr schnell besonders schwer.
- Voraussetzung ist natürlich, daß es sich überhaupt um echte Ganzheiten im Sinne der Gestaltpsychologie handelt (im Fall b und c um Unterganzheiten). Ist dies nicht der Fall, dann spielt in der Regel die Reihenfolge der Elemente keine Rolle wie etwa beim Vokabellernen. Man wird Methode (a) wählen, wobei eine Zusammenfügung entfällt, ja man wird sogar in stets wechselnder Reihenfolge üben (vgl. unten B 1.2.2.3).
- Ist Teillernen erforderlich, dann wird die Wahl der Methode (a, b oder c) von daher zu entscheiden sein, wie wichtig die Übergänge zwischen den Teilganzheiten vom Lernziel her sind, bzw. wieviel Mühe für die Verbindung dieser Teile aufgewendet werden soll. So wird man etwa beim Einprägen des Textes eines Volksliedes Methode (b) wählen, weil die Strophen untereinander einen relativ lockeren Zusammenhang aufzuweisen pflegen, während bei einer Ballade Methode (c) vorzuziehen wäre.

Wie man sieht, wird bei solchen Entscheidungen auch beim mechanischen Lernen die Frage des möglichen (!) Sinnbezugs einbezogen, selbst wenn man davon ausgeht, daß sie zunächst für den Schüler irrelevant sei und er doch nur mechanisch lerne. Man erwartet dabei wohl, daß durch den Akt des Unterteilens in Teilganzheiten und entsprechendes Memorieren auch beim Schüler ein gewisses „Nachempfinden“ dieser Ganzheitsqualitäten entsteht und spätere Einsichten erleichtert werden (vgl. hierzu FOPPA, S. 166ff.). Übrigens sind die Vorteile eines Lernens in Ganzheiten auch abhängig vom Alter und vom IQ des Lernenden: Ältere und intelligentere Probanden profitieren mehr vom Ganzlernen (BERGIUS 1964, S. 172).
Von der Frage der Stoffunterteilung sowohl begrifflich als auch praktisch scharf zu trennen ist die Frage, ob verteilte oder massierte Übung eines (in Teilen gegliederten oder ganzheitlichen) Lernstoffes vorteilhafter sei.
Ohne auf Nuancen oder einzelne Widersprüche in den empirischen Ergebnissen hier einzugehen, darf man i.a. als gesichert annehmen, daß es für einen Lernerfolg günstiger ist, die Übungsphasen zu streuen, d.h. zehnmal ein Zehntel des Aufwandes (an Zeit oder Anstrengung) führt zu besseren Erfolgen als einmal massierte Anstrengung. Nicht ohne Bedeutung sind dabei allerdings die Pausen zwischen den einzelnen Lernphasen (vgl. hierzu FOPPA 1969, Kapitel 3.2.1).

#### 1.2.2.2 *Unterstützung durch willkürliche Strukturierung*

Die Schwierigkeit beim mechanischen Lernen ist bedingt dadurch, daß das Lernmaterial zu homogen, grau in grau ist, daß sich keine Figur von einem Grund abhebt und keine eigene Struktur erkennen läßt, zumindest in den Augen des Lernenden. Wäre dies nicht der Fall, so würde er gemäß dieser Struktur und damit sinnvoll lernen.
Eine probate und von Lehrern schon immer gern eingesetzte Hilfe besteht nun darin, dem homogenen Material eine künstliche Gliederung überzustülpen und dabei möglichst auch andere Sinnesbereiche einzubeziehen. Schüler tun dies auch spontan, wie man z.B. an dem so bekämpften Skandieren beim Gedichtvortag erkennen kann. Tatsächlich kann dieses Rhythmisieren eine große Hilfe beim Auswendiglernen sein, so vor allem wenn es um die berühmten Ausnahmen von Regeln geht:

„Berge, Länder, Städt‘ auf –us
man weiblich deklinieren muß.“

Im Lateinischen ist es nicht ganz leicht, sich zu merken, welchen Fall welche Präposition regiert. Hat man gelernt:

„a und ab, de, ex und e,
cum und sine, pro und prae“,

dann kann man zwar noch immer vergessen haben, *welcher* Fall folgen muß, aber das kann man evtl. rekonstruieren.

Das akustische Moment und innerhalb dieses die Klanggestalt (z.B. Reime) faßt die Elemente zu einem Ganzen zusammen, in dem die Teile nicht mehr willkürlich austauschbar sind. Dies letztere scheint eine notwendige, ja möglicherweise die einzige Voraussetzung zu sein, daß Inhalte aus dem Kurzzeitspeicher in den Langzeitspeicher übernommen werden können. Die Rhythmisierung stellt damit eine Art Pseudo-Kodierung dar, die zwar nicht so leistungsfähig ist wie echte Kodierungen (von denen später noch zu sprechen ist), die aber immerhin eine gewisse Verfügbarkeit des Lernstoffes gewährleistet.

Weitere Pseudo-Kodierungen bestehen darin, daß man dem Stoff einen Sinn unterlegt, der mit dem Inhalt überhaupt nichts zu tun hat, der aber gerade durch den Widersinn oder Unsinn den Transport in den Langzeitspeicher bewerkstelligt. Wortspiele und Paradoxien sind besonders wirksam.

*Beispiele:* Von Schülern wird „nämlich“ oft mit h geschrieben. Das anzügliche Wortspiel: „Du bist nämlich ziemlich dämlich!“ klärt nicht über die Rechtschreibung auf (man könnte auch „dämlich“ falsch schreiben), aber es hebt das Wort aus dem grauen Einerlei des Unbeachteten heraus.
*Oder:* Wer „brauchen“ ohne „zu“ gebraucht, braucht brauchen überhaupt nicht zu gebrauchen!

Der verborgene Witz, der oft in solchen Eselsbrücken liegt, hebt den Stoff auch emotional aus dem Grau der Schul-Langeweile heraus (Figur – Grund – Abhebung), und der Spaß an der Sache bringt zusätzliche Aufmerksamkeitserregung ins Spiel.

*Erläuterung:*

Natürlich ist dieses Prinzip nicht auf sprachliches Lernen beschränkt. So kann man etwa Bewegungsabfolgen schneller erlernen, wenn ihnen ein – mehr oder weniger paradoxer – Sinn oder Widersinn unterlegt wird, wie z.B. beim Twist: Mit der rechten Fußspitze einen Zigarettenstummel austreten und sich mit einem (gedachten) Handtuch den Rücken abtrocknen. Bei anderen Tanzschritten ist das Unterlegen von rhythmischen Texten wirkungsvoll (Cha-Cha-Cha) usw. Beim Einprägen von Zahlen werden oft besonders raffinierte Techniken notwendig. Haben Jahreszahlen der Geschichte noch einen gewissen Sinn in der zeitlichen Perspektive, so fehlt dieser völlig bei Telefon-Nummern und Geburtstagen. Wenn die Ziffern überhaupt keinen Zahlen- oder Mengenwert mehr repräsentieren, ist die Ziffernfolge keine Gestalt und willkürlich. Eine Pseudo-Bedeutung erhalten sie, indem man sie in Rechenoperationen umwandelt: Die Telefon-Nummer sei: 41682. Hier könnte man etwa einprägen 4 (ins Quadrat) = 16 = 8 · 2.

Das Gebiet der „Mnemotechnik“ kann zu einer wahren Wissenschaft ausgebaut werden. Die Beispiele sollten verdeutlichen, welche oft fast bizarren Anstrengungen unternommen werden, um einem sinnlosen Lernmaterial doch noch einen „Sinn“ zu geben. Die These dürfte aufrechtzuerhalten sein, daß ein nichtkodierter Inhalt grundsätzlich nicht bis zum Langzeitspeicher gelangen kann.

### 1.2.2.3 *Der Kontext und die Reihenfolge*

Inhalte werden immer beim erstenmal in einem bestimmten Kontext gelernt, z.B. eine Vokabel „auf der Seite links oben“ (im Buch), ein Liedtext zusammen mit der Melodie, eine Rechenoperation an der Tafel, eine grammatikalische Regel im Anschluß an einen Sprachanlaß im Sprachbuch, die Windrose im Klassenzimmer. Nach den uns bekannten Gesetzen der assoziationistischen S-R-Theorien sind die Inhalte mit diesen Begleitreizen gekoppelt (vgl. Kontiguität!) und werden daher auch mit ihnen zusammen erinnert: Die Fortsetzung eines Liedtextes fällt mir wieder ein, wenn ich die Melodie höre. Bisweilen kann das eine mnemotechnische Hilfe sein. Bleibt es jedoch der einzige Bezug, den der Lernende zum Inhalt hergestellt hat (der einzige „Code“), dann bedeutet dies ein schweres Hemmnis für den späteren sinnvollen Gebrauch des gelernten Materials, und man kann sagen, er hätte es besser überhaupt nicht gespeichert, also gleich vergessen.

*Beispiele:* Der Englisch-Schüler weiß noch, daß die Vokabel „to loot" rechts unten im Wörterbuch stand, aber das deutsche Wort daneben erinnert er nicht mehr. Im 3. Schuljahr hat der Schüler gelernt, daß Westen an der Fensterseite des Klassenzimmers war, weil die Windrose an der Decke aufgezeichnet war.
*Diese* Gedächtnisstütze ist schlechter als keine.

Ein Sonderfall der Stellung im Kontext ist die Reihenfolge, in der eine Reihe von Lerninhalten eingeprägt wurde. Nach den Assoziationsregeln wird der Inhalt auch in dieser Reihenfolge am besten, im Grenzfall *nur* noch so reproduziert.

*Beispiele:* Der Schüler lernt Vokabeln stets von links nach rechts, also z. B., daß „to force" zwingen heißt. Wird aber das englische Wort für zwingen gesucht, ist es nicht verfügbar (= asymmetrische Assoziation).
Das Einmaleins wird (fast) immer in derselben Ordnung memoriert: $1 \cdot 8 = 8$, $2 \cdot 8 = 16$, $3 \cdot 8 = 24$ usw. Außerhalb dieser Reihung ist ein Gebrauch einzelner Glieder später erschwert oder nicht verfügbar.

Darüber hinaus wissen wir, daß es bestimmte Positionen innerhalb einer Reihe von gelernten Elementen gibt, die besser, andere, die schlechter behalten werden. So werden vor allem die ersten und die letzten Glieder besser erinnert, während die Elemente in der Mitte am schlechtesten haften (vgl. FOPPA 1965, S. 179f).
Es empfiehlt sich nach alldem, einen Lernstoff, der nicht gerade aus seinem Kontext oder aus der Stellung in der Reihe seine Bedeutung erhält, auch in stets wechselndem Kontext und in veränderter Reihenfolge bzw. Richtung zu lernen.

### 1.2.3 Lernaufwand und Lernerfolg

#### 1.2.3.1 *Die Lernkurve*

Plausibel wäre es anzunehmen, daß der Lernerfolg, also die Menge der gelernten Elemente, proportional mit der beim Einprägen aufgewendeten Mühe (etwa gemessen in Zeiteinheiten oder in Lerndurchgängen) zunimmt, natürlich unter sonst gleichen Bedingungen wie Sinnhaltigkeit und Technik. Oder anders ausgedrückt: Wir

erwarten, daß man um so mehr gelernt hat, je mehr Aufwand zur Einprägung eingesetzt wurde. Tatsächlich ist die Beziehung aber keineswegs linear.
So benötigen z.B., wie bereits EBBINGHAUS vor nahezu einem Jahrhundert festgestellt hat, längere Silbenreihen unverhältnismäßig mehr Zeit zum Lernen als kürzere.
6 sinnlose Elemente (bit) kann man schon nach einer einzigen Darbietung reproduzieren, während für das doppelte, also für 12 Elemente, bereits 17 und für 24 schon 44 Wiederholungen notwendig sind (BERGIUS 1964, S. 47 u. 168). Es wurde verschiedentlich versucht, diese Beziehungen in mathematische Formeln zu kleiden (vgl. BERGIUS 1964, S. 168), in denen immer wieder quadratische Beziehungen auftauchen. Für den Lehrer bleiben solche Gesetzmäßigkeiten relativ uninteressant, solange nicht das sinnvolle Lernen und Materialfaktoren miteinbezogen werden können.

*Erläuterung:*

Eine Lösung des Problems ist evtl. dann in Sicht, wenn man anstelle der Alternative „sinnloses“ und „sinnvolles“ Material die informationstheoretische Einheit „bit“ einführt. Sinnvolles Material hat in dieser Hinsicht höhere Redundanz, also weniger bit, weil diese in „chunks“ zusammengefaßt sind, so daß im Endeffekt auch weniger gelernt werden muß. Dann gilt nämlich in beiden Fällen die SHANNONsche Wachstumsformel ($Y_x = 1 - a^x$), wobei dieselbe Kurve resultiert:

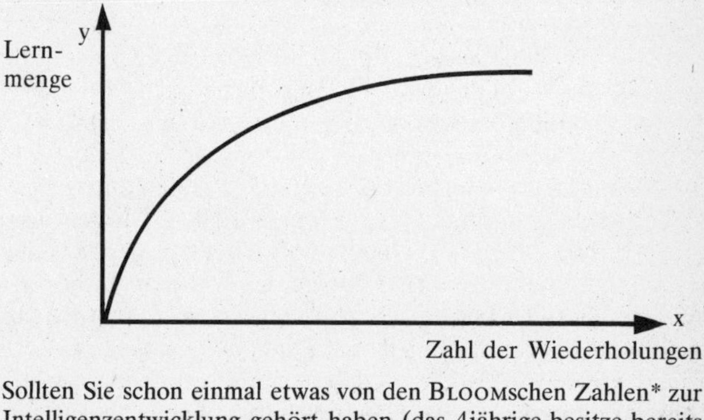


Sollten Sie schon einmal etwas von den BLOOMschen Zahlen* zur Intelligenzentwicklung gehört haben (das 4jährige besitze bereits

* Die BLOOMsche Untersuchung hat sich als methodisch so angreifbar erwiesen, daß ihr jede Beweiskraft fehlt. Vor allem ist sie nicht als Argument für die Notwendigkeit oder Wirksamkeit vorschulischer Förderung zu gebrauchen.

50% seiner Erwachsenenintelligenz), so sind interessante Vergleiche möglich. Danach dürfen Sie diese Zahlen wieder vergessen! (Bzgl. der Informationstheorie vgl. MITTENECKER/RAAB 1973.)

1.2.3.2 *Der Anwärmeffekt*

Viel wichtiger als die allgemeine Lernkurve ist für den Lehrer die Kenntnis derjenigen Faktoren, die im konkreten Einzelfall ihre Gültigkeit einschränken oder modifizieren. In vielen Bereichen des täglichen Lebens ist uns das Phänomen bekannt, daß man für eine Tätigkeit zuerst eine gewisse Zeit des Anlaufens benötigt, erst „warm werden" muß. Dies gilt offenbar besonders auch für das Lernen und für die Reproduktion des Gelernten. Doch wie sieht das hier aus?

*Versuch von* AMMONS *und* IRION (vgl. PARREREN 1972, S. 390): Zwei Gruppen von Versuchspersonen hatten eine Reihe von Wortpaaren (etwa „glatt – schnell", „rund – warm") auswendig zu lernen, und zwar so, daß wenn in einem Fenster das erste Wort erschien, sie das zweite nennen konnten. Alle Versuchspersonen lernten so lange, bis ihnen das erstemal eine fehlerfreie Nennung aller Zweitworte gelang. Nach 24 Stunden wurde in derselben Anordnung geprüft, wie viele der Assoziationen noch erinnert werden konnten.
Die Versuchsgruppe unterschied sich von der Kontrollgruppe nur in einer Kleinigkeit: Vor dem eigentlichen Prüfdurchgang bekamen diese Versuchspersonen eine Serie von Farben gezeigt, deren Namen zu nennen waren. Im Gegensatz zur Kontrollgruppe konnte die so vorbehandelte Gruppe die tags zuvor gelernten Paarlinge ausnahmslos reproduzieren. Sie waren gleichsam „vorgewärmt".
Da das Phänomen an sich ja lange bekannt ist, blieb durch die Versuche eigentlich nur zu belegen, in welcher Größenordnung Anwärmverluste oder Gewinne tatsächlich zu liegen pflegen. Erstaunlich ist nur, wie wenig Konsequenzen man bisher in der Schule aus diesen Kenntnissen gezogen hat. Wir kommen unter dem Stichwort Transfer auf dieses Phänomen zurück (B 2.3.2).
Für jetzt wollen wir festhalten, daß sich das Anwärmen (‚warming up') nach den vorliegenden Ergebnissen wohl eher auf die *formalen* Bedingungen der Lernaufgabe erstreckt, die Inhalte aber weniger zu berühren scheint.
Ein Versuch von THUNE (vgl. FOPPA 1969, S. 190) zeigt die Wirkung des Anwärmeeffekts über 5 Tage hinweg.

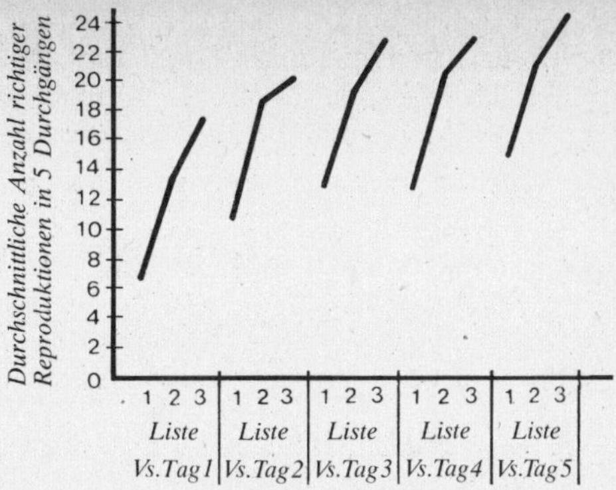


Aufwärmeffekte (Warming up) bei der Einprägung von je drei Listen sinnloser Silben an fünf aufeinanderfolgenden Versuchstagen.

1.2.3.3 *Das Lernplateau*

Nach dem Anwärm-Phänomen ist eine weitere ,,Störung" der Lernkurve zu besprechen, die unter dem Begriff ,,Lernplateau" bekannt geworden ist.

Was damit gemeint ist, zeigt die nachfolgende Abbildung ohne viel Worte (entnommen aus Foppa 1969, S. 11).

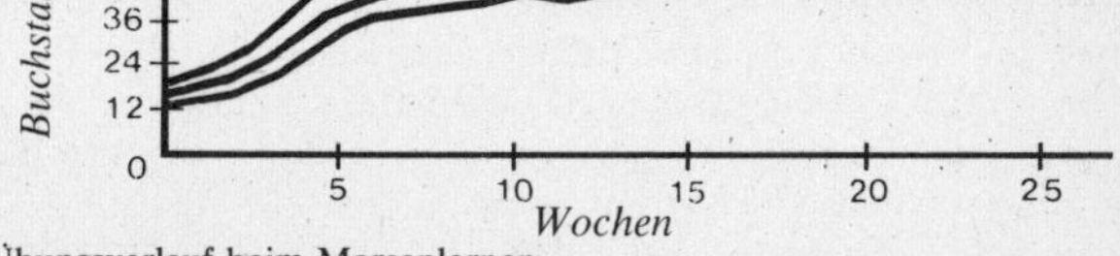


Der Übungsverlauf beim Morsenlernen.
A zeigt den Leistungsanstieg beim Empfangen von Texten, B beim Empfangen von Wörtern und C beim Empfangen von Buchstaben (nach Bryan & Harter, 1899).

Man beobachtet sehr häufig, ganz besonders deutlich beim Üben motorischer Fertigkeiten, wie etwa beim Klavierspielen, Maschineschreiben oder Tennisspiel, nach einer gewissen Übungszeit einen Stillstand des Leistungsfortschritts trotz intensiver Anstrengung und weiteren Wiederholungen. Es ist, als ob man das Maximum der Leistungsfähigkeit erreicht hätte und keinerlei

Steigerung mehr möglich wäre. Dann aber, wenn man trotzdem „stur" weiterübt, scheint plötzlich der Bann gebrochen, und der Fortschritt stellt sich fast sprunghaft ein. Die Lernkurve sieht, mit Berücksichtigung des Anwärmeffekts zu Beginn, etwa folgendermaßen aus:

*Lernkurve mit Plateau:*

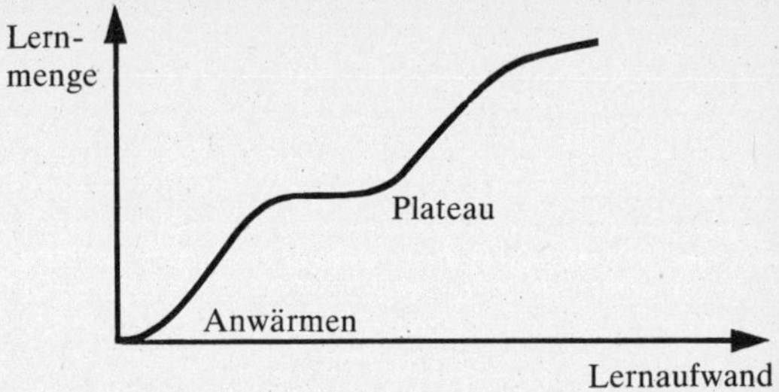


Es gibt verschiedene mögliche Erklärungen für dieses Phänomen, und je nach dem Lernmaterial und der Lernart dürften auch die Ursachen verschieden sein.

*Erläuterung:*

a) Im Fall des Klavierspielens dürfte die entscheidende Ursache darin liegen, daß man zunächst sich die Technik zu erarbeiten hat, etwa das Ablesen vom Notenblatt, den Fingersatz oder das Einhören in den Rhythmus. Diese Phase ist weitgehend vom Bewußtsein und vom „Willen" gesteuert. Dann aber erreicht man ein Stadium der Mechanisierung, der motorische Ablauf ist „in die Finger" gegangen und läuft nun fast automatisch ab, womit Läufe und Kadenzen ein weit größeres Tempo schlagartig erreichen können.

b) Im Fall des Morsenlernens werden anstelle der bis dahin mühsam übersetzten Buchstaben und Wörter ganze Texteinheiten gehört und als „Gestaltganzheiten" umgesetzt.

c) In anderen Fällen ist es so, daß aufgrund des monotonen Übens und Wiederholens ein Überdruß an der Tätigkeit entsteht und die Motivation damit auf den Nullpunkt sinkt. Durch irgendeine zusätzliche Anregung (von außen oder innen) kann sie jedoch neu geweckt werden.

Allgemeingültig dürfte folgendes Erklärungsmodell sein. Bei der zu erlernenden Fertigkeit handelt es sich meist um zwei oder mehr verschiedene Lernprozesse, die unterschwellig ineinander übergehen. Während Tätigkeit A geübt wird, wird latent Tätigkeit B mitgeübt. Ab einem gewissen Fertigkeitsstadium tritt sie unterstützend zur Tätigkeit A hinzu:

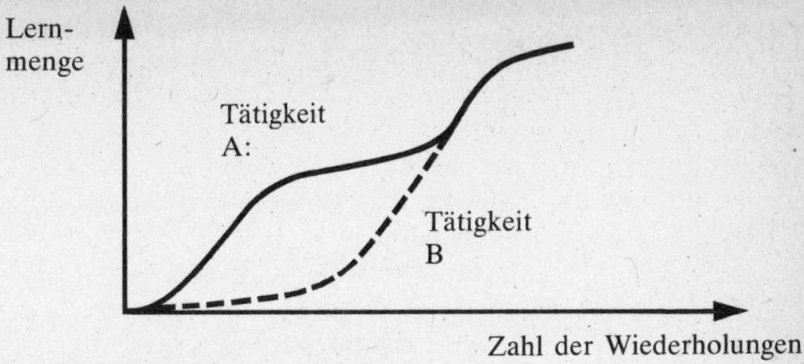


Lernplateau als Resultante aus zwei Lernprozessen

*Beispiel:* Der Schüler hat eine Reihe von Textaufgaben zu lösen. Bei jeder Aufgabe hat er sich mühsam den Sachverhalt zu erarbeiten. Nach der 4. Aufgabe erkennt er plötzlich, daß allen Aufgaben ein gemeinsames Aufbau- oder Lösungsprinzip zugrunde liegt, das er nur nicht gesehen hatte. *Durch* die mühsame Erarbeitung ist aber die Einsicht „herangereift".

Wenn auch das Auftreten eines Lernplateaus eine sehr häufige Erscheinung ist, so kann man doch nicht stets damit rechnen, daß eine weitere Steigerung nach langem, erfolglosem Üben eintreten wird. Es ist dies das Problem des „Über-Übens" eines Lernstoffs. In den Lerntheorien wird häufig das „Überlernen" für wertvoll gehalten, u.a. auch deshalb, weil ein „übergelernter" Lernstoff einen höheren „Transfer" (Übertragbarkeit) auf benachbarte Lernstoffe aufzuweisen pflegt (vgl. Ausubel 1974, S. 154).
Der Lehrer allerdings muß dabei die Risiken in Betracht ziehen, die er durch den möglichen Verlust der Motivation des Schülers und durch die Zeitvergeudung eingeht für den Fall, daß der Stillstand des Fortschritts doch kein Plateau, sondern die Grenze der Leistungsfähigkeit des Schülers war. Meines Erachtens kann für die Schule ein Überüben grundsätzlich nicht empfohlen werden (vgl. hierzu Foppa 1969, S. 154).

## 1.3 *Das Vergessen*

Wir können uns in diesem Kapitel kurz fassen, weil das Wesentliche in den vorangegangenen Abschnitten bereits dargestellt ist und einiges später noch erläutert werden muß.
Begrifflich wollen wir uns darauf einigen (der Sprachgebrauch ist in der Literatur uneinheitlich), daß wir von Vergessen nur dann sprechen, wenn zuvor überhaupt etwas „gemerkt“, also ein Inhalt im Langzeitspeicher „abgelegt“ worden ist. Das Ausfallen aus dem Kurzzeitspeicher bleibt also unberücksichtigt.
Nach der Gedächtnistheorie von HEBB ist der Langzeitspeicher ein absolutes Dauer-Reservoir: Was dort „eingeprägt“ ist, kann nicht mehr schwinden oder gelöscht werden. Wie erklärt man sich aber dann den Widerspruch zum alltäglichen Erleben des Vergessens? Die Theorie geht davon aus, daß Vergessen nichts anderes sei als Umkodierung oder Umlernen. Wird in einem Lernprozeß der Inhalt A mit dem Code X chiffriert, in einem späteren Lernprozeß aber auf Code Y umgesetzt, so kann A nicht mehr unter dem Code X abgerufen werden. Wir wollen in diesem Kapitel nur diejenigen Faktoren besprechen, die sich auf den Kodierungsprozeß und entsprechende Interferenzerscheinungen beziehen, während der Abruf, also Probleme der Dekodierung, einem späteren Kapitel vorbehalten bleiben (B 3.).

### 1.3.1 Retroaktive und proaktive Hemmung

Unter bestimmten Bedingungen tritt der Fall ein, daß zwei Aufgaben, die nacheinander gelernt werden, sich gegenseitig so stören, daß entweder das erste Lernresultat nicht mehr reproduziert werden kann oder daß der zweite Lernprozeß beträchtlich erschwert wird. Die Ursachen für beide Störungen sind dieselben, und beides sind Interferenzstörungen. Nach der Richtung, in der die Hemmung auf das gelernte Material einwirkt (vorwärts oder rückwärts), unterscheidet man aber die proaktive von der retroaktiven Hemmung. Das Schema, nach dem diese Phänomene experimentell untersucht werden, ist meist das folgende:

*Proaktive Hemmung:*
Exp.-Gruppe:
Lernen von M1 – Lernen von M2 – Prüfung von M2 (schlechter)
Kontrollgruppe:
(Pause) – Lernen von M2 – Prüfung von M2 (besser)

*Retroaktive Hemmung:*
Exp.-Gruppe:
Lernen von M1 – Lernen von M2 – Prüfung von M1 (schlechter)
Kontrollgruppe:
Lernen von M1 – (Pause) – Prüfung von M1 (besser)

Die proaktive Hemmung ist identisch mit dem, was man unter *negativem Transfer* versteht. Wir werden im Kapitel über den Transfer darauf zurückkommen.
Die retroaktive Hemmung ist für die Schule von besonderer Relevanz, weil hier sehr viele der Lern- und Behaltensschwierigkeiten der Schüler ihre Erklärung finden und weil der Lehrer hier auch einen wesentlichen Einfluß auf die Vermeidung der Störungen nehmen kann. Es ist nämlich für die Reproduktion des Gelernten durchaus nicht gleichgültig, was ein Schüler *nach* einem bestimmten Lernprozeß tut. Es kann fast generell gesagt werden, daß jeder nachfolgende Lernprozeß den vorangegangenen beeinträchtigt, vor allem dann, wenn er sich im selben Lernbereich bewegt. So wird ein kognitives Lernen durch nachfolgendes motorisches weniger gestört als durch ein kognitives Lernen. Besonders nachhaltig sind die Beeinträchtigungen, wenn auch noch die Inhalte ähnlich sind (Latein und Französisch, s.u.). Am vorteilhaftesten wäre es, wenn der Schüler nach dem Lernen nichts täte (oder gar schlafen könnte, also Abendarbeit). Es wäre dringend geboten, von diesen Einsichten her die Stundenplan- und Pausengestaltung zu programmieren, doch dürfte das heute noch weitgehend Utopie sein.
Die Ähnlichkeitshemmung oder RANSCHBURG-Hemmung ist ein Sonderfall der eben skizzierten retro- und proaktiven Hemmung. Sie besagt, ohne Rücksicht auf die zeitliche Richtung, daß ähnliche Inhalte sich im Gedächtnis stören. Sie wird allerdings in retrograder Richtung besonders stark wirksam, so daß sie in der Literatur oft ebenfalls unter Retroaktion oder Retroaktionshemmung abgehandelt wird.
OSGOOD hat in seiner Transfertheorie ein dreidimensionales Modell zusammengestellt, das auch unähnliche und antagonistische Responses mit einbezieht. Allerdings bedarf es nach neueren Forschungen einiger wichtiger Modifikationen, so daß wir es hier nicht abbilden wollen (vgl. aber HÖRMANN in BERGIUS 1964, S. 238). Entscheidend ist dabei, daß hier Transfer und Retroaktion in einer einzigen Theorie gefaßt werden können.
Forschungsarbeiten und Erklärungsmodelle über die Interferenz-

hemmungen sind zu einer ausgedehnten Wissenschaft geworden (vgl. vor allem Parreren 1972, Kapitel 6, 34 Seiten), in die wir aber jetzt nicht versuchen wollen einzudringen. Hier sei nur darauf verwiesen, daß das später zu besprechende Diskriminationslernen (= Unterscheidungslernen) eine direkte Anwendung der Lehre über die Interferenzphänomene darstellt.

### 1.3.2 Die Schock-Hemmung

Wird ein lernendes Individuum während des Lernprozesses oder kurz danach einer Schrecksituation ausgesetzt, so führt dies zu einer bisweilen sehr gravierenden Beeinträchtigung der Behaltensleistung. Bei sehr massiven Schocksituationen, wie etwa einem Unfall (Gehirnerschütterung), werden die unmittelbar vorangegangenen Ereignisse völlig aus dem Gedächtnis gelöscht; man spricht dann von „retrograder Amnesie". Aber auch bei geringeren Schreckerlebnissen sind deutliche Verluste im Umfang des Behaltenen experimentell nachweisbar.

*Versuch: „Schockhemmung":*
Brosch (1953) forderte (insgesamt mehrere hundert) 6- bis 10jährige Schulkinder auf, sich sechs Wörter zu merken, die als Schlüsselwörter in einer Geschichte vorgekommen waren. Während im ersten Teil des Versuchs einfach die erinnerten Wörter aufgeschrieben werden mußten, wurde im zweiten Experiment (das genau vier Wochen später stattfand) die Darbietung einer Geschichte unmittelbar nach den (neuen) kritischen Wörtern unterbrochen: Ein Lehrer klopfte an die Tür des Klassenzimmers und teilte in aufgeregtem Ton mit, daß die Klasse geräumt werden müsse, weil im Nebenhaus ein Brand ausgebrochen sei. Kaum hatten sich jedoch die Schüler zu einem Zug formiert, wurde ihnen gesagt, das Feuer sei gelöscht und sie könnten auf ihre Plätze zurückkehren. Sofort anschließend waren die erinnerten Wörter auf einen Zettel zu schreiben (zitiert nach Foppa 1970, S. 290).
Die folgende Darstellung der Ergebnisse ist aus der Tabelle bei Foppa adaptiert.

Es gibt zwar keine exakten Untersuchungen darüber, aber wir dürfen doch wohl annehmen, daß auch kleinere und mehr alltägliche Schocksituationen die Behaltensleistungen der Kinder, wenn auch individuell unterschiedlich, so doch spürbar beeinträchtigen wer-

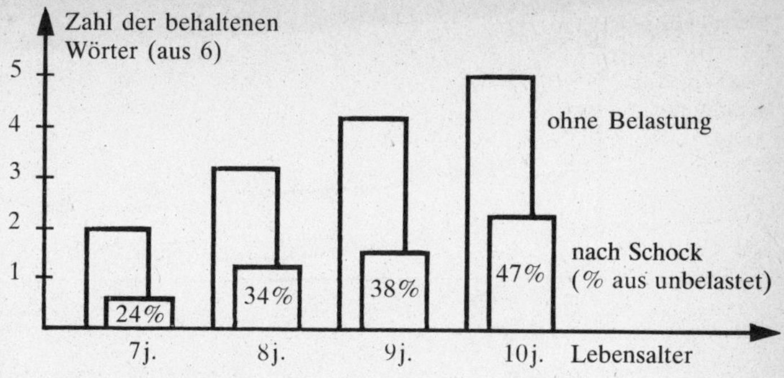


Wirkung der Schockhemmung (vgl. Text S. 100)

den. Man denke nur etwa an mehr oder weniger drastische Schulstrafen oder an die berühmten „Standpauken" mit Drohungen – solange sich die Kinder noch nicht daran gewöhnt haben.
Die theoretische Erklärung ist plausibel, wenn wir uns an das Modell vom umlaufenden Echo erinnern.

### 1.3.3 Die Vergessenskurve

Die bis jetzt besprochenen Phänomene, insbesondere die Interferenzhemmungen, sind nun im täglichen Leben nicht die Ausnahme, sondern die Regel. Nach jedem Lernen wird irgend etwas getan, das beeinträchtigend auf die Reproduzierbarkeit des zuvor Gelernten einwirkt. Man kann nun – über viele Personen und über viele Lernsituationen hinweg – eine Mittelwertskurve zeichnen, die den Schwund des jeweils Behaltenen repräsentiert. Natürlich sind im je einzelnen Fall der Verlauf der Kurve (z.B. ihre Steilheit) und die Koordinaten der Achsen abhängig von vielen Faktoren, wie Schwierigkeit des Lernstoffs oder Sinnhaltigkeit der Elemente.

Stets aber wird sich eine Regelmäßigkeit einstellen, die für die Planung von Wiederholungen Bedeutung erlangen kann: In der ersten Zeit nach dem Einprägen wird sehr schnell und sehr viel, im weiteren Verlauf immer langsamer vergessen. Die Kurve nähert sich asymptotisch der Null-Linie, ohne sie aber ganz zu erreichen („Semper aliquid haeret!").

*Vergessenskurve:*

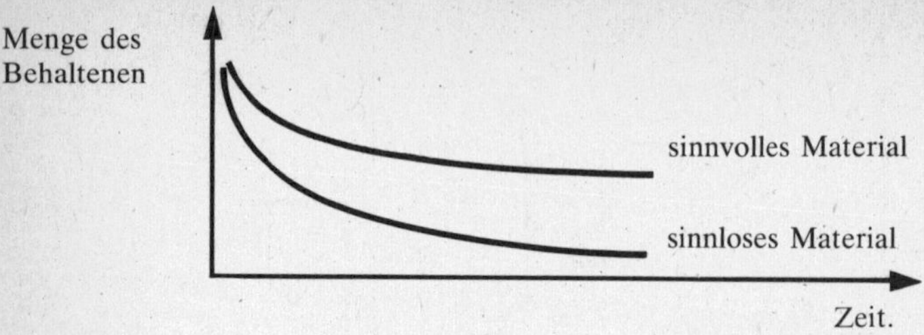


Man könnte – in grober Annäherung – sagen, daß das gelernte Material mit dem Logarithmus der Zeit „schwindet".
Die Wiederholung eines Lernstoffes, der auf Dauer behalten werden soll (wie etwa Vokabeln oder Liedtexte) wird man daher so planen, daß nach der Einprägung zunächst sehr bald und dann in immer größeren Abständen eine Wiederauffrischung angesetzt wird, z. B. (je nach Inhalt) nach jeweils 1 Stunde – 1 Tag – 1 Woche – 1 Monat – 1 Jahr. Läßt man zu große Zwischenräume zwischen den Wiederholungen, so ist der Stoff allzu weit abgesunken und die Mühe der Auffrischung ist sehr groß. Zu kleine Zwischenräume sind unökonomisch und für den Schüler allzu frustrierend. Wir werden später noch zu besprechen haben, was inhaltlich in bezug auf Wiederholungen zu beachten ist (operatorische Übung).

*Zur Ergänzung und Vertiefung:*

Foppa 1969, Kapitel 6: Behalten, Verlernen und Vergessen
Foppa 1969, Kapitel 3: Übung
Bergius 1971, Kapitel 3: (sehr komprimiert!)
van Parreren 1972, Kapitel 8: Memorieren
– Kapitel 6: (2. Teil) Interferenz
– Kapitel 7: (2. Teil) Behalten und Vergessen
Ausubel 1974, Kapitel 8: Übung

*Aufgabe B 1.3:*
In manchen praktischen Ratgebern für effektives Lernen wird empfohlen, einen Lernstoff, der am nächsten Tag beherrscht werden soll, abends unmittelbar vor dem Einschlafen nochmals zu rekapitulieren.
Versuchen Sie, aus den Kapiteln B 1.2 und B 1.3 möglichst viele Argumente zu sammeln, die *für* eine solche Technik sprechen. Danach sollten Sie allerdings auch – getreu der psychologischen Maxime „Keine Regel gilt immer" – sich überlegen, unter welchen Bedingungen dieses Verfahren eher ungünstig und schädlich sein könnte.

## 2. Die Verarbeitung der Information – Enkodierung

Wir haben im Vorangegangenen schon so oft von Kodierung gesprochen, daß der Leser im großen und ganzen weiß, was damit gemeint ist. Bei der Wahrnehmung und bei den Prozessen des unmittelbaren Behaltens (umlaufendes Echo) handelte es sich aber um relativ vorläufige Akte der Deutung, des Erkennens und der Kategorisierung, gleichsam um eine „Vorkodierung" der einkommenden Information. In diesem Kapitel soll nun der Kodierungsprozeß selbst unter die Lupe genommen werden. Wir betreten dabei recht deutlich bereits die Domäne der Denkpsychologie; denn das, was ab hier geschieht, ist Denken im echten Wortsinn, wenn wir auch die scheinbare Paradoxie gleich anfügen, daß es deshalb noch lange nicht auch gleichzeitig bewußt sein müsse. Wir postulieren damit die Existenz eines vorbewußten oder unbewußten Denkens (SKOWRONEK 1971, S. 125). Wir werden aber die Psychologie des Denkens in diesem Buch nur insoweit behandeln, wie es für das Lernen unabdingbar erscheint. Außerdem haben wir in den vorausgegangenen Kapiteln bereits so gut vorgearbeitet, daß wir hoffen dürfen, auch mit einer knappen Darstellung noch hinreichend verständlich zu sein.

Der Prozeß der Enkodierung besteht (innerhalb unseres Lernmodells) darin, daß die als Wahrnehmung aus dem Kurzzeitspeicher einkommende Information einen mehr oder weniger endgültigen „Code" erhält, eine „Chiffre", unter der sie im Langzeitspeicher („Registratur") abgelegt werden kann. Die uns bereits bekannten Begriffe Assimilation, Akkommodation und Umstrukturieren stehen hierbei stets im Hintergrund.

### 2.1 *Die Begriffsbildung*

Die einfachste Form eines Begriffes ist das kognitive Schema, wie wir es bei der Darstellung der Lehre PIAGETS (im Teil A, Kapitel 2.3) bereits kennengelernt haben. Der Leser wird gebeten, das dort über das kognitive Schema Gesagte nochmals zu rekapitulieren.

Einige weiterführende Umschreibungen des „Begriffs-Begriffs" seien nun hinzugefügt, um neue Akzente zu setzen.

- Ein Begriff ist immer abstrakt, auch wenn er sich auf konkrete Dinge bezieht. Der Begriff „Baum" sieht ab von allen zufälligen Eigenschaften, die ein etwa gerade sichtbarer Baum aufweist, wie etwa den Zustand (blühend, belaubt, kahl) und umgreift alle möglichen Bäume (Nadel-, Laub-, Obstbäume). In Abhebung von Begriffen wie etwa „Schwerkraft“ oder „Relativität“ können wir ihn – in etwas salopper Redeweise – auch einen „konkreten Begriff“ nennen. Begriffe besitzen also sehr verschiedene Abstraktheitsniveaus.

- Begriffe sind ein Raster für die Erfahrungsspeicherung. Wir könnten sie auch als „Koordinatensystem“ des Langzeitspeichers bezeichnen.
- Begriffe sind – prinzipiell – nicht an Sprache gebunden. Allerdings werden sie sehr häufig mit einem Zeichen oder Symbol (das auch ein Wort sein kann) etikettiert, um besser „zuhanden“ zu sein.
- Mit Hilfe von Begriffen ist es möglich, die begegnenden Erscheinungen der Umwelt voneinander zu unterscheiden und aus dem grauen und diffusen „Rauschen“ abzuheben.
- Durch den Begriff werden die wesentlichen Merkmale (Dimensionen) einer Gruppierung von den unwesentlichen unterschieden.

*Beispiel:* Ein Kleinkind bezeichnet alle Tiere (Vögel wie Elefanten) mit dem Wortsymbol „Wauwau“. Aus dieser Kategorisierung erkennt der Beobachter, daß das Kind nur *eine* Dimension (nämlich eine bestimmte Vorstellung vom Bewegt- und Lebendigsein) zur Verfügung hat. Später lernt es, alles was fliegt (Piepiep), von den Vierbeinern zu unterscheiden usw. Die kognitiven Schemata oder Begriffe werden durch zusätzlich gelernte Ordnungsdimensionen immer differenzierter.

*Unter Begriffsbildung oder Begriffslernen versteht man den Lernprozeß, durch den mit zunehmender Differenziertheit* relevante *Dimensionen oder Merkmale zur Gruppierung von Dingen* benutzt *und* irrelevante *Merkmale* ignoriert *werden.*

Was dabei als relevant und irrelevant zu gelten hat, ist einzig und allein vom Denken der umgebenden Erwachsenen definiert (wobei man natürlich bei ihnen verschiedene Grade der Kompetenz unterscheiden kann!).

### 2.1.1 Die Dimensionalität der Begriffe

Bei der Entstehung von Begriffen, ob wir nun von der Entwicklung des Kleinkindes zum Erwachsenen oder von der Genese eines einzelnen bestimmten Begriffes sprechen, ist eine mehr quantitative Regelmäßigkeit immer wieder zu beachten, nämlich die Zahl der Merkmale oder Dimensionen, die beim Gebrauch eines Begriffes ins Spiel kommen: Zunächst ist stets zur Kategorisierung ein einziges Merkmal relevant, das zudem nicht in einer bestimmten Dimension liegt, sondern ganz konkret auf den Kontext bezogen ist. Erst später erhält das Merkmal ein „Kontinuum“ und wird damit zur Dimension. Viel später dann wird es möglich, zwei oder mehr Dimensionen zusammenzusehen und diese multiplikativ zu verbinden.

*Beispiel:* Ein vierjähriges Kind kennt die Bedeutung der Begriffe warm und kalt, aber sie bezeichnen einen *absoluten* Zustand (wie etwa heiß) und nicht etwa einen Punkt auf dem Temperatur-Kontinuum. So kann das Vierjährige z.B. sagen: „Mamma, mach mir den Kakao warm!“, denn der vor ihm stehende Kakao ist ihm zu heiß!

Unter diesem Gesichtspunkt könnten wir nun die Entwicklungsstufen der Begriffsbildung bei PIAGET (siehe A 2.2.3) nachzeichnen und würden dabei folgende Parallelen finden:

| *Bezeichnung der Stufe* | *Dimensionalität der Begriffe* |
|---|---|
| 2. Vorbegrifflich-symbolisches Denken (Nennfunktion der Sprache) | *dimensionslose,* kontextbezogene, absolute Begriffe: warm (s. o.), Tag (von Schlafen bis Schlafen), Geschwindigkeit (als sehr schnell), Zahl als Benennung diskreter Gegenstände, Lebensalter als fixe Eigenschaft eines Menschen, topologische Bezüge (innerhalb, benachbart u. ä.). |
| 3. Anschauliches Denken (Egozentrismus) | *eindimensionale* Begriffe (als Kontinuum): viel – wenig ist abhängig von der Höhe des Wasserspiegels *oder*(!) Breite des Gefäßes – Lebensalter als Funktion der Körpergröße, vorn – hinten nur als Distanz von sich selbst (kein Wechsel des Standpunkts in der Vorstellung!) |
| 4. Konkrete Operationen (Reversibilität) | *zweidimensionale* Begriffe (als multiplikative Verbindung oder als Schnittpunkt zweier Kontinua.) viel – wenig in Abhängigkeit von Höhe *und* Breite des Gefäßes.<br>Geschwindigkeit als Bewegung in der Zeit, Alter als Zahl der Jahre seit Geburt. |

| *Bezeichnung der Stufe* | *Dimensionalität der Begriffe* |
|---|---|
| 5. Formale Operationen (Operationen 2. Grades) | *drei- und mehrdimensionale* Begriffe (Begriffe 2. Grades)<br>viel – wenig in Abhängigkeit von Höhe, Breite und Tiefe (Volumen),<br>Beschleunigung als Veränderung der Geschwindigkeit, Reflexion über Sprache als Zeichensystem für Inhalte,<br>Zeit als Dimension über dem Raum, Relativität des Alters (Fliege, Hund, Schildkröte) |

Das Kind erobert sich so für jeden Begriff durch den tätigen Umgang mit den Dingen (PIAGET) eine Dimension nach der anderen. Auf welchem Wege dies geschieht, ist noch weitgehend unklar. Im theoretischen Teil (A 2.4) wurde vorgeschlagen, hierfür die Konzeption BERLYNES vom kognitiven Konflikt in Anspruch zu nehmen. Widersprüche zur Lehre PIAGETS sind dabei sicher nicht zu erwarten; PIAGET ist in seinen Formulierungen dem Gedankengang BERLYNES oft sehr nahe.

Bei Betrachtung der angeführten Beispiele wird deutlich, daß man einer bestimmten Begriffsbildungsstufe unmöglich irgendein Lebensalter zuordnen kann; wir hatten dieses Argument ja bereits zur Kritik an der PIAGETschen Stufenlehre angebracht. *Wann* ein Kind einen bestimmten Begriff im zweidimensionalen Gebrauch versteht, ist eine Frage der Häufigkeit des Umgangs mit den konkreten Erscheinungen des entsprechenden Bereichs und damit der Häufigkeit kognitiver Konflikte darin, vielleicht zusätzlich auch noch der Intelligenz, falls dies nicht identisch ist (vgl. hierzu STEINER 1973, S. 154ff.).

### 2.1.2 Die hierarchische Struktur der Begriffe

Die Tatsache, daß die kognitive Struktur stets eine *hierarchische* Ordnung aufweist, ist einer der wichtigsten Kernpunkte der Lehre PIAGETS (im übrigen auch AUSUBELS) und – in der Konsequenz – der Anwendung auf Lehren und Lernen. Hierarchisch ist die Gliederung in zweierlei Hinsicht:

a) Einmal besteht zwischen verschiedenen Begriffen ein Verhältnis der Über- oder Unterordnung.
b) Zum anderen ist für die angemessene Konzeption eines Begriffes stets das Vorhandensein einer Reihe von Basisbegriffen Voraussetzung.

Für (a) wäre ein Beispiel die Systematik in der Biologie, etwa die Einteilung der Tiere (Vielzeller) in Kreise, Klassen, Ordnungen, Familien, Arten und Rassen. Die Hierarchie des Typus (b) kommt dann ins Spiel, wenn z. B. eine Klassifikation nach (a) erst möglich wird, wenn die *Kriterien* dieser Klassifikation bekannt sind.

*Erläuterung:*

Was ein Wirbeltier ist, kann ich nur begreifen, wenn ich weiß, daß es auch wirbellose Tiere gibt und zumindest einige Vertreter kenne (etwa Weichtiere oder Gliederfüßler). Um diese Unterscheidung aber auf neue, bis dahin unbekannte Tiere anwenden zu können, muß ich wissen, was eine Wirbelsäule ist. Um nun weiter die Unterteilung der Wirbeltiere in Säugetiere und Nichtsäugetiere zu bewältigen, müßte ich zunächst verstanden haben, was der Biologe unter Säugen versteht. Das aber kann ich nur, wenn ich weiß, daß in den anderen Fällen die Ersternährung über den Eidotter erfolgt usw. usw.

Diese Beispiele bezogen sich auf die sachlogische Struktur des Gegenstandes, so wie der Erwachsene oder der Wissenschaftler sie sieht. Eine endgültige Struktur kann dies natürlich auch nie sein; sie ist stets abhängig vom Forschungsstand.
Dem steht gegenüber die Denkstruktur des Kindes, die kognitive Struktur. Ziel der Erziehung oder Didaktik ist es, die Denkstruktur des Kindes möglichst in die Sachstruktur überzuführen oder doch ihr anzunähern (vgl. SKOWRONEK 1971, S. 135).
Dies geschieht dadurch, daß unter der Lenkung des Lehrers der Kodierungsvorgang nicht willkürlich oder zufällig erfolgt (wie bei den Vorkodierungen, die wir beim Memorieren beschrieben haben) oder sich selbst überlassen bleibt, sondern an der sachlichen Struktur entlang unter den „Zwang“ der Logik gestellt wird. Ein wissenschaftstheoretisch recht interessanter, für die Pädagogik aber doch müßiger Streit war (und ist) die Frage, von wo man in den didaktischen Bemühungen auszugehen habe oder welche der beiden Strukturen den Primat verdiene, die logische Struktur der Sache oder die Denkstruktur des Kindes. Es bleibt uns nämlich gar nichts anderes übrig, als das Denken des Kindes dort „abzuholen“, wo es gerade steht, und dorthin zu führen, wo es die Sache verlangt und von wo aus es auch später wieder weiterschreiten kann.

Dazu muß der Lehrer aber beide Strukturen recht genau kennen. Dies ist bei unserer derzeitigen Lehrerausbildung (im übrigen auch bei den Autoren der Lehrpläne) in bezug auf die Sachstruktur in ungleich höherem Maß gegeben als bezüglich der kognitiven Strukturen.

*Erläuterung:*

Daß die Schüler messen könnten, wird von den Lehrplänen im Grunde von Anfang an und stillschweigend vorausgesetzt: Schließlich braucht man ja nur ein in Einheiten unterteiltes Maß (Metermaß, Gewichtsskala, Meßzylinder) anzulegen und abzulesen. Was vom Lehrer einzuführen ist, sind dann nur noch die Maßeinheiten. Viele Versuchsergebnisse von Piaget zeigen uns aber, wie problematisch das ist.
*Versuch: „Turmvergleich“:*
Vor dem Kind (7. Lebensjahr) steht auf dem Tisch ein aus Bauklötzen gebauter Turm. Das Kind soll auf einem anderen Tisch, der etwas niedriger ist, ebenfalls einen Turm bauen, der genauso groß ist. Die Bauklötze sind verschieden in ihren Abmessungen.
Das jüngere Kind wird den zweiten Turm so bauen, daß er – einschließlich der Unterlage – die gleiche Gesamthöhe erreicht; das ältere Kind wird den ersten Turm neben den eigenen setzen wollen, was jedoch verboten wird, weil ja gerade der Gebrauch eines geeigneten Hilfsmittels zum Messen geprüft werden soll.
Der für den Erwachsenen naheliegendste Gedanke wäre doch, daß man sich einen geeigneten Gegenstand sucht und diesen dann mit dem zweiten Turm durch Danebenstellen vergleicht. Gerade diese Methode ist aber dem Kind nicht erreichbar, weil es noch keinen invarianten Längenbegriff hat: Die Länge eines Gegenstandes ist noch nicht invariant gegenüber Verschiebungen oder Ortsveränderungen. Diese Lösung *kann* dem Kind gar nicht einfallen, weil sie überhaupt keine Beweiskraft hätte. Daß das ‚Ding‘ vor und nach dem Versetzen dieselbe Länge hat, muß das Kind zuerst ganz sicher und „stabil“ wissen, bevor es dieses Wissen als Beweis oder als Hilfsmittel einsetzt.

Im 7. Schuljahr sind in den meisten Lehrplänen Volumenberechnungen von Würfel, quadratischer Säule und Prisma vorgesehen. Nach übereinstimmenden Untersuchungen von Piaget und anderen Forschern hat aber mehr als die Hälfte aller 12jährigen noch keinen invarianten Volumenbegriff. Wie soll man mit einer Maßeinheit „Liter“ (oder gar cl oder ml) messen, wenn sich diese Einheit während des Meßvorgangs verändern kann? Der Erfolg ist, daß zwar Formeln und Regeln nachgesprochen werden, daß aber der selbständige und sinnvolle Einsatz dieses „Wissens“ in neuen Aufgaben nie erfolgen kann.

> *Erläuterung:*
>
> Die Ausführungen PIAGETs zu diesen Fragen sind überaus wichtig und sollten zur Pflichtlektüre jedes Lehrers gehören (z. B. Petter 1966). Allerdings ist dabei zu beachten, daß PIAGET in diesem Zusammenhang viel zu niedrige Altersstufen untersucht hat (6–9), denn ihm ging es ja darum zu beweisen, daß hier das Stadium der konkreten Operationen erreicht wird. Daß dieses Stadium aber in vielen Bereichen erst später zu finden ist, behandelt er als „Verschiebungen“ recht stiefmütterlich.

Wie kann der Lehrer nun diesen Prozeß lenken und die Begriffsbildung so beeinflussen, daß sie für das Kind zum Gewinn wird? Wie kann er erreichen, daß Assimilation und Akkommodation stattfinden und nicht nur Memorieren?
Drei wichtige Prinzipien sind dabei zu beachten:
- Verankerung des Neuen im Alten
- Vororganisieren des Neuen
- Konsolidierung des „Begriffenen“.

### 2.1.3 Das Lehren von Begriffen und das operatorische Üben

*Die Verankerung:*
Frei im (kognitiven) Raum kann kein Inhalt „hängenbleiben“. Es *muß* bei jedem Kind ein kognitives Schema bereitliegen, in das hinein der neue Inhalt assimiliert werden oder das an den neuen Inhalt akkommodiert werden kann. Ohne Kenntnis oder zumindest begründete Vermutung über ein solches Schema kann der Lehrer nicht mit dem Unterricht beginnen. Dieses Schema muß aktiviert werden.

*Beispiel:* Das physikalische Prinzip des Saughebers oder der oben verbundenen Gefäße soll behandelt werden. Was es für die Kinder gilt zu verstehen, ist, daß unter bestimmten Bedingungen das Wasser über den Rand der Gefäße, also nach oben, fließt. Der Lehrer kann erwarten, daß bei den Schülern das kognitive Schema besteht: „Wasser fließt immer abwärts.“ Um zu gewährleisten, daß das Neue auch in *dieses* Schema assimiliert wird (bzw. dieses Schema die notwendige Akkommodation erfährt) und nicht etwa ein beliebiges anderes (Zauberei, Aquarienzubehör), muß *vor* der Demonstration dieses Schema wachgerufen, erinnert, ja sogar möglichst stabilisiert („bekräftigt“) werden. Ohne ein solches stabiles Schema würde den Schülern beim späteren Versuch nichts auffallen (vgl. Wahrnehmung!). Es würde – anstatt differenzierter zu werden – sich in diffuser Form verfestigen (vgl. auch kognitiver Konflikt in Teil C, Kapitel 1.3).

In der Literatur liest sich das Prinzip der notwendigen Verankerung meist etwas allgemeiner und unverbindlicher:
„Um neues Lernen möglichst effektiv zu gestalten, ist zunächst die vorhandene Strukturhierarchie stabil, präzise und übersichtlich zu machen sowie Vorwissen und angestrebtes Lernziel... in einen kontinuierlichen Zusammenhang zu stellen“ (SIMONS in Funkkolleg Päd. Psychologie, Begleitbrief 9, S. 87, ebenso WEINERT, Brief 11, S. 28ff).

*Die Vororganisation:*
Unter dem Terminus *„advance organizing“* wird, erstmals von AUSUBEL (1962), aufgrund empirischer Ergebnisse empfohlen, das Feld des zu Lernenden in einer bestimmten Weise vorzubereiten. Gemeint ist etwa das, was der letzte Teil des oben zitierten Satzes von SIMONS sagt. Dem eigentlichen Lernen wird eine Vorinformation vorangeschickt, in der einerseits relevante Grundbegriffe des vorgesehenen Lernstoffes innerhalb eines bekannten Kontextes gebraucht und geklärt werden und die andererseits Vergleichsmöglichkeiten und „Aufhänger“ für das Neue bietet. Was sicher nicht damit gemeint ist, ist die von manchen Didaktiken geforderte oder empfohlene Zielangabe („Wir wollen heute...“) (vgl. SMITH/HUDGINS 1972, S. 402, SKOWRONEK 1971, S. 139, ausführlicher bei AUSUBEL 1974, Kapitel 4, insbesondere S. 159f).

*Die Konsolidierung:*
Auch das Lernen durch Einsicht, wie wir es hier vertreten, erfordert „Übung“; assimilierte Einsichten und akkommodierte Schemata sind nicht mit einem Male unverlierbarer Besitz. Wir sagten zwar, daß der Langzeitspeicher unlöschbar sei. Aber das dort Abgelegte ist nicht mit allen möglichen und vielleicht später wich-

tigen „Codes" versehen. Wir werden bei der Besprechung des Transfer (Kap. 2.2.3) und des Gedächtnisses (Kap. 3.3.1) nochmals darauf eingehen.
Bei der Konsolidierung eines neuen Begriffs handelt es sich nicht um ein Üben im Sinn der einfachen Wiederholung, sondern es bedeutet weitergehende, extensive Verankerung. Der Begriff, das Prinzip oder um was immer es sich handelt, muß wiederbegegnen im *veränderten* Kontext. Der Kern des Begriffes (die relevante Dimension) ist im Übungsprozeß systematisch als *einzig* Gleichbleibendes mit wechselnden Bezügen zu zufälligen, irrelevanten Dimensionen anzubieten.
Erscheinen die Dinge stets wieder im gleichen Kontext, so erfolgt keine Abstraktion, keine „Operation". Bei jeder Wiederholung ist das kognitive Schema erneut zu „bewegen", sonst bleibt das Individuum passiv. *Operatorisches Üben* (AEBLI) ist das Gegenteil von Gewohnheitsbildung.

*Erläuterung:*

Es sei (nach Lehrplan im 5. Schuljahr) der Umfang des Rechtecks behandelt worden: $U = a+b+a+b$ oder $U = 2(a+b)$. Zur Exemplifizierung hat man (selbstverständlich!) nicht nur liegende (▭), sondern auch stehende (▯) oder schrägstehende (◇) Rechtecke benutzt. Zur Konsolidierung des Begriffes „Umfang" wird man nun die Umfänge anderer Figuren wie Dreieck, Parallelogramm, Drachenviereck (Lehrplan: 6. u. 7. Schuljahr!), sechs- und achteckige Figuren messen und, wo das sinnvoll ist, formelmäßig wiedergeben lassen (regelmäßiges Sechseck, Drachen). Natürlich wird man *nicht* (wie meist vorgeschlagen) Umfang und Fläche des Rechtecks miteinander in Beziehung bringen. Beide haben, außer einer rein äußerlichen Formelähnlichkeit, nicht das geringste gemeinsam (s. o. Ähnlichkeitshemmung!). Offenbar ging es den Autoren des Lehrplans mehr um den Begriff Rechteck als um den Begriff Umfang. Aber der Begriff ‚Rechteck' wird nicht dadurch konsolidiert, daß man ihn mit dem noch völlig unstabilen Umfang-Begriff anreichert.

Das Prinzip der operatorischen Übung ist für alles schulische und außerschulische Lernen und damit generell für die Didaktik, speziell auch für die Curriculum-Theorie, von eminenter Bedeutung. Leider können wir hier aus Platzgründen nicht ausführlich darauf eingehen (vgl. aber JOERGER 1975). Statt dessen sei zu der wohl

fundamentalen Unterscheidung zwischen Automatisieren und operatorischer Übung Aebli etwas eingehender zitiert.
Zu Beginn eines bestimmten Begriffsbildungsprozesses ist es, „wie wenn den Operationen noch Schlacken anhafteten, welche ihren ungehinderten Ablauf in allen möglichen Lagen hinderten. Von diesen Schlacken müssen sie gereinigt werden. Dabei treten die wesentlichen, wirklich grundlegenden Beziehungen und Zusammenhänge um so klarer hervor. Dies leistet das *Durcharbeiten der Operation* ...", d.h. die operatorische Übung. „Wir schlagen vor, mit diesem Ausdruck eine Form des konkreten, sinnbezogenen Übens zu bezeichnen, das der Vertiefung des Verständnisses dient. Die Übung im hergebrachten Sinn verfolgt ein ganz anderes Ziel. Obschon dabei auch dies und jenes für das Verständnis abfallen mag, ist sie auf das Einschleifen von Automatismen ausgerichtet. Sie spielt sich innerhalb der *Zeichen* ab. Das Durcharbeiten der Operation vollzieht sich innerhalb der *Bedeutungen*. Es ist wirklich die Operation und nicht ihr symbolischer Ausdruck, die durchgearbeitet wird. Das Ziel ist nicht der Automatismus, sondern die klarer aufgefaßte, beweglichere Operation" (Aebli 1971 b, S. 99, Hervorhebungen durch d. Verf.).
Das Lernen von Begriffen vollzieht sich im lebendigen Alltag ohne unser Zutun auf diese ‚operatorische' Weise, weil die bunte Vielfalt der Begegnungen für die notwendige Variation sorgt. Dabei kommt es natürlich auch oft vor, daß die so gewachsenen Begriffe „falsch" zentriert sind, wenn man die Richtigkeit am Denken des Experten mißt. Die Schule hat nun die Aufgabe, diese Zentrierung zurechtzurücken. Und sie muß dies ebenfalls ‚operatorisch' tun, wenn sie eine nachhaltige Wirkung erzielen will. Daß schlichte Belehrung oder deduktiv-abstrakte Definitionen hierzu untaugliche Versuche darstellen, sollte aus den bisherigen Darlegungen plausibel geworden sein.
Die konkreten Hilfen, die die Psychologie hierfür bereitstellen kann, sind derzeit allerdings noch recht begrenzt. Denn für den Lehrer stellt sich das Problem des Begriffslernens in einer anderen Weise als für den Psychologen, der ideale Experimentierbedingungen beliebig herstellen kann. Die erste Schwierigkeit stellt sich bereits dann ein, wenn anhand des vorgeschriebenen oder vorgesehenen Lehrstoffs entschieden werden soll, welche Begriffe den Schülern überhaupt beizubringen sind. Sehr oft kann diese Entscheidung im vorhinein gar nicht getroffen werden, weil sich die Unzulänglichkeit eines bestimmten Begriffshintergrunds erst im Verlauf der Stunde zeigt. Der Lehrer greift dann zu verbalen

Explikationen, die in der Regel wenig oder nichts fruchten. Es wird bei allen Versuchen, Begriffe zu „lehren“, oft übersehen, daß Begriffsbildung ein sehr komplexer und langwieriger Prozeß ist. Meist sind auch die schulstoffrelevanten Begriffe ungleich komplizierter als die in den psychologischen Laboratorien untersuchten. Deshalb ist auch solchen Instruktionshilfen, wie sie z.B. von D. C. Clark (Funkkolleg Päd. Psychol. 1974, S. 671f) empfohlen werden, mit großer Vorsicht zu begegnen. Auch Begriffsbildungsstrategien, wie sie Oerter (1971) referiert, dürften für schulisches Lehren im derzeitigen Erkenntnisstand noch kaum Relevanz besitzen. Lediglich einige grobe Grundregeln lassen sich mit gewissen Vorbehalten formulieren.

1. Wichtige Vorarbeit der Begriffsbildung ist das Ordnen, Zuordnen und Klassifizieren von Inhalten, und zwar zuerst nach einem, dann einem zweiten und evtl. weiteren Gesichtspunkten. Dabei sollte das kennzeichnende Attribut nicht sogleich genannt, sondern möglichst vom Schüler gefunden werden.
2. Die sprachliche Kennzeichnung, das Etikett, sollte erst *dann* dem Begriff zugeordnet werden, wenn er eine gewisse Prägnanz erreicht hat. Etikettieren *vor* dem Begreifen verführt zum mechanischen Nachsprechen und blockiert weiteres Begriffslernen.
3. Wenn auch Begriffslernen grundsätzlich von konkreten Gegebenheiten seinen Ausgang nimmt, so spielt doch die Anschauung dabei eine oft verheerende Rolle. Die Art und Weise der *Präsentation* (Darbietung) entscheidet wesentlich mit über den positiven Erfolg, indem sie nämlich den störenden Einfluß begriffsfremder Materialfaktoren *eliminiert*. Tut sie das nicht oder rückt ein anderer Zweck in den Vordergrund (etwa die nichtkognitive Motivation) oder betont sie gar begriffsirrelevante Eigenschaften der Sache, dann entsteht „Begriffsverwirrung“.
4. Das Erlernen eines Begriffes geht grundsätzlich vom Handeln innerhalb des Begriffsbereichs aus. Damit ist nicht etwa nur oder auch nur vorwiegend manuelles Tun gemeint, sondern vielmehr das Reden, Sich-Unterhalten, Sehen, Hören, Verändern, Gebrauchen, Vergleichen usw., wobei der Begriffs-*Name* eine untergeordnete Bedeutung zugewiesen bekommt. Sehr allmählich sind sodann die Anschauung und die Anschaulichkeit zu reduzieren und die Bezüge zum konkreten Handeln immer mehr abzusetzen, bis dann schließlich ohne Bedeutungs- und Verständnisverlust mit Sigeln und Symbolen gearbeitet werden kann. Die für diesen Wachstumsprozeß benötigte Zeit

liegt bis zur Grundschule größenordnungsmäßig bei Monaten oder gar Jahren, später vielleicht Wochen, nie jedoch bei einzelnen Unterrichtseinheiten.

5. Besonders wichtig ist, daß ab einem bestimmten Verständnisgrad auch *negative* Beispiele für den Begriff angeboten werden, also Dinge, Tatbestände oder Eigenschaften, die den Begriff *nicht* repräsentieren. (Die Entstehung des Begriffs ‚Demokratie' würde auf einem sehr primitiven Niveau stagnieren, wenn nicht gleichzeitig ein differenzierteres Verständnis für Diktaturen und Monarchien mitgezogen werden kann.) Das im Begriff Gemeinte wird dadurch deutlicher, daß man es vom Nichtgemeinten abhebt. Durch immer differenziertere Unterscheidungen erhält der Begriff schärfere Konturen. Davon wird im nächsten Kapitel die Rede sein.

*Zur Ergänzung und Vertiefung:*
Van Parreren 1972, Kapitel 9.
Aebli 1970, Kapitel 10.
Ausubel 1974, Kapitel 15.
Wer sich auf höherem und mehr grundsätzlichem Niveau mit den hier angesprochenen Fragenkreisen befassen möchte, dem sei empfohlen: Schroder / Driver / Streufert 1975.

## 2.2 *Unterscheidungslernen*

Im Lerntypen-Modell von GAGNÉ wird das Lernen von *„multiplen Diskriminationen"* dem Begriffslernen vorangestellt. Es ist dies eine Frage des Aspekts, denn beide Lernarten bedingen sich gegenseitig: Man kann keine Oberbegriffe bilden, wo man keine Unterscheidungen kennt. Man kann keine Unterscheidungen treffen, wo es nichts Gemeinsames gibt. (Was ist der Unterschied zwischen einem Eichhörnchen und einem Klavier?). Allgemein formuliert geht es beim Unterscheidungslernen darum, die für eine richtige Kategorisierung (Kodierung) notwendige Unterscheidung kennen und wahrnehmen zu lernen auch dann, wenn die Unterschiede nur minimal sind:
Es macht einen sprachlich geringen, inhaltlich aber beachtlichen Unterschied, ob man seinem Gast „poisson" (Fisch) vorsetzt oder „boisson" (Getränk) oder gar „poison" (Gift).
Daß das Lernen solcher feinen Unterschiede oder Nuancen beträchtliche Schwierigkeiten bereitet, haben wir schon bei der Interferenz-Hemmung besprochen. Schulisches Lernen bietet eine Fülle derartiger Fallstricke, und jede Hilfe, die dem Lernenden hier gegeben werden kann, wäre wertvoll.

Das Kernproblem des Unterscheidungslernens sind allerdings nicht diese mehr vordergründigen Ähnlichkeiten, die zur Not noch mechanisch oder mit Hilfe von Eselsbrücken zu bewältigen sind. Schwieriger und grundsätzlicher ist das Problem, vor allem auch in Hinsicht auf die Begriffsbildung, wenn weder Unterschiede noch Gemeinsamkeiten klar und präzise bewußt gemacht und verbalisiert werden können, wie es z. B. stets beim Erlernen einer Fremdsprache der Fall ist.

*Erläuterung:*

Die beim Vokabellernen eingeprägten Verknüpfungen eines deutschen mit einem fremden Wort sind eben keine Entsprechungen ohne Rest. Daß der Franzose für ‚bitte' sagt: ‚wenn es Ihnen gefällt' (s'il vous plaît), ist formelmäßig noch leicht einzuprägen. Wann aber das deutsche ‚bitte' eher mit ‚je vous en prie' oder gar mit ‚voilà' zu übersetzen ist, ist schon schwieriger. Besonders schwer ist aber z. B. der Gebrauch der verschiedenen Zeiten in der Fremdsprache, weil der gemeinte Sachverhalt die Unterscheidung von Nuancen erfordert, die der Schüler oft gar nicht kennt oder durch Nebensätze oder Umschreibungen formulieren müßte. Dasselbe gilt natürlich auch in umgekehrter Übersetzungsrichtung.

Alle Versuche, dem Schüler das Unterscheidungslernen zu erleichtern, laufen darauf hinaus, die vorhandenen Ähnlichkeiten in der Kodierungsmatrix der Schüler aufzuheben bzw. unähnlich zu machen. Hierfür gibt es allerdings zwei entgegengesetzte Verfahrensweisen:

- Entweder man lenkt das Augenmerk der Schüler weg von den Gemeinsamkeiten, indem man die Einbettung in je verschiedenen Systemen allein betont,
- oder man lenkt die Aufmerksamkeit auf die Unterschiede, indem man denjenigen Aspekt betont, der den Kontrast am schärfsten beleuchtet.

  Die erste Möglichkeit wird z. B. im Fremdsprachenunterricht durch die sog. direkte oder audio-linguale Methode verwirklicht (vgl. AUSUBEL 1974, S. 78f). Hier wird überhaupt keine deutsche Entsprechung eines fremdsprachigen Textes mehr gesucht. Es wird nicht mehr übersetzt, sondern gleich in der fremden Sprache „gedacht". Am konsequentesten wird dieses Prinzip im sog. „pattern-drill" angewendet.

  Die zweite Möglichkeit wird dort eingesetzt, wo man auf ein

relevantes Vorwissen des Schülers zurückgreifen und entsprechende Einsichten erwarten kann. Man führt dabei einen zusätzlichen „Begriff“ ein, der die ursprünglich ähnlichen Reize im Kodierungssystem des Schülers verschiedenen Ganzheiten zuordnet und sie damit verschieden macht:

*Beispiel:* pêcheur – der Fischer
pécheur – der Sünder
Kann der Schüler Latein, dann nennt man die Herkunft des Wortes: piscis (Fisch) oder piscator (Fischer) und peccare (sündigen)
Der Schüler muß dann nur noch wissen, daß im Französischen der Akzent: ˆ ein ausgefallenes s repräsentiert.

(peccare ← pécheur) ≠ (pêcheur → piscis)

Nach allen bisherigen Erfahrungen und auch als plausible Anwendung der einschlägigen Theorien verbietet sich allerdings diejenige Methode von selbst, die leider an unseren Schulen am häufigsten geübt wird: Man lenkt gerade die Aufmerksamkeit auf die Gemeinsamkeit oder Ähnlichkeit und dann fast beiläufig auf die Verschiedenheiten, indem man nämlich die zu trennenden Elemente in einem gemeinsamen Kontext anbietet:

„Am Apfelbaum blühten die Blüten.“

„Der Maler malte ein Bild von der Mühle, in der der Müller gerade das Korn mahlte.“

Hierher gehört auch das bereits erwähnte Beispiel, wo der Lehrplan nahelegt, einerseits Fläche und Umfang des Rechtecks und später Fläche und Umfang des Dreiecks (gemeinsam) zu behandeln. Richtiger wäre, zuerst alle Umfänge und gänzlich ohne Zusammenhang damit später die Flächen zu besprechen.

> *Unterscheidungslernen ist ein anderes Wort für Überwindung der Interferenzhemmung oder Vermeidung von negativem Transfer* (vgl. hierzu auch AUSUBEL 1974, S. 153f, ebenfalls 136ff, GAGNÉ 1969, Kapitel 5).

## 2.3 *Transfer*

Das Wichtigste, was über den Transfer zu sagen ist, wurde – unter der Hand – bereits besprochen. Bleibt eigentlich nur noch zu erklären, was es ist und welche theoretischen Vorstellungen man sich davon macht.

> *Unter Übungsübertragung (transfer of training) im weitesten Sinn wird jede Art der Einwirkung von früher Gelerntem auf neue Situationen verstanden. Transfer im engeren Sinn sind positive oder negative Folgen eines abgegrenzten Lernprozesses, die beim Lernen einer anderen, meist ähnlichen Aufgabe auftreten* (vgl. fast wörtlich: BERGIUS 1971, S. 124).

Transfer ist ein rein beschreibender (deskriptiver) Begriff, der keinerlei Aussage beinhaltet über mögliche Ursachen oder Funktionsweisen des Phänomens. Tatsächlich können sehr verschiedenartige Ursachen verantwortlich sein je nachdem, welche Tätigkeiten und Lernprozesse man im einzelnen betrachtet.
Übungsübertragung ist eine so universelle Erscheinung, daß man sich Lernen gar nicht ohne sie vorstellen kann – es sei denn beim Säugling in den ersten Tagen oder in Laboratoriumsexperimenten, denn sonst wird Lernen stets von vorausgegangenem Lernen beeinflußt. Im engeren Sinn meint man Beobachtungen wie diese:

- Ein Kind lernt leichter radfahren, wenn es bereits Roller fahren konnte.
- Maschineschreiben wird positiv beeinflußt durch Fingerübungen beim Klavierspiel.
- Multiplikationsaufgaben werden leichter (oder überhaupt erst dann) bewältigt, wenn Übungen im Addieren vorangegangen sind.

Daß überhaupt Transfer stattfindet, ist eine triviale Aussage, über die wir nicht mehr zu sprechen brauchen. Viel wichtiger sind aber die folgenden Fragen:

- *Was* wird vom früheren Lernen auf späteres Lernen übertragen (positiv oder negativ)?
- In *welchem Ausmaß* wird übertragen?
- Unter *welchen Bedingungen* wird übertragen?

Diese Fragen sind aber nur dann zu beantworten, wenn wir wissen, wie sich Transfer erklärt (vgl. Funkkolleg, H. 9, S. 32).

### 2.3.1 Die Theorie der identischen Elemente

Wir erwähnen diese Theorie hier, obwohl wir sie später als unzureichend ablehnen werden, weil sie zunächst sehr plausibel klingt und weil sie – vor allem in der Pädagogik – weitreichende Konsequenzen nach sich gezogen hat.

Nach der Lehre THORNDIKES (und aller S-R-Theoretiker) läßt sich Lernen reduzieren auf Ketten von Verknüpfungen je eines Reizes mit je einer Reaktion. Alles, was man kann, hat man auf diese Weise gelernt, falls es nicht angeboren ist.

Die offensichtliche Tatsache, daß man bisweilen etwas kann, was man nicht *direkt* gelernt hat (Transfer), läßt sich konsequenterweise dann nur so erklären, daß in dieser Tätigkeit Elemente enthalten sind, die *identisch* sind mit Elementen aus einer früher gelernten Verhaltensweise.

Tatsächlich sind im Multiplizieren Elemente des Addierens, im Radfahren Elemente des Rollerfahrens (Gegensteuerung) enthalten. Nach dieser Anschauung gibt es Transfer nur dort und in demselben Ausmaß, in dem die neue und die bereits zuvor gelernte Verhaltensweise gemeinsame (identische) Elemente aufweisen (THORNDIKE).

Um die Richtigkeit dieser Theorie zu beweisen, die ja die Existenz und die Möglichkeit formaler Bildung leugnet, führte THORNDIKE in den zwanziger Jahren umfangreiche Untersuchungen durch, die wegen ihrer methodischen Schwächen heute nur noch historisches Interesse verdienen. Er versuchte zu belegen, daß das Lernen von Latein oder Mathematik keine stärkere Steigerung der Intelligenz oder des logischen Denkens bringe als andere Fächer wie etwa Buchhaltung oder Maschineschreiben. In Anwendung dieser „Erkenntnisse" revidierte man in Amerika die Lehrpläne mit der Maßgabe, daß das und nur das, was der Schüler im späteren Leben brauche, in der Schule zu lehren sei. Formale Fähigkeiten seien nicht lehrbar. Intelligenz ist für THORNDIKE eine „primary ability", eine „Urfähigkeit".

Die Theorie der identischen Elemente ließ sich jedoch nicht halten. Es stellte sich heraus, daß es Transfereffekte gibt, wo sich keinerlei identische Elemente nachweisen ließen, und daß ein Transfer ausblieb, obwohl eine große Zahl von Elementen identisch war. Vor allem ließ sich aber mit dieser Theorie nicht voraussagen, ob positiver Transfer (Lernerleichterung) oder negativer Transfer (Interferenz-Hemmung) auftreten wird. Außerdem ließ sich nicht einwandfrei klären, was im Einzelfall als Element zu gelten habe.

Nicht viel besser steht es mit dem Erklärungswert des Begriffes *Ähnlichkeit,* den man später an die Stelle der Zahl der identischen Elemente setzte. Ohne Zweifel ist der Transfereffekt in der Regel um so größer, je ähnlicher sich die beiden Lernaufgaben sind. In bestimmten Grenzfällen kann man auch voraussagen, ob positiver Transfer oder Ähnlichkeitshemmung eintreten wird. Sind die

Reizsituationen einander ähnlich und die verlangte Reaktion beidemal gleich, dann ist der Transfer positiv:

| | | |
|---|---|---|
| italienisch: | mangiare | essen |
| französisch: | manger | |

Sind aber – bei ebenfalls ähnlichen Reizen – die Reaktionen verschieden, dann ist eher Hemmung zu erwarten:

| | | |
|---|---|---|
| englisch: | supply | liefern, versorgen |
| französisch: | supplier | bitten, flehen |

(vgl. Funkkolleg, H. 9, S. 46).

Aber wie ist „Ähnlichkeit" zu definieren? Nimmt man als Maß das Dafürhalten einer genügend großen Stichprobe von „Normalbürgern", oder sollen Experten darüber befinden, und aus welcher Wissenschaftsdisziplin? Oder ist allein entscheidend, ob die lernende Person die Reize für ähnlich hält? Im letzten Fall wäre wiederum keine Voraussage möglich.
In den bisherigen Beispielen war die Lernübertragung immer sehr spezifisch auf eine bestimmte S-R-Verknüpfung bezogen. Möglicherweise ist diese Form des Transfers aber weder typisch noch relevant für schulisches Lernen. Vielleicht sind nicht so sehr Merkmale des Lern*materials,* sondern vielmehr Faktoren des *Lern-Prozesses* für die Übertragung des Gelernten verantwortlich zu machen.

### 2.3.2 Unspezifische Lernübertragung und das Lernen des Lernens

Schon Ebbinghaus hatte festgestellt, daß seinen Versuchspersonen das Erlernen von Silbenreihen nach einiger Zeit wesentlich leichter gelang als zu Beginn der Versuchsserien. Sie hatten „gelernt", wie man sinnlose Silben lernt. Dieses Phänomen wurde seitdem in sehr vielen psychologischen Untersuchungen immer wieder gefunden, so z. B. auch, wenn sich die Probanden an das Getestetwerden gewöhnt hatten: Sie haben gleichsam den „Dreh" heraus. Der im Kapitel B 1.2.3 erwähnte Anwärmeeffekt ist nichts anderes als ein Sonderfall dieses „learning-how-to-learn". Das Individuum erwirbt eine Einstellung zum Lernen (learning-set), die das Erlernen von Aufgaben derselben Art in späteren Situationen wesentlich erleichtert. Indem man eine Reihe von Aufgaben lernt, lernt man latent die Methode mit, durch die die Aufgaben zu bewältigen sind. Solche Lern-Sets erwerben auch Tiere relativ schnell, wie die berühmt gewordenen Affen-Versuche von HARLOW (zitiert in Funkkolleg H. 9, S. 49f) belegen. In der Schule ist das Lernen von Methoden nahezu selbstverständlich geworden und ganz an der Tagesordnung. Der Unterschied ist lediglich der, daß es hier bewußt geschieht. Das schließt allerdings nicht aus, daß dieses absichtliche Lernen von Methoden oft überlagert wird von nicht klar bewußten Lern-Einstellungen, die auch dann noch andauern und wirken, wenn die angewandte Methode nicht mehr sinnvoll ist und am Ziel vorbei führt.

*Erläuterung:*

Bei GRAUMANN (1969, S. 171 ff) wird ein Versuch von LUCHINS referiert, in dem die negative Wirkung einer unbeabsichtigten Lerneinstellung überzeugend demonstriert wird. Die Probanden seiner Versuchsgruppe haben zehn relativ einfache Problemaufgaben zu lösen. Für die ersten fünf ist stets dieselbe Methode erforderlich. Die 6. und 7. Aufgabe sind zwar ebenfalls mit dieser Methode lösbar, aber eine andere Methode führt sehr viel schneller und leichter zum Ziel. Die 8. Aufgabe ist als solche nicht schwerer als die anderen, nur führt das in den ersten fünf Aufgaben angewendete Verfahren nicht zum Erfolg. Eine Kontrollgruppe arbeitet mit den ersten fünf Aufgaben gar nicht mit, beginnt also erst mit Aufgabe 6.
*Ergebnisse:* Die Versuchsgruppe löst überwiegend (im Gegensatz zur Kontrollgruppe) die Aufgaben 6 und 7 mit der umständlichen und hier unangemessenen Methode. Aufgabe 8 wird in der Versuchsgruppe ganz selten überhaupt gelöst, während die Kontrollgruppe diese Aufgabe genausooft bewältigt wie die übrigen Aufgaben auch.

Sicher ist der Erwerb von Lerneinstellungen und das Lernen von Problemlösungsmethoden und Prinzipien für die Schule sehr wichtig und im ganzen gesehen auch effektiver als das Lernen von Faktenwissen allein. Aber wie die Ergebnisse LUCHINS und die tägliche Schulerfahrung bei Prüfungsarbeiten demonstrieren, kann auch dieses Prinzip, wenn es verabsolutiert und falsch eingesetzt wird, eher zu Lernhemmungen als zu Lernerleichterungen führen. Der mechanische Einsatz von Lösungsmethoden (die Anwendung von

„Patentrezepten“) ist – auf der nächst höheren Stufe – dasselbe wie das Auswendiglernen von Fakten und birgt dieselben Gefahren für den Lernfortschritt.
Um echten Transfer zu gewährleisten, ist das „learning to learn“ noch einen Schritt weiterzuführen: Es muß auch gelernt werden, *wann* und *wo welche* Methoden am Platze sind.

### 2.3.3 Lernübertragung durch Einsicht in die Struktur

Die Anwendung von Lösungsmethoden oder -Prinzipien erfordert einen kognitiven Prozeß: Wir müssen erkennen, ob bei einer neuen Aufgabe eines der verfügbaren Prinzipien zutrifft oder nicht. Voraussetzung hierfür ist, daß man die wesentlichen Momente der neuen Situation von den unwesentlichen unterscheiden kann (s. Begriffsbildung!) und daß man das Ziel des eigenen Bemühens, also die „Lücke in der Gestalt“ überhaupt identifizieren kann (Problemlösen, s. u.). Man benötigt also Einsicht in die Struktur der Aufgabe. Hat man die Tatsache erkannt, daß zwischen einer zuvor gelernten und der jetzt vorliegenden Aufgabe Struktur-Ähnlichkeit oder Struktur-Identität besteht, so bedarf es keines weiteren Lernprozesses: Die Lösung der neuen Aufgabe ist eine Sache des Einsatzes der vorhandenen Einsicht.
Kehren wir zurück zur Theorie der identischen Elemente. Es war dort unklar geblieben, was jeweils als Element zu verstehen sei. Wenn wir den Begriff „Element“ in einer sicher nicht zulässigen Weise überdehnen und die Struktur als Element einführen würden, könnten wir die Theorie beibehalten:

> *Lernübertragung (Transfer) erfolgt dort, wo zwei Aufgaben identische Strukturmomente aufweisen und die Gemeinsamkeit der Struktur erkannt wird (= Transposition).*

Transfer in diesem Sinn erfordert die Einsicht, daß die zuvor erworbene Einsicht im vorliegenden Fall anwendbar ist, also gleichsam eine „Einsicht 2. Grades“. Dies wiederum ist identisch mit dem, was wir im nächsten Kapitel als Problemlösen zu besprechen haben. Überhaupt geht nun das Transfer-Problem völlig auf im Begriff der kognitiven Struktur. Es ist kein Phänomen „sui generis“ mehr; wir könnten unter der Überschrift Transfer die gesamte Lern- und Denkpsychologie abhandeln:

> „Aus den Untersuchungen zum Übungstransfer kann geschlossen werden, daß alle Lernvorgänge *durch das Organi-*

*sieren von Materialien* zum Erfolg führen. Gelernt und behalten werden neue Ordnungen. Die Ordnungen oder Organisationen des Materials sind als Erfahrungen besonders dauerhaft, und sie sind besonders wirksam beim späteren Umgang mit einem Material, das strukturell ähnliche Züge enthält" (BERGIUS 1964, S. 317).

Wir wollen aber das Kapitel über Transfer nicht abschließen, ohne wenigstens ein anschauliches Beispiel aus den Versuchen über Transferwirkungen zu skizzieren.
C. H. JUDD ließ (bereits im Jahre 1908!) Schüler der Mittelstufe mit Wurfpfeilen auf ein Ziel schießen, daß sich mit einigem Abstand unter der Wasseroberfläche befand. Der Übungsfortschritt wurde registriert. Die eine Gruppe seiner Versuchspersonen hatte zuvor einen theoretischen Unterricht über die Gesetze der Lichtbrechung erhalten, während die andere Gruppe als Kontrollgruppe unvorbereitet die Aufgabe in Angriff nahm. Die Versuchsgruppe zeigte einen sehr viel schnelleren Übungsfortschritt und signifikant mehr Treffer. In einem weiterführenden Versuch von OVERING und TRAVERS konnte gezeigt werden, daß die Schüler noch besser abschnitten, wenn Ihnen die Brechungsgesetze nicht nur abstrakt dargeboten, sondern anhand konkreter Situationen erläutert worden waren. Offenbar waren hierdurch die Prinzipien noch besser verstanden worden, oder aber die Einsicht, daß und wie die Lichtbrechungsgesetze beim Zielen zu berücksichtigen seien, fiel diesen Versuchspersonen leichter ein (ausführlich dargestellt in HOFER/WEINERT 1973, S. 89–105).

*Aufgabe B 2:*
Aus den vorangegangenen Ausführungen sollte deutlich geworden sein, daß Transfer sich nicht schlicht von selbst einstellt einfach dadurch, *daß* etwas gelernt wird. Die Frage THORNDIKES nach dem formalen Bildungswert von Latein und Mathematik war also falsch gestellt: Es kommt darauf an, *wie* etwas gelernt und gelehrt wird.
Wie also muß etwas gelehrt oder gelernt werden, um Transfer zu gewährleisten und dann doch so etwas wie „formale Bildung" geschieht?
Denken Sie bei der Beantwortung an folgende Punkte:
a) wörtliche oder nichtwörtliche Wiedergabe von Gelerntem?
b) ähnlicher oder unähnlicher Kontext bei Wiederholungen?
c) Aufgabenlösungen möglichst immer mit derselben oder mit verschiedenen Methoden?
d) Wie lassen Sie Verbesserungen bei Diktaten, Aufsätzen, Mathematikarbeiten anfertigen?

e) Ist einsichtiges (strukturelles) Lernen angemessener für intelligente Schüler, während für die schwächeren mechanisches Lernen vorzuziehen ist?

*Zur Ergänzung und Vertiefung:*

Weinert/Hesse in Funkkolleg Päd. Psychologie 1974, S. 657–710.
Bergius 1964, Kapitel 8, I bis V.
Ausubel 1974, Kapitel 4 (Kognitive Struktur und Transfer).
Klauer 1975.

## 3. Das Leistungsverhalten – Dekodierung und Output

### 3.1 Der Abruf aus dem Langzeitspeicher – Gedächtnis und Erinnern

Die über die Sinne einkommenden Informationen aus dem Kontakt mit der Umwelt hat das Individuum über den Filter der Wahrnehmung aufgenommen und im „umlaufenden Echo" konserviert, um eine vorläufige Kodierung zu ermöglichen. Es hat dann durch Diskrimination und Begriffsbildung die Inhalte in eine bestimmte Ordnung gebracht, klassifiziert, hierarchisch gegliedert und als kognitive Struktur mit der vorläufig letzten Kodierung im Langzeitspeicher abgelegt. Im jetzigen Stadium unserer Betrachtung des Lernprozesses wird vom Individuum eine Leistung gefordert, d. h., es wird erwartet, daß das Gelernte und Gespeicherte in irgendeiner Form eingesetzt, fruchtbar gemacht oder auch nur reproduziert wird. Das Material soll aus dem Speicher abgerufen werden. Der Abruf steht aber unter einem ganz bestimmten Aspekt, nämlich dem der erwarteten oder gefragten Leistung. Es ist nicht möglich, den Speicher schlicht „leerlaufen zu lassen". Die Art und Struktur der geforderten Leistung liefern den Rahmen und die „Stichworte" dessen, was abzurufen ist. Dieser Abruf ist also eine Abfrage mit einem mehr oder weniger präzisen Fragehorizont. Dasjenige, was in der jeweiligen Leistung gerade gebraucht und angefordert wird, wollen wir die Leistungsstruktur nennen. Es müßte nun gleichsam ein Vektor umlaufen, der sucht, ob das Geforderte im Speicher enthalten ist.

*Erläuterung:*

Wir können uns den Langzeitspeicher analog der Registratur einer großen Behörde vorstellen: Der Klient hat ein Anliegen im „Klartext“ vorgebracht (Leistungsforderung). Der Registrator muß nun wissen, unter welchem Stichwort die gewünschte Information damals (bei ihrem Eingang) abgelegt worden ist oder doch hätte abgelegt werden müssen, denn er kennt die Organisationsprinzipien des Hauses. Alles was jemals abgelegt worden ist, muß auch noch vorhanden sein. Ob es allerdings auch auffindbar ist, hängt von verschiedenen Umständen ab: Es könnte sein, daß es damals unter einem falschen Code abgelegt wurde oder daß es jetzt unter einem falschen Code gesucht wird. Handelt es sich um ältere Inhalte, dann könnten sich die Organisationsprinzipien in der Zwischenzeit geändert haben. Vielleicht wurde die Information unter einem Stichwort abgelegt, das heute gar nicht mehr geführt wird usw. In diesem Sinn gibt es in einer Registratur auch hoffnungslos und endgültig verlorene Informationen.

Die im Speicher abgelegten Informationen sind in einem mehr oder minder differenzierten System von Klassen und Kategorien, nämlich der kognitiven Matrix der Begriffe, aufgerastert. Damit die gesuchte Information auch gefunden werden kann, muß in denselben Kategorien gefragt werden. Die von außen gestellte Frage, die Leistungsforderung, muß in die Sprache dieses Rasters übersetzt werden. Dabei werden dieselben Organisationsprinzipien wirksam, die wir bereits bei der Wahrnehmung kennengelernt haben; wir nannten sie die *subjektive Organisationstendenz.* Die Parallelen zwischen Wahrnehmung und Reproduktion von Gedächtnisinhalten sind tatsächlich auffallend.
Die subjektive Organisationstendenz wirkt bei der Reproduktion ebenso als Filter wie bei der Wahrnehmung. Sie scheint ein Steuerungsmechanismus der wachen Aufmerksamkeit zu sein. Unter Hypnose oder in einem sehr gelockerten, entspannten, dekonzentrierten Zustand (Traum) kann es sein, daß dieser Filter umgangen wird und Erinnerungen frei aufsteigen, und zwar in Zusammenhängen oder Koordinaten, die dem Wachbewußtsein unplausibel sind. So können z.B. erwachsene Versuchspersonen in Hypnose den Namen ihres Vordersitzers im 2. Schuljahr nennen, während sie hierzu im normalen Wachzustand nicht in der Lage sind, vermutlich doch, weil dieser Name in der derzeitigen Organisation der Inhalte keinerlei Bedeutung mehr hat; es besteht hierfür keine „Chiffre“ mehr, unter der er abzurufen wäre. In der

Hypnose aber können frühere Ordnungstendenzen wieder auftauchen, weil die überlagernde bewußte Ordnung suspendiert ist.

Wir wollen im folgenden stichwortartig die wichtigsten Ergebnisse der Gedächtnisforschung zusammenstellen.

(1) *Engramme (= Gedächtnisinhalte) werden im Lauf der Zeit nicht verschwommener, sondern prägnanter im Sinne der „Guten Gestalt“.*

Was dabei als „Gute Gestalt“ zu verstehen ist, entscheidet das Individuum durch seine Sinngebung, also seine Art der Kodierung: Je nachdem, wie eine mehrdeutige Figur „verstanden“, „interpretiert“ wurde, so wird sie in der Erinnerung umgeformt; sie wird dabei eindeutiger, einfacher, innerlich konsistenter (= Nivellierung und Pointierung).

| Reproduzierte Figuren | Wörterliste I | Reizfiguren | Wörterliste II | Reproduzierte Figuren |
|---|---|---|---|---|
|  | Gardinen in einem Fenster |  | Rhombus in einem Rechteck |  |
|  | Flasche |  | Steigbügel |  |
|  | abnehmender Mond |  | Buchstabe „C“ |  |
|  | Bienenstock |  | Hut |  |
|  | Brille |  | Hanteln |  |
|  | sieben |  | vier |  |
|  | Schiffssteuerrad |  | Sonne |  |
|  | Eieruhr |  | Tisch |  |
|  | Weiße Bohne |  | Kanu |  |
|  | Kiefer |  | Maurerkelle |  |

(2) *Inhalte werden dann leichter erinnert, wenn sie einem Wunsch oder der Erwartung des Individuums entsprechen, und umgekehrt: sie werden schlechter erinnert, wenn sie einem Wunsch oder der Erwartung entgegengesetzt sind.*

Dies ist das Prinzip, das auf der einen Seite der „Vergoldung der Vergangenheit" und auf der anderen Seite der Verdrängung (FREUD) zugrunde liegt.
Die systematisch wirkende Selektion macht aus unserem Gedächtnis ein äußerst unzuverlässiges und unpräzises Instrument, wie aus der Psychologie der Zeugenaussage bekannt ist. Es kommt nämlich hinzu, daß (scheinbar) widersprüchliche, der Erwartung zuwiderlaufende Inhalte so lange durch weitere („erfundene") Elemente angereichert werden, bis sie dem subjektiven Bedürfnis nach Stimmigkeit genügen.

(3) *Gedächtnisinhalte können durch geeignete „Abrufsignale" der Erinnerung zugänglich gemacht werden.*

Solche Abrufsignale bestehen in mehr oder weniger zufälligen Begleitreizen, die bei der Wahrnehmung oder Einprägung, also bei der Vorkodierung, eine Rolle gespielt haben.

*Erläuterung:*

So ist z.B. der Anfangsbuchstabe eines „vergessenen" Namens oder seine „Vokalität" („ein Wort, in dem ein A vorkam") oft hinreichendes Signal, um den ganzen Namen zu erinnern. In anderen Fällen kann ein Hinweis auf die Zeit oder den Ort der Einprägung zum Abrufsignal werden. (Ein vergessener Ausspruch eines Bekannten wird erinnert aufgrund des Hinweises: „Das war letzten Herbst, als wir in X waren.") (vgl. hierzu BERGIUS 1971, S. 138f).

Zusammenfassend läßt sich über das Gedächtnis und das willkürliche Erinnern folgendes sagen:
(1) *Ob* ein gespeicherter Inhalt erinnert wird, hängt davon ab, ob der Code, unter dem er abgelegt wurde, zum Zeitpunkt des Erinnerns noch relevant ist und als relevant erkannt wird (Subjektive Organisationstendenz).
(2) *Welcher* Inhalt aus dem Reservoir abgerufen wird, bestimmt sich danach, wie das Individuum die geforderte Leistung ver-

steht und interpretiert. (Um z. B. beim Problemlösen den *richtigen* „Einfall" zu finden, muß ich eben diesen und keinen anderen suchen!)

(3) *Wie* ein Inhalt reproduziert wird, ist verändernden Einflüssen emotionaler, motivationaler und einstellungsmäßiger Faktoren unterworfen (s. a. Gestaltprinzipien).

*Aufgabe B 3.1:*
Vielleicht erinnern Sie sich (das wäre ein guter Beweis für Ihre angemessene Kodierung und für Ihr bewegliches Denken!), daß im Kapitel über die Wahrnehmung (B 1.1) ganz ähnliche, ja vielleicht sogar identische Phänomene erwähnt worden sind wie hier unter dem Stichwort ‚Gedächtnis und Erinnern'.
Versuchen Sie, nachdem Sie noch einmal dort nachgeblättert haben, die Phänomene aufzuzählen, die unter beiden Überschriften mit gleichem Recht abzuhandeln wären.

*Literatur:*
Foppa 1969, S. 291–300.
Berelson / Steiner 1969, S. 118–124.
Mietzel 1973, S. 247–279.

## 3.2 *Regellernen und Entdeckendes Lernen*

Das Lernen von Regeln wird in der psychologischen Literatur recht stiefmütterlich behandelt; in den meisten Werken erscheint es noch nicht einmal im Sachregister. GAGNÉ (1969) allerdings widmet ihm ein eigenes Kapitel als einer seiner acht Lerntypen. Vom theoretischen Standpunkt aus gesehen, ist es wohl auch nicht nötig, das Regellernen einerseits vom Begriffslernen und andererseits vom Problemlösen getrennt zu behandeln, denn es nimmt – wie wir gleich sehen werden – eine eigenartige Zwischenstellung zwischen beiden ein. Aber gerade wegen dieser seiner vermittelnden Rolle und wegen seiner besonderen Relevanz für den Lehr- und Lernprozeß scheinen mir einige Bemerkungen dazu doch angebracht.

Vorweg zwei Begriffsbestimmungen:
- Regellernen ist die Herstellung einer sinnvollen Beziehung zwischen zwei oder mehr Begriffen (z. B. wenn A, dann B).
- Problemlösen ist die sinnvolle Kombination zweier oder mehrerer Regeln.

Wir könnten Regeln auch als „funktionalen Begriff" oder als Begriff 2. Grades umschreiben. GAGNÉ führt sein Kapitel über Regellernen ein mit dem einfachen Beispiel für Regel: „Runde Dinge rollen." Das Kind, das diese Regel zu lernen habe, müsse die beiden Begriffe „rund" und „rollen" zueinander in Beziehung setzen. Für den Erwachsenen gehört das Rollenkönnen als eine prinzipielle Möglichkeit des runden Dinges zum Begriff „rund". Wir wollen ein schulnäheres Beispiel wählen:
Der Schüler lernt: Die Winkelsumme im Dreieck beträgt 180°. Um diese Regel zu „verstehen", müssen folgende Begriffe vorhanden sein: Winkel, Gradeinteilung, Dreieck und Addition, was etwa im 7. Schuljahr (lt. Lehrplan) vorausgesetzt werden kann. Der Schüler kann alle Winkel messen, die Grade addieren und findet bestätigt, was die Regel sagt. Er hat die Regel angewendet, aber das, was man als Regellernen bezeichnen muß, hat nicht stattgefunden. Er hat zwar die relevanten Begriffe benutzt und auch in einem Arbeitsgang zusammengefügt, aber die Beziehungen *zwischen* ihnen wurden nicht in sinnvoller, überzufälliger und notwendiger Weise hergestellt. Er hat die „Elemente" (= Begriffe) additiv und mechanisch aneinandergereiht und nicht in einem übergeordneten Superbegriff „Dreiecks-Winkelsumme" gebunden. So zerfällt die „Regel" nach ihrem Gebrauch wieder in ihre Bestandteile, kann nicht im Langzeitspeicher abgelegt werden und steht für eventuelle spätere Problemlösungen nicht zur Verfügung.
Was ist also zu tun, um den ‚Superbegriff' tatsächlich entstehen zu lassen?
Wir müßten nun wiederholen, was im Kapitel 2.1 über Begriffslernen gesagt wurde, und dabei stets anstelle der konkreten Dinge die abstrakten Begriffe zum Ausgangspunkt nehmen. Wir sagten dort, daß sich Begriffe bilden durch Abstraktion im Umgang mit den konkreten Gegenständen, wobei die relevanten Merkmale stets als einzige konstant bleiben. Analog dazu entsteht Regelverständnis durch den Umgang mit Begriffen, wobei bestimmte Gesetzmäßigkeiten immer wiederkehren, also konstant bleiben.
Um Regelverständnis in diesem Sinne zu gewährleisten, muß der Schüler erkennen,

a) *daß überhaupt* etwas gleichbleibt, also eine gesetzmäßige Beziehung zwischen Begriffen existiert,
b) *worin* diese Gesetzmäßigkeit besteht.

Fällt der erste Teil (a) weg, weil wir dem Schüler sagen, *daß* eine Regel besteht, dann ist der Rest (b) nichts anderes als eine Problemlösungsaufgabe. Aber gerade im (spontanen) Erkennen der Regelhaftigkeit liegt das kreative oder produktive Moment des Regellernens, das den eigentlichen Lerngewinn ausmacht. In ihm steckt nämlich die Erkenntnis, daß die verwendeten Begriffe nicht zufällig oder willkürlich, sondern notwendigerweise und logisch zwangsläufig aufeinander bezogen sind. Dies wird z.B. an der Episode, die man dem jungen GAUSS zuschreibt, recht anschaulich:

*Beispiel:* Der Lehrer hatte – aus Bequemlichkeit – seinen Schülern die Übungsaufgabe (!) gestellt, alle Zahlen von 1 bis 100 zu addieren. Der junge GAUSS habe – auch aus Bequemlichkeit – gedacht: $(1 + 100) \cdot 50 = 5050$ und daraus die allgemeine Regel entdeckt: $Sn = (n + 1) \cdot {}^{n}/_{2}$ (Bei WERTHEIMER 1964, S. 104f wird die Geschichte ein wenig anders erzählt).

Nicht die Tatsache, daß ein Mensch Regeln kennt und sie – aus ökonomischen Gründen – anwendet, ist das Entscheidende, noch nicht einmal, daß er sie findet, ist wichtig, sondern vor allem, daß er nach ihr gesucht hat. Und darin liegt auch der erzieherische Wert.

> *„Damit jemand Ordnungen und Beziehungen in seiner Umwelt sucht und findet, muß er die Erwartung haben, daß etwas zu finden ist. Wenn ihn dann die Erwartung aktiviert hat, so muß er Such- und Findemethoden entwerfen. Einer der größten Widersacher einer solchen Erwartung ist die Meinung, daß die Umwelt nichts aufweist, das man durch Ordnen oder Beziehen finden kann“* (BRUNER in NEBER 1973, S. 18).

Um nach solchen Regelhaftigkeiten und Gesetzmäßigkeiten in der Umwelt zu suchen, muß eine Art Sensibilität dafür vorhanden sein, wo ein solches Suchen sinnvoll ist und Aussicht auf Erfolg hat und wo nicht. Das heißt aber, daß die Begriffe eine gewisse Tiefe und Differenziertheit haben müssen, die gerade dieses Faktum mitumgreift. Sucht man nach Beziehungen, so muß man zumindest „ahnen“, daß sie vorhanden sein *müssen.* Das Finden einer solchen Beziehung ist dann eine echte *Entdeckung,* die die Lösung eines bestimmten, von außen gestellten Problems an subjektiver und objektiver Bedeutung weit in den Schatten stellt.

*„Wenn man so will, ist die Entdeckung eine notwendige Bedingung, um die Vielfalt der Problemlösungstechniken zum Transformieren von Informationen zu erlernen. Das dient dazu, die Informationen verwendungsfähiger zu machen, zu lernen, wie man die eigentliche Aufgabe des Lernens bewältigt. Die Übung im Selbstentdecken lehrt einen, Information so zu erwerben, daß sie für das Problemlösen weitaus fruchtbarer wird“* (BRUNER, a.a.O., S. 20).

Die Freude des Entdeckens ist – auch für Kinder – Selbstbekräftigung und intrinsische Motivation in reinster Form, worüber wir später noch zu sprechen haben. Natürlich ist die Methode des „entdeckenden Lernens“ nicht *die* moderne Methode schlechthin oder diejenige, die auch zur Vermittlung von Stoffinhalten die richtige ist. Aber in unserem heutigen Schulbetrieb ist sie trotzdem sowohl in der Bedeutsamkeit, die man ihr zuspricht, als auch im Zeitaufwand, den man ihr zugesteht, mit Sicherheit unterrepräsentiert (zur Kritik siehe AUSUBEL 1973 oder AUSUBEL bzw. FRIEDLANDER in NEBER 1973). Vor allem sollte man bedenken, daß man die Stoffverteilung oft schlicht in der Reihenfolge so gestalten kann, daß im Unterricht wenigstens für einige Kinder (das müssen durchaus nicht immer die „guten Schüler“ sein) entdeckendes Lernen möglich wird, während für die Kinder mit anderen „kognitiven Stilen“ dasselbe Material in mehr rezeptiver (nicht mechanischer) Form gleichzeitig vermittelt wird. Es sei auch klargestellt, daß das, was oben mit Entdeckung von Gesetzmäßigkeiten gemeint war, durchaus nicht identisch ist mit dem ganzen Bereich dessen, was in der Literatur unter dem Begriff „Entdeckendes Lernen“ verstanden wird, wenn es auch m. E. das Kernstück darstellt.

Kehren wir jedoch zurück zu dem Beispiel von der Winkelsumme im Dreieck.

Man kann natürlich – wie es meist geschieht – jeden Schüler zehn Dreiecke zeichnen, die Winkel messen und jeweils addieren lassen. Vielleicht wundern sich die Schüler dann, daß alle (ungefähr) 180° herausbekommen haben. Und daraus folgert dann der Lehrer (meist sind es trotzdem nicht die Schüler), daß in allen Dreiecken die Winkelsumme 180° beträgt.

Diese „Beweisführung“ korrumpiert das Denken der Kinder. Denn fair und exakt wäre allenfalls der Schluß, daß wahrscheinlich (!) in allen Dreiecken die Winkelsumme ungefähr (!) 180° betrage. Und das wäre falsch!

Mit demselben Zeitaufwand (!) kann man aber auch – etwa im Gruppenunterricht – *verschiedene* Vielecke (3-, 4-, 5-, 6-, 7-Ecke) zeichnen und messen lassen.
Wenn in der Zusammenfassung dann an der Tafel erscheint:

3-Eck 180°
4-Eck 360°
5-Eck 540°
6-Eck 720°
7-Eck 900° usw.

dann werden wenigstens einige Schüler darauf kommen, daß dies jedesmal Vielfache von 180° sind. Aber auch diejenigen, die es nicht selbst gefunden haben, sehen anschaulich und zwingend, daß die Zahl 180 im Dreieck nicht zufällig und willkürlich war, sondern daß dem eine Gesetzmäßigkeit zugrunde lag, auch wenn man diese selbst noch nicht unbedingt kennen muß. Für Tüftler genügt vielleicht, um (als freiwillige Hausaufgabe) das Gesetz zu finden, der knappe Hinweis des Lehrers, daß es ja Zweiecke nicht geben könne, weil sie keine Winkel hätten (daher: Zahl der Ecken minus 2, mal 180). Warum nun dieses wieder so sein *muß*, geht wohl über die Fassungskraft der Schüler dieses Alters, weil ihr Winkelbegriff kaum den des gestreckten Winkels (180°) oder des Vollwinkels mit umgreift. Aber für den Leser könnte es Provokation sein, das Problem zu Ende zu denken – oder die sehr anregenden Gedanken WERTHEIMERS 1964, S. 172ff. zu lesen! (vgl. JOERGER 1975.)
Dieses Beispiel sollte verdeutlichen, daß man auch beim Regellernen (wie bei den Begriffen) eine Hierarchie antrifft. Entscheidend für den Schüler ist nicht so sehr, welche Stufe in dieser Hierarchie er erreicht, sondern daß überhaupt einmal der Anfang gemacht wird. Und das dürfte kaum eine Frage der Intelligenz (des Schülers!) sein.
Um die eigenen Prinzipien auch in der Darstellung hier zu realisieren, sei der Bezug zum vorangegangenen Kapitel kurz hergestellt.
Wenn der Schüler in der Lage sein soll, zwischen den vorhandenen Begriffen Beziehungen zu entdecken, dann muß seine subjektive Organisationstendenz auf dieses Ziel hin eingestellt sein. Bei der Abfrage im Langzeitspeicher darf also nicht so gesucht werden, daß aufgrund äußerlicher Etikettenähnlichkeit weitere Begriffe „nachgezogen" werden, sondern die Verknüpfung, die die weiteren Einfälle provoziert, muß auf den begriffsrelevanten Dimensionen liegen. Und die Beziehbarkeit zwischen Begriffen sollte – bereits bei der Enkodierung – zu den wesentlichen Dimensionen eines Begriffes gehören. Ist dies erst einmal zu einer „Gewohn-

heit", zu einer überdauernden Tendenz des lernenden Individuums geworden, dann bedarf es bald keiner besonderen Bemühung auf seiten des Lehrers oder des Schülers mehr, diesen Akzent zu setzen.

*Erläuterung:*

Man kann zu dem Stichwort „30jähriger Krieg" Einfälle produzieren wie diese: 1618–1648, Wallenstein, Tilly, Schlacht am Weißen Berge usw. Man kann aber auch assoziieren: Söldnertruppen, Religionskriege, Hexenprozesse, Dezimierung der Bevölkerung u. ä.
*Oder:* Zu dem Reizwort „Lerntheorie" könnte dem Prüfling einfallen: Pawlow, Thorndike, Tolman, Köhler. Er könnte aber auch denken an: Bekräftigung, kognitive Matrix, Einsicht, kognitiver Konflikt.
Die Kodierungen der ersten Art haben solange rein zufälligen Charakter, als sie nicht ihrerseits einen relativ präzisen Bedeutungshof haben. Sie sind nicht begriffsrelevant und stehen untereinander in keinerlei Beziehung. Die Einfälle der 2. Art dagegen stützen und differenzieren sich gegenseitig. Fallen sie überhaupt ein, dann ist dies schon ein Indiz für ein gewisses Verständnis.

Selbstentdeckte Beziehungen zwischen den Begriffen (Regeln) haben nach den bisherigen Erfahrungen die Tendenz, besser behalten zu werden, einen höheren Transfer-Effekt zu gewährleisten und die kognitive Aktivierung der Schüler (Interesse, intrinsische Motivation, Ausdauer und Engagement) zu erhöhen (vgl. NEBER 1973). Solange die Methode des entdeckenden Lernens nicht verabsolutiert und übertrieben wird (wie es bis vor kurzem in den USA zu sein schien), dann dürfte sie – als Unterrichtsprinzip – eine der effektivsten sein. Entdeckung durch den Schüler schließt übrigens vorsichtige Lenkung durch den Lehrer nicht aus.

*Aufgabe B 3.2:*
Wenn Sie die vorangegangenen Kapitel aufmerksam gelesen und auch verstanden haben, müßten Sie eigentlich in der Lage sein, Beziehungen zwischen einigen Begriffen, die bisher eingeführt wurden, selbst zu ‚entdekken'.
Versuchen Sie, jeweils einen Begriff oder ein Phänomen zu benennen, das die folgenden Begriffspaare sachlogisch verbindet:
a) Lernen – Denken
b) Akkommodation – Entdecken
c) Begriffsbildung – Transfer

d) Intelligenz – Operation
e) Abrufsignal – Eselsbrücke
f) Anwärmeffekt – Lerneinstellung
g) Akkommodation – Vergessen

*Zur Ergänzung und Vertiefung:*

Neber 1973, darin vor allem Bruner, S. 15 ff, Worthen S. 221 ff. Suchman S. 247 ff.
Heinelt 1974, Brunnhuber/Czinczoll 1974.
(vgl. hierzu auch das amüsante Kartenspiel „Eleusis“ von R. Abbott, das in Hochkeppel 1973 S. 126 vorgestellt wird!)

## 3.3 *Problemlösen*

Mit dem Verhaltenstypus „Problemlösen“ sind wir an der Spitze unseres hierarchischen Lernmodells (im Sinne von GAGNÉ) angekommen. Das Bewerten (Evaluation) könnte man dem noch überordnen, doch wollen wir uns damit nicht mehr befassen. Welchen Sinn soll aber das Problemlösen für schulisches Lernen haben? Im Bereich der Schulstoffe gibt es keine Probleme für den Schüler zu lösen. Was die Wissenschaft nicht gelöst hat, wird doch wohl der Schüler nicht lösen können. Ist Problemlösen im Unterricht nicht Zeitvergeuden durch unproduktives Sandkastenspiel? Ein Pseudoanspruch, der nie zu bewältigen ist?
Selbst wenn man den Standpunkt vertreten würde, der Schüler habe die von den Experten gelösten Probleme, also die Forschungsergebnisse der Wissenschaften, zur Kenntnis zu nehmen, optimal zu verarbeiten und am richtigen Platz später wieder einzusetzen, so bleibt für den Schüler doch ein Problem, dessen Lösung ihm niemand abnehmen kann: Er hat – nach der Schulzeit – sein eigenes Leben zu bewältigen, und zwar unter Umständen und in Situationen, die wir heute noch nicht kennen und für die – prinzipiell – keine Lösungsvorschläge bereitliegen können. Das allein, neben vielem anderen, berechtigt uns, den Prozeß des Problemlösens auch im schulischen Lernen zu akzentuieren.

*Erläuterung:*

Um Mißverständnissen vorzubeugen, ist noch eine begriffliche Klarstellung notwendig. Der naive Laie versteht Problemlösen als den praktischen Einsatz, die Anwendung gelernten Wissens im konkreten Bedarfsfall. Wir aber verstehen Problemlösen als einen Teil

des Lernprozesses selbst: Der Lernende ist, während er ein Problem löst, noch „im Lernen“, denn er geht fähiger aus dem Prozeß hervor, als er hineingegangen ist. Dabei bleibt es relativ nebensächlich, ob er die Lösung des Problems gefunden hat oder nicht; das ist mehr eine Sache der relativen Problemschwierigkeit als der Aktivität des Lernenden. Die richtige Lösung könnten wir dem Schüler ja leicht sagen, aber um sie geht es gar nicht. Es geht um die Methode (die Strategie, die Art und Weise), *wie* man unter bestimmten Bedingungen zum Erwerb neuen Wissens und zu neuen Einsichten gelangen kann.
Das Argument mancher Gegner von entdeckenden und problemlösenden Lehrmethoden, daß man viele Stoffe vom Schüler gar nicht entdecken oder selbst finden lassen könne, zielt am eigentlichen Anliegen vorbei. Insoweit ist Problemlösen nicht Methode, sondern Lernziel.
Es ist Methode, soweit es *am* und *im* vorgeschriebenen Lehrstoff geübt, demonstriert und praktiziert wird. Natürlich kann es nur episodenhaft geübt werden und nicht permanent.

Worin liegt der Unterschied zwischen Problemlösen und dem zuvor besprochenen Regellernen oder dem Begriffslernen? Zunächst ist zu sagen, daß eine begrifflich und phänomenal exakte Abgrenzung nicht möglich ist. Hat man die Aufgabe, eine Regel zu finden oder einen Begriff zu bilden, dann ist dies das Problem, das zu lösen ist. Stets wird aber das Ziel relativ klar ansprechbar sein.

> *„Ein Problem sei dann gegeben, wenn ein Individuum ein bestimmtes Ziel erreichen will, jedoch nicht weiß, wie es zu diesem Ziel gelangen kann... Das Individuum sieht sich einem Hindernis, einer Barriere, einer Schwierigkeit gegenüber, für deren Überwindung die ihm zur Zeit verfügbaren Mittel und Maßnahmen nicht ausreichen“* (SÜLLWOLD IN GRAUMANN 1969, S. 273).

Problemlösen wird in der Literatur oft mit produktivem Denken (und dies mit Denken schlechthin) gleichgesetzt, so vor allem bei WERTHEIMER, DUNCKER und MEILI. Dies ist dann berechtigt, wenn es im Verlauf des Problemlösens zu Neuorganisationen und Umstrukturierungen und damit zu *neuen* Einsichten kommt. Nur in diesem Sinn wollen auch wir von Problemlösen sprechen und damit all die Aufgaben ausklammern, bei denen bereits bekannte Methoden und Regeln lediglich zum Einsatz gebracht werden. Die meisten der Rechenaufgaben in unseren Schulbüchern wären demnach keine Problemlösungsaufgaben.

### 3.3.1 Problemlösen als Prozeß

Sie verstehen das Nachfolgende besser, wenn Sie sich zuvor selbst einer Problemlösungsaufgabe unterziehen und sich dabei beobachten:

*Aufgabe B 3.3.:*
Aus 10 nebeneinanderliegenden Streichhölzern sind fünf Kreuze zu bilden:
Ausgangslage: I I I I I I I I I I
Endlage: X X X X X
Dabei sind folgende Regeln einzuhalten: Ein Hölzchen muß stets zwei andere überspringen und auf das dritte aufgelegt werden. Ein bereits angelegtes Kreuz gilt als zwei Hölzchen.
Es gibt übrigens 48 richtige Lösungen. Durch schlichtes Probieren haben Sie eine Chance von 0,7%, eine dieser Lösungen zu finden (HOCHKEPPEL 1973, S. 65).

Versuchen Sie, nach der Lösung dieser Aufgabe die Phasen des Lösungsprozesses bei sich selbst zu erinnern.

In der Literatur (s. SÜLLWOLD in GRAUMANN 1969, S. 277) werden meist drei Phasen des Problemlösungsverhaltens unterschieden:

(1) *Versuch-und-Irrtum-Phase*
Es handelt sich in diesem Stadium um ein relativ (!) „blindes" Probieren (nicht total, wie bei THORNDIKE!), d. h., es werden – realiter oder in der Vorstellung – Handlungen ausgeführt, deren Notwendigkeit oder Nützlichkeit zunächst nicht feststeht. Wir würden dieses Probieren wohl besser als Orientierungsverhalten (s. Teil C, Kap. 1.3) kennzeichnen. Mehr oder weniger willkürlich werden Teile der Problemsituation miteinander in Verbindung gebracht. Der immanente Zweck dürfte es meist sein, dadurch auf innere Gesetzmäßigkeiten und Regeln zu stoßen. Kommt man in dieser Phase schon zur Lösung, dann gelingt es meist nicht, den Gang zu wiederholen. Diese trial-and-error-Phase tritt regelmäßig (auch bei intelligenten Vpn.!) dann auf, wenn das Problem komplex und seine Struktur auf den ersten Blick nicht durchschaubar ist.

(2) *Plötzliche Reorganisation,* auch Einsicht oder Umstrukturieren genannt: Die bis dahin bestehende Konfusion ist plötzlich beseitigt. Man „ahnt" mehr das Verstehen und ist subjektiv überzeugt, daß man die Lösung bald finden wird. Der Moment der Einsicht ist „begleitet von einem Erregtsein und einem Gefühl der Erleichterung und der Befreiung. Im Augenblick der Reorganisation erlebt sich das Individuum oft

als passiv und rezeptiv" (SÜLLWOLD a.a.O. S. 278). Bisweilen kann man zwischen der ersten und der zweiten eine Übergangsphase beobachten, die von DE BONO (1971) recht bildhaft als ‚laterales' Denken bezeichnet wurde: Fixiert man den ‚Blick' der Aufmerksamkeit nicht auf den Punkt der scharfen Wahrnehmung, dann ist man offener für Einfälle, die ‚neben' der möglicherweise blockierenden und vordergründigen Sichtweise liegen.

(3) *Schrittweise Analyse:* „Die Aufmerksamkeit ist auf die Erfordernisse des erstrebten Ziels, auf die spezifischen Merkmale und Forderungen dessen, was erreicht werden soll, konzentriert. Die Erkenntnis des Lösungsweges, das Verstehen der Lösungsoperationen entwickelt sich hier allmählich, Schritt für Schritt" (a.a.O.).

Wir wollen hier – der Vollständigkeit wegen – auch die fünf Stufen, wie sie J. DEWEY zeichnet, anführen (über die pädagogische Relevanz ist bisher noch nichts bekannt):

(1) – Man begegnet einer Schwierigkeit
 (a) Mittel und Ziele stehen nicht in Einklang
 (b) Die Bedeutung des Gegenstandes muß erkannt werden
 (c) Ein unerwarteter Vorgang muß erklärt werden
(2) – Abgrenzung der Schwierigkeit
(3) – Das Entstehen einer möglichen Erklärung oder Lösung
(4) – Rationale Durcharbeitung einer Idee
(5) – Eine Idee wird bestätigt und endgültig angenommen

(DEWEY in GRAUMANN 1969, S. 116ff.).

### 3.3.2 *Das Umstrukturieren und die Bedeutung von Hinweis-Signalen*

Die Umstrukturierung ist, wie wir bereits im theoretischen Teil (A 2.2) gesehen haben, ein zentraler Begriff für das Lernen durch Einsicht. Auch die Wirkung von Hinweisreizen in der Wahrnehmung kam im Zusammenhang mit den KÖHLERschen Affenversuchen schon zur Sprache. Der Leser wird gebeten, dort noch einmal nachzuschlagen.

Umstrukturieren ist die Veränderung der Betrachtungsweise, wobei die Elemente des Gegenstandes in eine andere Beziehung zueinander treten als sonst oder zuvor üblich:

„Nachteile = nächtlicher Bewegungsdrang
Backbord = Ablagebrett für Teigwaren" (aus: HÖR ZU)

Um die Wirkung des Umstrukturierens zu demonstrieren, werden häufig die sogenannten Kippfiguren verwendet.

Figur-Grund-Wahrnehmung als aktiver Prozeß. Je nach Betrachtungsweise erblickt man zwei Profile oder eine Vase *(Rubin)*.

Das Hauptprinzip dabei ist die mehr oder weniger plötzliche Vertauschung von Figur und Grund: Was vorher das „Gemeinte", die Hauptsache war, wird jetzt zum Hintergrund, und umgekehrt. Dieses „Kippen" erfolgt bei verschiedenen Personen verschieden schnell und verschieden leicht. Manche Menschen setzen diesem Umkippen einen erstaunlichen Widerstand entgegen; von einer einmal bezogenen Sichtweise können sie sich nur schwer wieder lösen (Perseveration). Andere „kippen" so leicht (oszillieren), daß ihnen das Verweilen und das Identifizieren des einen wie des anderen Aspekts schwer fällt, doch dürfte dies die Ausnahme sein. Es handelt sich also beim Umstrukturieren um eine Änderung des Betontheitsreliefs. Sie ist bei den meisten Problemaufgaben geradezu eine Vorbedingung zur Lösung, ja manchmal die Lösung selbst.
Ein in psychologischen Lehrbüchern immer wieder gern zitiertes Beispiel für dieses Umstrukturieren ist die folgende Aufgabe:

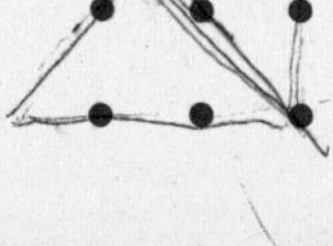

Sie sollen diese neun Punkte, ohne abzusetzen, mit vier geraden Linien berühren bzw. überfahren. Kein Punkt darf zweimal überfahren werden. Probieren Sie es erst, bevor Sie weiterlesen!

---

Eine Lösung ist nur dann in Sicht, wenn Sie sich von dem Gedanken freimachen können, daß es sich hier um ein Quadrat handele. Es ist nämlich nirgends verlangt, daß Sie Ihre Linien nicht auch über einen der Eckpunkte hinaus verlängern dürfen. Versuchen Sie die Lösung nach dieser Information noch einmal!

---

Fügen Sie, bevor Sie zu zeichnen beginnen, den drei Punkten der oberen Reihe einen vierten Punkt rechts an – mit gleichem Abstand wie die übrigen Punkte.
Tun Sie dasselbe mit der linken senkrechten Reihe, setzen Sie also einen vierten Punkt unter die drei linken Punkte. Beginnen Sie jetzt an der rechten unteren Ecke, fahren Sie diagonal nach links oben, dann nach rechts bis zu dem neu gesetzten Punkt, von hier aus schräg hinunter zu dem links unten gesetzten Hilfspunkt und schließlich senkrecht nach oben.

In dieser Aufgabe wird sehr deutlich, wie wichtig für das Finden einer Lösung das Zerschlagen einer alten oder sehr aufdringlichen Wahrnehmungseinstellung ist. Es wäre sicher recht reizvoll, wenn man die häufig in Illustrierten oder Rätselheften abgedruckten Problemaufgaben einmal daraufhin analysieren würde, wie die ursprüngliche Struktur oder Gestalt, die es zu zerschlagen gilt, beschaffen ist. Vermutlich müßte man diesen Weg auch gehen, wenn man für schulischen Unterricht Problemaufgaben stellen und die Möglichkeit der Lösung für die Schüler abschätzen möchte.
So könnte man sich etwa fragen:

1. Welches ist wohl das aufdringliche und naheliegende Denk-Schema, in dem die Schüler befangen sind und das den Blick für die Lösung verbaut?
2. Wie, d. h. durch welche Hilfen oder Andeutungen kann ich den Schüler aus dieser Befangenheit befreien?
3. Wie kann ich die Endgestalt, die zur Lösung führt, unauffällig anbieten?

### 3.3.3 Hilfen beim Problemlösen

Katona hat eine Reihe von Problemlösungsaufgaben einer viel zitierten genauen Analyse unterzogen und dabei untersucht, welche der möglichen Hilfen des Versuchsleiters den besten Behaltenserfolg resp. den höchsten Transfer-Effekt für nachfolgende ähnliche Problemaufgaben darstellen:

Gegeben ist ein Streichholz-Problem der folgenden Art:

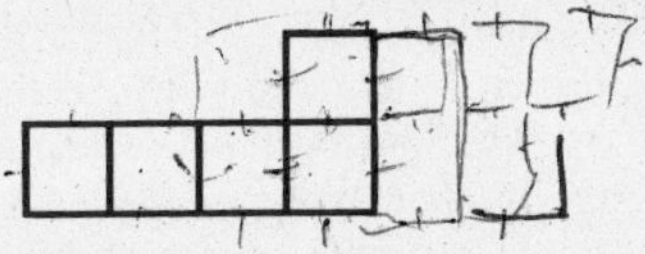

Durch Umlegen (nicht Entfernen) von genau drei Streichhölzern ist die Figur so zu verändern, daß aus den gegebenen fünf Quadraten vier werden.

Es werden nun – neben einer Kontrollgruppe, die ohne Vorübung sofort an die Prüfungsaufgaben geführt wird – systematisch vier Methoden der Hilfestellung variiert:

(1) *Memorieren:* Der Vl. legt vor den Augen der Vp. langsam ein Streichholz nach dem anderen an den von der Lösung verlangten Platz. Dies wird 5mal vorgemacht und dann mit leicht variierter Ausgangslage weiter wiederholt.

(2) *Vorgabe des Prinzips:* Es wird erläutert, daß Hölzer mit doppelter Funktion (die also gleichzeitig zu zwei Quadraten gehören) in solche Positionen überzuführen sind, wo sie nur ein Quadrat begrenzen.

(3) *Einsicht in die Problemstruktur:* Es wird ein Operieren mit dem visuell Gegebenen demonstriert. Wenn man nämlich ein bestimmtes Holz wegnimmt, wird die ganze Figur „aufgebrochen", es werden Löcher in der Figur aufgerissen, während einige Quadrate erhalten bleiben. Der Akzent liegt hier also auf dem Zerstören von Quadraten und nicht (wie bei 2) auf der Funktion der Hölzer (= deduktive Lösung).

(4) *Regel finden:* Es werden – im Sinn der Variante (3) – fortlaufend Beispiele geboten bei verschiedenen Ausgangsfiguren, indem an der Tafel (!) jeweils ganze Quadrate bewegt und anschließend die nötigen Hölzerkorrekturen durchgeführt werden:

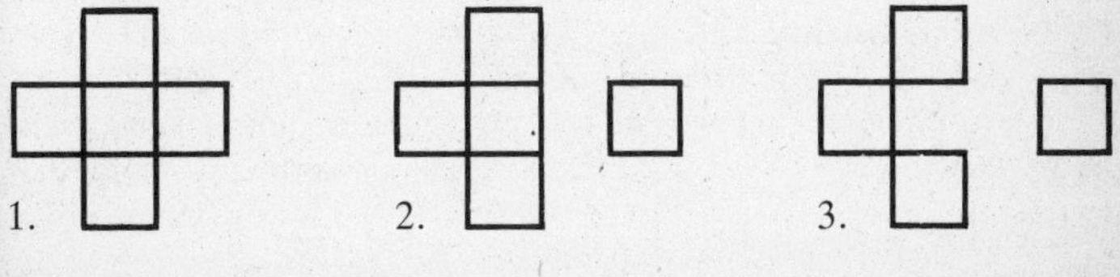

Regeln o.dgl. werden nicht verbalisiert, aber der VL. sagt etwa: „Bitte achten Sie genau auf das, was ich tue, und versuchen Sie es zu verstehen!" Nach jedem vollzogenen Schritt wird 30 Sekunden gewartet. Die Vp. hat damit Zeit, sich ihre eigenen Hypothesen über die Gesetzmäßigkeiten zu bilden (= induktive Lösung).

Für alle Übungsvarianten stand die gleiche Zeit (8 Minuten) zur Verfügung. Die Prüfung bestand jedesmal aus einer bereits bekannten und drei neuen Aufgaben. Das Memorieren (1) brachte signifikant die schlechtesten, das selbständige Regelfinden (4) die besten Resultate.

Ein interessantes Nebenergebnis ist noch festzuhalten: Die Memorier-Methode (Vor- und Nachmachen) wurde so variiert, daß das Problem in eine anschauliche, lebensnahe Form eingekleidet wurde: Aus einer Hütte, die aus 4 Zimmern besteht, sollen durch Umstellen von 3 Wänden fünf Räume entstehen. Dies dürfte etwa die Art sein, wie in unseren Rechenbüchern die Aufgaben „sinnhaltig" und lebensnah gemacht werden. Selbstverständlich brachte diese Modifikation keine Leistungsverbesserung in der Memoriergruppe. Es geht beim einsichtigen Lernen eben nicht darum, einem Material *irgendeinen* Sinn oder eine Anschaulichkeit zu verleihen, sondern Sinn und Lebensnähe müssen in der Struktur des Problems liegen. Sind sie strukturfremd aufgepfropft, lenken sie ab und stören (vgl. hierzu BERGIUS 1963, S. 303–312).

Der Versuch zeigt folgendes: In bezug auf den Lernerfolg beim Problemlösen kommt es nicht darauf an, *daß* das Problem gelöst wurde, sondern auf welchem Weg man zur Lösung zu kommen versucht hat. Es gibt Wege, die übertragbar sind, und solche, die nur in dem einen, geübten Problem zum Ziel führen, sonst aber steril sind. Hat man die Regel, die zum Ziel führt, selbst gefunden, dann ist sie übertragbarer, als wenn man sie genannt bekam.

Es seien hier – schlagwortartig – einige weitere Hilfen für das Problemlösen aufgezählt, wie sie in der Literatur, oft sehr verstreut, zu finden sind. Solange sie nicht schematisch, sondern im richtigen Kontext richtig verstanden angewendet werden, können sie für Lehrer wie Schüler sehr hilfreich sein.

(1) Problemsichtigkeit (Sensibilität für Probleme) erzeugen. (Stimmt das überhaupt? Kann das überhaupt sein?
Könnte es nicht auch anders sein? Spannungen wirken lassen, Barrieren nicht abräumen, Paradoxien anbieten, zum Widerspruch provozieren.)

(2) Durchbrechen von konventionellen Ansätzen und Sichtweisen. (Man könnte das auch anders sehen, machen, verstehen! Dreieck, Parallelogramm in verschiedener Raumlage, Verfremdung von Bekanntem.)

(3) Keine einzelne Methode überlernen (vgl. LUCHINS!). Keine zu starren Lern-Einstellungen aufkommen lassen. (Wer findet das Ergebnis auch auf andere Weise? Nicht auf einer Methode beharren, starres Regeldenken abbauen.)

(4) Scheinbar (!) Unzusammengehöriges in Beziehung bringen. (Prozentrechnen und Bruchrechnen, Anomalie des Wassers und Leben der Fische, Geldwertstabilität und Demokratie, Fläche bei Dreieck und Volumen bei Pyramide, „das Gift“ und „the gift“.)

(5) Vermutungen und Hypothesen der Schüler nicht blockieren durch zu frühe Kritik. („Brain-storming“, keine (!) Antwort eines Schülers ist falsch innerhalb *seines* Denkprozesses.)

(6) Hinweis-Signale bereitstellen.
(Visuelle Hilfsmittel, nebenher eingestreute Bemerkungen u. dgl., die den Weg zur Umstrukturierung unauffällig anzeigen, aber nicht das Ergebnis vorwegnehmen!)

(7) Zeit zum „Probieren“ lassen, Leistungsdruck suspendieren. (Streß erzeugt Perseveration und vermindert Flexibilität, Ängstliche brauchen noch mehr Zeit, Ehrgeiz und ichhafte Einstellung erschweren das Umstrukturieren.)

(8) Phasen der Lockerung und Entkrampfung einfügen. (Humor lockert, bei Klassenarbeiten mechanisch zu lösende und Problemaufgaben mischen.)

(9) Die eigenen Strategien reflektieren lassen. (Wie hast du das gemacht? Mehrere Lösungen nebeneinanderstellen und vergleichen, Kritik ohne Abwertung.)

(10) Das Entdecken eines Problems höher bewerten als seine Lösung.
(Nicht die richtigen Antworten sind Ziel des Unterrichts, sondern die produktiven Fragen. Nach Abschluß einer Unterrichtseinheit die noch offenen Fragen in den Raum stellen. Kritisches Denken honorieren.)
(Vgl. auch Joerger 1975.)

*Zur Ergänzung und Vertiefung:*

Skowronek 1971, Kapitel 6.
Oerter 1971, Kapitel 2.1.
Skowronek 1970, Kapitel 6.
Einzelne Beiträge aus Graumann 1969, (insbesondere Claparède, 2.1, Luchins 3.2, Birch/Rabinowitz 4.4, Maier 4.3).
Als Monographie:
Seisenberger, G.: Problemlösen im Unterricht, München 1974.
Mit theoretischer Zielsetzung:
Dörner, D., Die kognitive Organisation beim Problemlösen, Bern 1974.

# Teil C

# Innere und äußere Bedingungen des Lernens

## 1. Motivation

Um möglichen Mißverständnissen vorzubeugen: Was hier folgt, ist kein Abriß der psychologischen Motivationslehre. Wir behandeln Motivation hier nur unter dem Aspekt schulischen Lernens. Trotzdem konnten wir nicht den Terminus Lernmotivation als Überschrift wählen, weil dieser Begriff im psychologischen Sprachgebrauch in einem engeren Sinn festgelegt ist (vgl. Kap. 1.2).
Wie wir bereits im theoretischen Teil (A) gesehen haben, spielt der Motivationsbegriff in der Lernpsychologie eine recht zwiespältige Rolle. In manchen Theorien ist Motivation eine Grundvoraussetzung allen Lernens (Thorndike und Skinner), in anderen Theorien dagegen wird sie überhaupt kaum erwähnt (Pawlow und Piaget). Jedenfalls ist die im pädagogischen Bereich so beliebte Formel „Kein Lernen ohne Motivation“ eine allzu grobe Verkürzung, die den Tatsachen nicht gerecht wird, wie wir bereits bei Tolman gesehen haben. (Es gibt Autoren, die den ganzen Motivations-Begriff für überflüssig und entbehrlich halten, vgl. Kelly in Thomae 1971.)
Die Frage nach der Motivation im weitesten Sinn ist die Frage nach dem Warum menschlichen Verhaltens: Warum tut eine Person gerade dies und nichts anderes? Diese Frage setzt zumindest eine gewisse Freiheit menschlichen Verhaltens voraus, eine völlige Determiniertheit aufgrund von Umweltreizen würde die Frage sinnlos machen.
Die einfachste Antwort, über die man sehr lange nicht hinausgelangte, war die: Ein Mensch tut dies, weil er gerade dies und nichts anderes tun *wolle*. Man unterschob dem Tun eine Instanz als Ursache (Wille, Trieb, Antrieb, Interesse, Bedürfnis), die man nach dem mutmaßlichen Ziel der Handlung benannte (Wille zur Macht, Sexualtrieb, Interesse an Musik, Geltungsbedürfnis). Der Zirkel, der in dieser Konzeption liegt, ist tatsächlich gefährlich. Solange man diese Instanz als etwas Reales, Überdauerndes, dem Individuum Innewohnendes versteht, wird die zuvor geforderte Freiheit

wieder aufgehoben: Der Mensch handelt so, wie es ihm von dieser Instanz diktiert wird. Ersetzt man die Vorstellung einer real existierenden Instanz durch den Begriff Tendenz, so wird zwar auch nichts „erklärt", aber gerade dies wird deutlich: Wie kommt es zu einer (überdauernden) Verhaltenstendenz bei einem Individuum? Was Motivation ist, wissen wir nicht. Aber wir können in der Beobachtung menschlichen Verhaltens eine Gruppe von Eigenschaften aussondern, für die als Oberbegriff der Terminus Motivation eingeführt worden ist:

- Verhalten wird – oft ohne äußere Ursache – in Gang gesetzt.
- Verhalten verfolgt eine definierbare Richtung.
- Verhalten führt zu einem definierbaren Ende, das seinerseits die Richtung des Verhaltens bestimmt.

> *Motivation ist demnach die Bezeichnung für eine Gruppe von im einzelnen unbekannten Faktoren, die Verhalten in Gang setzen, in seiner Richtung steuern und zu einem befriedigenden Abschluß führen.*

Der so verstandene Motivationsbegriff umgreift offensichtlich innere und äußere Faktoren:

- Die inneren Faktoren, die also ihren Ort im einzelnen Individuum haben und die jeweiligen Handlungen des Individuums überdauern, nennt man *Motive* (= „überdauernde Anliegen").
- Treten die Motive mit äußeren Bedingungen der Situation in *Interaktion,* werden sie also in einer konkreten Handlung aktualisiert, so spricht man von *Motivation.*
- Besonderheiten der jeweils aktuellen Situation wirken *motivierend,* wenn und insoweit sie die überdauernden Motive einer Person anregen.

Man pflegt drei Wirkweisen der Motivation zu unterscheiden, die alle für schulischen Unterricht in gleicher Weise relevant sind:
*A*KTIVATION – energetisierend, antreibend
*A*KZENTUIERUNG – selegierend, sensitivierend (vgl. B. 1.1)
*A*NTIZIPATION – zielansteuernd, lenkend

*Erläuterung:*

Ein im pädagogischen Bereich oft anzutreffender Sprachgebrauch ist geeignet, Verwirrung zu stiften und den gemeinten Sachverhalt zu verzerren.
Es heißt oft, der Lehrer müsse *die Schüler motivieren.*

Motivierung und Motivation werden als psychologische Termini aber in der Regel nur *intransitiv* gebraucht; d. h., man kann zwar sagen: ‚Ich bin motiviert', aber nicht: ‚Ich motiviere einen anderen'. Gefährlich ist diese Formulierung deswegen, weil dabei stillschweigend mitgedacht wird, man könne den Schüler durch irgendwelche Manipulation derart verändern, daß er für etwas motiviert sei, wofür er es zuvor nicht gewesen war.
Etwas anderes ist es natürlich, den Unterricht so zu gestalten, daß die (bereitliegenden) Motive der Schüler angeregt oder ihre Bedürfnisse befriedigt werden. Aber verändert oder erzeugt werden die Motive wohl kaum durch die Aktivität des Lehrers.
Nun können Motive allerdings auch gelernt werden, wie wir unten sehen werden, doch ist dies ein langwieriger Prozeß, der nicht in die Größenordnung einer Unterrichtseinheit fällt.
Ebenso gefährlich ist es, von einer ‚*Stufe* der Motivation' zu sprechen, wenn man damit ein zeitlich abgrenzbares Stadium im Unterrichtsablauf meint.
Bei einer solchen Redeweise wird der richtende und zielansteuernde Aspekt der Motivation vernachlässigt und der ingangsetzende Aspekt überbetont. Motivation muß in jedem Stadium des Unterrichts in gleicher Weise vorhanden sein und Ablenkung oder Abschweifung bis zum Ende verhindern können. Es geht bei der Motivation nicht um eine Aktivierung schlechthin, sondern um eine Aktivierung im Dienste einer ganz bestimmten Sache.

## 1.1 *Einteilung der Motive*

Um eine gewisse Ordnung in unser Wissen um das Motivationsgeschehen zu bringen, hat man versucht, die identifizierbaren Motive menschlichen Verhaltens nach verschiedenen Gesichtspunkten zu ordnen. Folgende Einteilungen sind die häufigsten (Motiv und Bedürfnis wird im folgenden synonym gebraucht):

- *nach der Entstehung des Motivs:*
  primäre und sekundäre Motive
- *nach der Orientierungsrichtung:*
  intrinsische und extrinsische Motivation
- *nach Inhaltsbereichen:*
  physiologische Bedürfnisse
  emotional-affektive Bedürfnisse
  soziale Bedürfnisse
  kognitive Bedürfnisse.

### 1.1.1 Primäre und sekundäre Bedürfnisse

Diese Einteilung ist identisch mit der nach angeborenen und erworbenen Bedürfnissen. Ohne Zweifel gibt es Bedürfnisse, es sind zunächst sicher die physiologischen, die dem Lebewesen angeboren sind: Hunger, Durst, Sauerstoffbedarf, Schlafbedürfnis u.a. Bei anderen nimmt man eine angeborene Grundausstattung an, die aber durch Lernprozesse vielfältig modifizierbar sind; oft ist hier der Begriff Instinkt angemessen, wie etwa bei der Sexualität oder beim Brutpflegeinstinkt („Mutter-Instinkt"). Die Meinungen der Forscher gehen oft sehr weit auseinander in bezug auf die Frage, ob und inwieweit ein „Trieb" angeboren oder (früh) erworben sei. Meist trifft man auf eine Zusammenstellung der sogenannten Selbst- und Arterhaltungstriebe, die man aufgrund darwinistischer Ableitung für notwendig angeboren hält, doch ist dies letztlich wenig zwingend:
- Nahrungstrieb
- Sexualität
- Angst
- Exploration (Neugiertrieb).

Je nachdem, wie man die Mechanismen der Arterhaltung interpretiert, wird auch ein „Aggressionstrieb" als angeboren betrachtet (K. LORENZ).

Für uns im Bereich schulischen Lernens ist die Frage nicht sehr relevant, solange anzunehmen ist, daß bestimmte Bedürfnisse schon sehr früh und auch von (nahezu) allen Menschen erworben zu werden pflegen.

Daß dies möglich ist und auf welche Weise es vonstatten gehen kann, zeigt sehr anschaulich das bekannte Experiment mit dem *„Schimpansomaten"* von WOLFE (vgl. FOPPA 1969, S. 92): Schimpansen hatten – nach THORNDIKE – gelernt, aus einem Automaten sich durch Münzeinwurf Trauben zu verschaffen. Nach einer gewissen Zeit der Übung sind ihnen die Münzen ebensoviel wert wie die Trauben, da sie ja diese durch jene erhalten. Danach kann man neue Experimente machen, in denen man gewünschtes Verhalten *nur* noch mit Münzen bekräftigt. Das funktioniert (für eine gewisse Zeit) auch dann noch, wenn der traubenspendende Automat nicht mehr vorhanden ist. Die Affen sind „geldgierig" geworden.

Wir kennen das Prinzip bereits aus der Lehre PAWLOWS. Es handelt sich um die Reizsubstitution oder um das klassische Konditionieren, bei dem Erwartungen oder Emotionen von einem Objekt auf

ein anderes übertragen werden (vgl. auch MOWRERS Signallernen, Kapitel A 3.1). Auf diese Weise könnten theoretisch bei jedem Individuum beliebige Bedürfnisse oder „Triebe" gezüchtet werden, die anschließend von dem primären Bedürfnis völlig unabhängig existieren (Funktionelle Autonomie der Motive, ALLPORT in THOMAE 1971). Die Werbepsychologie macht sich dieses Prinzip in der sogenannten „Bedürfnis-Weckung" zunutze. Bekräftigt man ein Verhalten aufgrund eines solchen sekundären Bedürfnisses, so spricht man von *sekundärer Bekräftigung*.
Daß solche sekundären Motive den Löwenanteil menschlicher Motivation ausmachen, liegt auf der Hand. Trotzdem dürfte es eine Illusion sein zu glauben, daß der Lehrer einen wesentlichen Einfluß auf das Entstehen sekundärer Bedürfnisse nehmen kann, wenn man einmal längerfristige Vorbildwirkung und das eigene Engagement an bestimmten Fragekreisen ausklammert.

### 1.1.2 Intrinsische und extrinsische Motivation

Streng von der vorangegangenen Einteilung zu trennen ist diejenige nach der Orientierungsrichtung des Individuums in seiner Motivation.
Man kann eine Sache um ihrer selbst willen tun oder anstreben (intrinsisch), oder man kann sie verfolgen, weil dies für die Erreichung eines anderen, höher gestellten oder akuteren Ziels notwendig erscheint (extrinsisch). Die beiden Wörter stammen aus dem Lateinischen: intrinsecus = von innen, extrinsecus = von außen. Die Unterscheidung ist vor allem deswegen von großer Tragweite, weil sie die ganze schulische Bekräftigungspraxis durchsichtiger und gezielter machen kann.
Hierzu zwei Beispiele:
(1) Ein Schüler müht sich in einem physikalischen Experiment ab, weil er einfach wissen möchte, wie die Sache funktioniert. Nachdem das Problem einmal erfaßt wurde, wirkt es als solches motivierend.
(2) Ein Schüler möchte das Abitur bestehen. In den Dienst dieses Zieles stellt er seine ganze Ausdauer, und er beschäftigt sich deshalb auch intensiv mit Physik, obwohl er dieses Gebiet nicht eigentlich mag.
Zunächst wollen wir festhalten (was in diesen Beispielen deutlich werden sollte), worin sich beide Motivationsarten *nicht* unterscheiden:

- Extrinsische Motivation muß *nicht weniger ausdauernd* sein als intrinsische. Wie viele Schüler, die sich intrinsisch z. B. sehr für das Erlernen eines Musikinstrumentes interessieren, verlieren schon bald nach den ersten Schwierigkeiten jedes Interesse; und wie viele zeigen erstaunliche Ausdauer in ihren Bemühungen um einen bestimmten Berufsabschluß – oder auch nur um eine gute Note.
- Der Lernerfolg, etwa ausgedrückt in Schulnoten, ist weitgehend unabhängig davon, ob der Schüler intrinsisch oder extrinsisch motiviert war, wie man an dem Typ des „Strebers" etwa demonstrieren kann.

Der Unterschied liegt vielmehr in folgendem:

- Ist ein Schüler für etwas intrinsisch motiviert, dann ist er weitgehend von Fremdbekräftigung unabhängig. Jedes Fortschreiten in der Sache ist für ihn Belohnung genug; jedes Stagnieren und jeder Mißerfolg allerdings wirkt für ihn auch wie Bestrafung. Intrinsische Motivation erzeugt *Selbstbekräftigung.* Dabei kann es natürlich sein, daß dieses Fortschreiten in der Sache nicht den Weg nimmt, den die Schule in ihren Lehrplänen vorsieht. Intrinsisch motivierte Schüler sind beim Lehrer meist nur solange beliebt, als sie nicht ausscheren. Von Lob und Tadel, von guten und schlechten Noten sind sie weit weniger zu beeinflussen als extrinsisch motivierte Schüler.
- Intrinsisch motivierte Schüler dringen mit jedem Fortschreiten mehr ein in die Struktur der Sache, so wie sie sie verstehen können. Bei extrinsisch motivierten Schülern muß der Lehrer viel stärker die Richtung angeben, in der zu fragen und zu antworten ist. So kommt es auch oft, daß diese Schüler an der Sache vorbeilernen, nicht eigentlich verstehen, sondern mehr mechanisch einprägen.

Nach dem Gesagten ist es zwar durchaus richtig, daß die intrinsische Motivation die wertvollere ist. Ob es allerdings möglich ist, wie oft gefordert wird, extrinsische in intrinsische Motivation überzuführen, bleibt vorerst dahingestellt. Wir kommen bei der Besprechung der kognitiven Bedürfnisse darauf zurück. Jedenfalls muß der Lehrer die Konsequenzen seiner Bekräftigungs-Praktiken deutlich erkennen. Lob und Tadel (in welcher Form auch immer) hat nur insoweit Bekräftigungswert, als der Schüler extrinsisch motiviert ist. Informationshaltige Bekräftigung („richtig" – „falsch", „dieser Weg wird dich in die Irre führen" o. ä.) wirkt nur auf die intrinsische Motivation (soweit nicht Nebeneffekte wirksam werden). Darüber hinaus begünstigt aber auch die Bekräftigung durch Lob und Tadel (Belohnung und Strafe) die extrinsische Motivation der Schüler und mindert die Chance, daß sich intrinsische Motivation aufbaut. Umgekehrt ist im Falle intrinsischer Motivation das Hinzutreten von extrinsischen Verstärkungsversuchen eher hinderlich als fördernd, wie ein berühmt gewordener Versuch von HARLOW zeigt:

*Versuch: „Riegelproblem“:*
Schimpansen lernten ein dreiteiliges mechanisches Problem zu lösen: Ein Scharnier war nur nach Entfernen eines Hakens zu öffnen; der Haken wiederum konnte nur betätigt werden, wenn vorher ein Stift, der ihn blockierte, gezogen wurde. Die Affen beschäftigten sich ohne jede äußere Belohnung auffallend lange, meist bis zur Lösung, mit dem Problem, was auf einen zugrunde liegenden Explorationstrieb zurückgeführt wird. Führte man in dem Versuch jedoch Futter als Belohnung für richtig ausgeführte Schritte ein, so verloren die Tiere das „Interesse“ an der Sache (wurden abgelenkt) und lösten das Problem, wenn überhaupt, in signifikant längerer Zeit (vgl. MITTENECKER in THOMAE 1965, S. 753).

### 1.1.3 Die inhaltliche Seite der Motive

Eine Einteilung der Motive nach ihren Inhalten oder Einsatzfeldern kann nie ganz erschöpfend sein. Sinnvoll wird sie nur dann, wenn den jeweils zusammengefaßten Motiven oder Bedürfnissen auch je gemeinsame Eigenschaften zukommen.

A) *Physiologische Bedürfnisse:*
Es sind dies die körpernahen Bedürfnisse, die nach dem biologischen *Homöostase-Prinzip* arbeiten: Hunger, Sauerstoffbedarf, Wärmehaushalt usw. Der kybernetische Regelkreis (vgl. Thermostat) ist hier das angemessene Modell.

B) *Emotional-affektive Motive:*
Hierher gehören alle „Gefühle“ und Affekte, soweit sie als Motive für bestimmte Handlungsfolgen in Frage kommen: Liebe und Haß, Neid, Dankbarkeit usw., aber vor allem Angst und Furcht als Tendenz zur Vermeidung negativer Zustände. Das Erlernen dieser Bedürfnisse erfolgt – wie erwähnt – auf dem Weg über die Reiz-Substituierung (PAWLOW) und stellte den Bereich des Signallernens bei MOWRER dar (vgl. Kap. A 3.1). Das zugrunde liegende Prinzip ist das Streben nach Lust bzw. die Vermeidung von Unlust.

Die meisten behavioristischen Konzepte (S-R-Theorien) bevorzugten diese Konzeption in der Vorstellung der Reduktion einer Bedürfnisspannung als Grundlage für positive und negative Verstärkung, soweit hierfür nicht die unter A genannten Motive in Frage kommen.

C) *Soziale Motive:*
Dies sind die Motive, die aus dem Zusammenleben der Menschen ihre Valenz erhalten. HECKHAUSEN (Funkkolleg Studienbegleitbrief 3) nennt hier drei große Gruppen, die uns teilweise im nächsten Kapitel noch einmal beschäftigen werden:

(1) Macht-Motiv:
Dies ist das Bedürfnis, unter den Mitmenschen etwas zu gelten, einen bestimmten (und zwar möglichst hohen) Rang einzunehmen, das Bedürfnis, sich gegenüber den anderen zu behaupten und durchzusetzen, Verantwortung zu übernehmen usw. (also Bedürfnis nach *Dominanz*).
(2) Anschluß-Motiv:
Hierunter wird das Bedürfnis verstanden, mit anderen Menschen zusammenzusein, also nach Gesellung; das Bedürfnis (oder die Bereitschaft) sich anzupassen, nachzugeben, auf Führungsanspruch (Dominanz) zu verzichten; ja er spricht sogar von einem Bedürfnis nach „Abhängigkeit“, also der Verantwortung aus dem Wege zu gehen, sich nicht aus der Norm hinauszubewegen, Gleicher unter Gleichen zu sein (also Bedürfnis nach *Konformität*).
(3) Leistungs-Motiv:
Dies ist (nach HECKHAUSEN) das Bedürfnis, einer Idealnorm zu entsprechen, die man sich selbst setzt. Verständlicherweise spielt die Leistungsmotivation eine zentrale Rolle für schulisches Lernen, weshalb wir uns im nächsten Kapitel noch eingehender mit ihr zu befassen haben.

HECKHAUSEN vertritt – zusammen mit anderen Autoren – die Meinung, daß diese drei Motive bei allen Menschen anzutreffen seien, jedoch in der Regel mit verschiedenem Gewicht. Er bringt dafür recht anschauliche empirische Belege. Er sagt: „Der Lehrer strukturiert die soziale Interaktion im Unterricht vor allem durch zwei Dinge:
1. durch *Aufforderungsgehalte*, die er setzt (Forderungssystem),
2. durch *Anreize*, die er als weitere Folgen an Ergebnisse des Schülerverhaltens knüpft (Bekräftigungssystem).

Was die Aufforderungsgehalte betrifft, so neigt z.B. *ein* Lehrer dazu, größtmögliche Anstrengung um den Unterrichtsgegenstand zu fordern" (= Leistungs-Motiv), „ein anderer legt Wert auf kooperatives Arbeiten und harmonische zwischenmenschliche Beziehungen" (= Anschluß-Motiv), „wieder ein anderer stachelt dazu auf, sich individuell zur Geltung zu bringen und sich gegenüber anderen durchzusetzen" (Macht-Motiv).
„... Was die Anreize betrifft, so entsprechen sie den vom Lehrer bevorzugten Aufforderungsgehalten. Der Lehrer reagiert mit positiven Folgen auf solche Verhaltensweisen des Schülers, die den von ihm bevorzugten Aufforderungsgehalten eines Unterrichts entsprechen, und negativ auf solche, die ihnen nicht entsprechen." (HECKHAUSEN in Funkkolleg H. 7, S. 47f).
Auf seiten der Schüler kann wohl eine ähnliche Struktur dominanter Motive erwartet werden. Tatsächlich ließ sich empirisch nachweisen (a. a. O. S. 48ff), daß Lernerfolge der Schüler (im Versuch waren es Studenten) dann signifikant besser sind, wenn eine Entsprechung zwischen den dominanten Motiven bei Lehrern und Schülern besteht. Auf eine scheinbare Unregelmäßigkeit bei der Leistungsmotivation sei hingewiesen und damit die Empfehlung eigener Lektüre verbunden.
Forschungsergebnisse dieser Art dürften geeignet sein, in Zukunft an die Stelle der so unbefriedigenden, weil ideologisch durchsetzten Bemühungen um die Unterrichts- und Führungsstile zu treten.

D) *Die kognitiven Bedürfnisse*
Es handelt sich hierbei um das bereits mehrfach erwähnte Neugierverhalten, den Explorationstrieb oder „Was-ist-das-Reflex", den Orientierungsreflex oder wie immer die Bezeichnungen in den verschiedenen Theorien gewählt werden. Da wir den kognitiven Bedürfnissen ein eigenes Kapitel widmen (1.3), verzichten wir hier auf weitere Erläuterungen.

## 1.2 *Faktoren der Lernmotivation*

Die Bereitschaft des Kindes in der Schule, Lernstoff aufzunehmen, zu verarbeiten und gegebenenfalls wiederzugeben, ist sicher eine Grundvoraussetzung der Effektivität schulischen Lernens. Obwohl man annehmen darf, daß auch ohne eine solche Bereitschaft im Sinne des latenten Lernens (vgl. TOLMAN, Kapitel A 2.1) immer „etwas hängen bleibt", so ist der Lehrer doch gewöhnt, ein gewisses Minimum an Fleiß und Anstrengungsbereitschaft vom Schüler zu fordern. Sicher kann bis zu einem gewissen Grad Intelligenz an die Stelle des Fleißes treten (oder umgekehrt), aber man würde der Bedeutung beider Begriffe nicht gerecht, wenn man sie nur in dieser kompensatorischen Verkürzung sähe. Daß selbst bei bester Intelligenz (etwa als sachstrukturellem Entwicklungsstand) noch immer ein gewisses Maß an Lernmotivation notwendig ist, wird deutlich, wenn man als eine der ersten Auswirkungen dieser Lernmotivation den Grad der Aufmerksamkeit sieht, mit dem ein Schüler dem Unterrichtsgeschehen folgt (vgl. HECKHAUSEN in ROTH 1969, S. 194).

### 1.2.1 Die Formel von HECKHAUSEN

Daß die Motivation, etwas zu lernen, ein sehr komplexes Phänomen ist, liegt auf der Hand. HECKHAUSEN (in ROTH 1969) hat versucht, die einschlägigen Phänomene formelhaft zusammenzustellen: Diese Formel lautet:

$$\text{Mot.L} = (\text{LM} \cdot \text{E} \cdot \text{Ae}) + \text{As} + \text{N} + \text{b}\ [\text{Id} + \text{Zust} + \text{Abh} + \text{Gelt} + \text{Strafv}]$$

Erläuterung der Abkürzungen:

Mot. L = Lernmotivation
LM = Leistungsmotivation (vgl. Kap. 1.1.3 und 1.2.2)
E = Erreichbarkeitsgrad (des gestellten Lernziels)
Ae = Anreiz des (möglichen) Erfolges
As = Anreiz des Sachbereichs (Sachinteresse des Schülers)
N = Neuigkeitsgehalt (der gestellten Aufgabe bzw. der Sache).

Es folgt in der Formel eine Reihe von extrinsischen Bedürfnissen, die u. U. starken Einfluß auf die resultierende Lernmotivation nehmen:

b Id = Bedürfnis nach Identifikation (mit dem Lehrer); gemeint ist vor allem die Vorbildwirkung des Lehrers.
b Zust. = B. nach Zustimmung, also das Bestreben, eine möglichst positive Beurteilung der Person und der Leistung zu erhalten.
b Abh = B. nach Abhängigkeit (vgl. Kap.: 1.1.3)
b Gelt = B. nach Geltung (vgl. Kap.: 1.1.3)
b Strafv. = B. nach Strafvermeidung.

In der Formel wird unterschieden zwischen situativen Variablen, also solchen, die in der Lernsituation bzw. in der gestellten Aufgabe liegen, und solchen, die ihren Ort in der lernenden Person haben, also mehr oder weniger überdauernde Züge des Schülers darstellen.

Situative Variable sind:

- Der Erreichbarkeitsgrad (E): Wird eine Aufgabe vom Schüler als so schwer erlebt, daß ihre Lösung nicht mehr erreichbar scheint, so geht keine Motivierung mehr von der Aufgabe aus. Je leichter die Aufgabe ist, desto lieber nimmt der Schüler sie in Angriff.
- Anreiz des Erfolges (Ae): Ist eine Aufgabe allerdings so leicht, daß ihre Lösung zur Selbstverständlichkeit wird, so bedeutet dies für das subjektive Erleben des Schülers keinen Erfolg. Die Lösung einer schweren Aufgabe ist dagegen stets mit sehr motivierenden Erfolgserlebnissen verknüpft. Je schwerer also die Aufgabe ist, desto reizvoller erscheint ein Erfolg.

Die multiplikative Verknüpfung der Variablen E und Ae (und LM) besagt: Fällt in einer dieser Varibalen der Anregungswert zurück auf Null, so sind auch die anderen Variablen nicht mehr wirksam. Für die Aufgabenschwierigkeit bedeutet dies, daß eine mittlere (subjektive) Schwierigkeit den höchsten Anregungswert besitzt.

- Neuigkeitsgehalt (N): Es ist bekannt, daß das Interesse der Schüler sehr schnell zu wecken ist dadurch, daß der dargebotene Stoff oder die Aufgabe etwas für sie Neues enthält. Umgekehrt erlahmt die Anstrengungsbereitschaft aber auch schnell, wenn immer nur Altes und Bekanntes vorgesetzt wird, wie etwa beim wiederholenden Üben. Dies wäre ein Grund mehr, möglichst nur operatorisches Üben einzusetzen (vgl. B 2.1.2).

Die Formel ist – vor allem wegen ihrer relativen Übersichtlichkeit – ein recht brauchbares Hilfsmittel für den Lehrer, der etwa im Einzelfall die zu geringe Einsatzbereitschaft eines Schülers analysieren oder seinen Unterricht auf die Anregungsgehalte hin optimieren möchte. Daß dies nur ein erstes Eindringen bedeuten kann, braucht bei der Komplexität der Zusammenhänge nicht eigens betont zu werden (HECKHAUSEN in ROTH 1969, S. 193–207). Das Modell wurde später von HECKHAUSEN stark überarbeitet und erweitert. Wer sich näher damit befassen möchte, sei auf die verschiedenen Veröffentlichungen des Funkkollegs und natürlich auf die Primärliteratur verwiesen.

### 1.2.2 Die Leistungsmotivation und das Anspruchsniveau

Beginnen wir mit einer *Definition:*

> *Leistungsmotivation ist das Bestreben, die persönliche Tüchtigkeit in all jenen Tätigkeiten zu steigern und möglichst hochzuhalten, in denen man einen Gütemaßstab für verbindlich hält und deren Ausführung deshalb gelingen oder mißlingen kann* (HECKHAUSEN in Funkkolleg, H. 2, S. 110).

Zunächst ist festzuhalten, daß dieses Leistungsmotiv ein erlerntes, also sekundäres Motiv ist, wobei allerdings konstitutionelle, also angeborene Einflüsse nicht auszuschließen sind. Auf der anderen Seite ist es aber das Kernstück aller intrinsischen Motivation. (Vgl. jedoch hierzu kritisch FEND 1973, S. 193f.)

Bei der Aktualisierung des Leistungsmotivs hat man zwei Dimensionen zu unterscheiden:

- Das Leistungsmotiv kann beim einzelnen Schüler insgesamt schwach (gering) oder stark ausgeprägt in Erscheinung treten, d.h., es kann z.B. gegenüber anderen Motiven (wie Macht- oder Anschlußmotiv) mehr oder weniger dominant sein oder zurücktreten.
- Es kann (unabhängig vom Ausprägungsgrad) in zwei verschiedenen Formen wirksam werden: Hinter dem Streben nach Tüchtigkeit kann der Wunsch stehen, entweder Erfolg zu haben oder Mißerfolg zu vermeiden (HECKHAUSEN: Hoffnung auf Erfolg bzw. Furcht vor Mißerfolg).

Beides, also Stärke des Leistungsmotivs sowie seine Ausrichtung auf Erfolg oder Mißerfolgsmeidung, wird nach den bisherigen Forschungsergebnissen in relativ früher Kindheit (bis zum 6. Lebensjahr) durch Erziehungseinflüsse geprägt (über die Erziehung zur Selbständigkeit und Risikobereitschaft) und ist später (angeblich) nur noch schwer korrigierbar.

Die Orientierungsrichtung des Leistungsmotivs scheint nach den bisherigen Befunden weitreichende Konsequenzen auf die Setzung des *Anspruchsniveaus* zu haben:

> *Das Anspruchsniveau bezeichnet den Schwierigkeitsgrad, den sich ein Mensch abverlangt.*

Im Zusammenhang mit einer konkreten Aufgabe spricht HECKHAUSEN von *Gütemaßstab:*

*Der Gütemaßstab (auch Gütestandard) ist ein sich im Laufe der Entwicklung herausbildender individueller Standard, an dem eine erbrachte Leistung gemessen wird* (Funkkolleg, H. 2, S. 108).

(Auf Untersuchungen zum Anspruchsniveau geht MEYER 1973, Kap. 3, näher ein.)
Erfolgsorientierte Schüler suchen sich, wenn man sie frei wählen läßt, solche Aufgaben, die in bezug auf die Schwierigkeit ihrer Leistungsfähigkeit optimal entsprechen, d. h., sie sind mittelschwer: die Chance, sie zu lösen, beträgt ca. 50%. Mißerfolgsorientierte Schüler haben dagegen häufig ein unrealistisches Anspruchsniveau. Da es für sie darum geht, Mißerfolg um jeden Preis zu vermeiden, betonen sie entweder den Erreichbarkeitsgrad (E) oder aber den Anreiz, der durch einen eventuellen Erfolg gegeben wäre (Ae), überstark. Daher sind die Aufgaben, die sie sich stellen, entweder zu leicht oder zu schwer, gemessen an ihrer eigenen Leistungsfähigkeit. Aus der Sicht des Lehrers, der ja den Schwierigkeitsgrad der Aufgaben in seinem Unterricht festlegt, bedeutet dies: Wählt er, wie es allgemein als erstrebenswert gilt, vorwiegend Aufgaben und Fragestellungen aus dem mittleren Schwierigkeitsbereich, so regt er damit nur die erfolgsorientierten Schüler optimal zur Mitarbeit an. Stellt er für die Mißerfolgsorientierten leichte Aufgaben, so ist der Lernfortschritt gering, und das Erfolgserlebnis fehlt; gibt er schwere Aufgaben, so ist die gerade für diese Schüler gefährliche Entmutigung gegeben.
Ein Wort noch zum Problem des Gütestandards, an dem die eigene Tüchtigkeit gemessen wird. Zunächst ist der Inhaltsbereich, auf den er sich bezieht, sehr stark oder ausschließlich von den Normen der Primärgruppe, also der Familie, geprägt. In der einen Familie gilt die Beherrschung einer Fremdsprache oder das Spielen eines Musikinstrumentes als ein selbstverständlicher Gradmesser der „Bildung“, in einer anderen Familie ist dies nichts als unnötiger Zierat. Außerdem müssen wir wohl annehmen, daß die Dominanz dieser Inhaltsbereiche im Lauf der Entwicklung häufigen Veränderungen unterworfen ist und sich auch bei Jungen und Mädchen nicht wenig unterscheidet. So dürfte sie bei vielen Schülern nur in der Grundschulzeit ihren eindeutigen Akzent auf dem Sektor schulischer Leistung haben. Immer mehr werden danach die Normen der Sekundärgruppen bestimmend: die „Peer-Gruppe“ der Gleichaltrigen, Jugend- und Sportverbände, Interessengruppen und schließlich auch politische Gruppierungen. *Worin* man etwas

zu leisten hat, um sich seine eigene Tüchtigkeit zu beweisen, bestimmt sich nach Gesichtspunkten, die außerhalb der Schule zu liegen pflegen. Der Lehrer tut gut daran, von vornherein den Aspekt schulischer Leistung nicht zu verabsolutieren. Er tut außerdem gut daran, sich entsprechende Informationen aus der Entwicklungspsychologie und aus der Soziologie zu besorgen.

### 1.2.3 Die Kausalattributierung

Erfolgszuversichtliche und erfolgsängstliche Schüler unterscheiden sich noch in einer anderen recht wichtigen Dimension. Im allgemeinen dürfte wohl jeder Mensch gewöhnt sein, bewußt oder unbewußt eine Ursache für die errungenen Erfolge oder die erlittenen Mißerfolge anzunehmen. Wenn sich auch Schüler meist darüber keine sehr differenzierten Gedanken machen, so haben sie doch eine ziemlich sichere und starre Vorstellung darüber, die natürlich stark von der Umwelt mitgeprägt wurde.
Es gibt – grob zusammengefaßt – dafür vier unterscheidbare Möglichkeiten:
Sowohl Erfolge als auch Mißerfolge kann man – in der verkürzten Schülersicht – zurückführen auf

- die eigene Tüchtigkeit oder Untüchtigkeit („Intelligenz")
- das Ausmaß der eingesetzten Anstrengung („Fleiß" und „Faulheit")
- den Schwierigkeitsgrad der Aufgabe (leicht – schwer)
- den Zufall (Glück resp. Pech).

Es geht hier, wohlgemerkt, nicht darum, worauf sich Erfolg oder Mißerfolg *tatsächlich* gegründet haben, sondern nur darum, wie der Schüler selbst es sieht.
(Diese Unterscheidungen gehen zurück auf die sogenannte ‚Naive Psychologie' FRITZ HEIDERS, kurz dargestellt in MEYER 1973.)
Die vier Ursachentypen lassen sich einteilen in die eher

- *stabilen,* gleichbleibenden (Tüchtigkeit und Schwierigkeit)
- und die eher *variablen,* die also von Stunde zu Stunde wechseln können (Anstrengung und Zufall), und andererseits in die mehr
- *internalen,* der Person innewohnenden (Tüchtigkeit und Anstrengung) und die
- *externalen,* von der Umwelt und dem Schicksal bestimmten (Schwierigkeit und Zufall).

Damit ergibt sich folgendes Vierfelder-Schema:

| | *internal* | *external* |
|---|---|---|
| stabil | Tüchtigkeit | Schwierigkeit |
| variabel | Anstrengung | Zufall |

Aufgrund der von HECKHAUSEN referierten empirischen Ergebnisse scheint ein gesetzmäßiger Unterschied zwischen Erfolgszuversichtlichen und Erfolgsängstlichen in der Art und Weise ihrer Ursachen-Zuweisung (= Kausal-Attribuierung)) zu bestehen:

- Im Falle des Erfolges betonen die Erfolgsorientierten die *internalen* Faktoren, die Mißerfolgsorientierten aber die *externalen* Faktoren.
- Im Falle des Mißerfolges betonen die Erfolgsorientierten die *variablen* Faktoren, die Mißerfolgsorientierten aber die *stabilen* Faktoren.

Dies hört sich dann im einzelnen etwa so an:

| | *erfolgszuversichtliche* | *erfolgsängstliche* |
|---|---|---|
| Erfolg | „Ich bin eben so tüchtig“<br>„Ich habe mich auch angestrengt“ | „Die Aufgabe war so leicht“<br>„Ich hatte einfach Glück“ |
| Mißerfolg | „Ich hatte eben Pech“<br>„Das nächstemal strenge ich mich mehr an“ | „Besser kann ich einfach nicht, ich bin nun mal dumm“<br>„Die Aufgabe war viel zu schwer“ |

Man sieht unschwer, daß die Erfolgszuversichtlichen sowohl im Falle des Erfolges als auch bei Mißerfolg neue Energien für künftige Aufgaben mobilisieren, während die Erfolgsängstlichen in beiden Fällen recht unglücklich „kausal-attribuieren“: Weder Erfolg noch Mißerfolg wirkt motivierend.

Daß sich eine solche Gesetzmäßigkeit in der Kausal-Attribuierung auf die künftige Anspruchsniveau-Setzung der Schüler auswirkt und dadurch auf lange Sicht mit hoher Wahrscheinlichkeit auch auf die Schulleistung, ist anzunehmen. Wenn sich auch in der Wirklichkeit die Zusammenhänge ungleich komplexer gestalten, als hier aus didaktischen Gründen dargestellt werden konnte, so ist hier doch zumindest ein Problem aufgezeigt, das vor allem in den Fragen der inneren und äußeren Differenzierung sowie bei der

Zusammenstellung von Gruppen zum Zwecke des Gruppenunterrichts Bedeutung erlangen könnte. In der Frage, wie erfolgsängstlichen Kindern pädagogisch zu helfen sei, müssen wir den Leser wohl vorerst auf seine eigene Einsicht in die Zusammenhänge und – auf seine Intuition zurückverweisen.

*Weiterführende Literatur:*

Atkinson 1975.
Schneider 1973.
Meyer 1973.
Portele 1975 (hierin spez. zur Kritik an Heckhausen: Kap. 7.3).
Weiner 1975.
Fürntratt 1976.

## 1.3 *Die kognitiven Bedürfnisse*

Für dieses Kapitel haben wir bereits gut vorgearbeitet. Der Leser wird gebeten, aus Teil A nochmals folgende Abschnitte zu überfliegen:
- Gestaltprinzipien 2.2
- Gleichgewichtstheorem bei Piaget 2.3
- Aktivationstheorie bei Berlyne 2.4

In Teil B sind einschlägig Kapitel 3.2 (Entdeckendes Lernen) und Kapitel 3.3 (Problemlösen).
Wir wollen uns daher mit Zusammenfassungen und einigen Akzentsetzungen begnügen.
In nahezu allen einschlägigen Theorien wird ein angeborener *Explorations-Trieb* gefordert (Orientierungs-Reflex, Neugier-Instinkt). Für die Annahme, daß dieses Bedürfnis angeboren (= primär) sei, spricht neben anderen Hinweisen (Ubiquität) vor allem die Tatsache, daß es eine sehr hohe, wenn nicht absolute Löschungsresistenz aufweist, was es von allen bekannten erworbenen (sekundären) Bedürfnissen unterscheidet. Dauernde Nichtbekräftigung scheint den Erkundungstrieb eher zu verstärken als zu löschen (Depriationsversuche, vgl. Thomae 1965, S. 441 ff.).
In Berlynes Aktivationstheorie (vgl. Kap. A 2.4) wird angenommen, daß der Organismus ein mittleres Erregungsniveau bzw. ein optimales Niveau der Stimulation aktiv, d.h. spontan aufsucht. Diese primäre Aktivität wird als eine der wesentlichen Eigenschaften des Lebendigen überhaupt gesehen, womit die Modellvorstellung des Menschen als etwas von Natur aus Regloses, Statisches,

dem Bewegung und Handlung erst nachträglich aufgesetzt werden muß, endgültig verlassen wird.
Das, was bei dieser Stimulation gesucht wird, ist die Antwort auf die Frage: Was ist das? Man kann auch einen anderen Standpunkt beziehen mit der

> *Annahme, daß in allen (höheren) Organismen die Tendenz nachweisbar sei, erlebte Ungewißheit zu beseitigen oder in ihrem Ausmaß zu verringern.*

Nach dieser Konzeption wird die Ungewißheit als Spannung erlebt, die das Individuum zu reduzieren trachtet, womit das Modell der Bedürfnisreduktion wieder ins Spiel kommt. Die dadurch ausgelöste Tätigkeit wird als „*Orientierungsverhalten*" bezeichnet. Es kann verschiedene Äußerungsformen annehmen:
- Annäherungsverhalten (motorisch)
- Suchverhalten
- Untersuchungsverhalten
- Manipulationsverhalten
- epistemische Neugier („Wißbegier", „Verstehen wollen").

Die erste und oft entscheidende Stufe des Orientierungsverhaltens ist die gesteigerte Aufmerksamkeit.

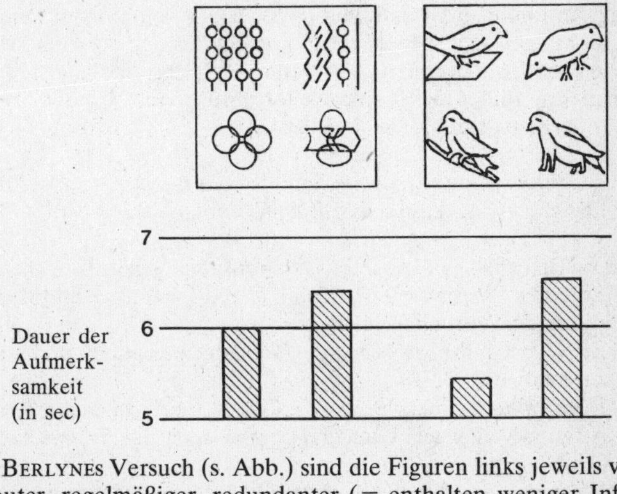


In BERLYNES Versuch (s. Abb.) sind die Figuren links jeweils vertrauter, regelmäßiger, redundanter (= enthalten weniger Information), weniger komplex, haben weniger Neuheitswert und ent-

halten weniger Konflikt. Die rechtsstehenden, die die Aufmerksamkeit signifikant stärker erregen, enthalten mehr Unsicherheit (= weniger Redundanz) und zeigen mehr „Inkongruität“ (= Unvereinbarkeit mit den erfahrungsbedingten Erwartungen): Sie lösen im Wahrnehmenden durch ihre *„dosierte Diskrepanz“* (Heckhausen) einen Konflikt zwischen zwei konkurrierenden kognitiven Schemata aus. (Vier Beine haben üblicherweise sonst Säugetiere, Vögel pflegen zwei Beine zu haben.)
Alle unter dem Oberbegriff „Orientierungsverhalten“ subsumierten Verhaltensweisen sind pädagogisch-didaktisch wertvoll, weil sie auch dort in einen Lernprozeß hineinführen, wo keine von außen gestellte Aufgabe dies fordert. Sie stellen einen eigenständigen Motor des Lernens dar und sind vor allem Voraussetzung jeder Form des entdeckenden Lernens.
Es lohnt sich also zu fragen: Welches sind die Faktoren, die Orientierungsverhalten begünstigen?
Generell kann man sagen, Orientierungsverhalten wird dann ausgelöst, wenn ein *kognitiver Konflikt* oder *kognitive Dissonanz* besteht.
Nach der Theorie der *kognitiven Dissonanz* von L. Festinger führt kognitive Dissonanz „zu einem Druck, die Dissonanz zu mindern oder zu beseitigen“ (Graumann in Thomae 1965, S. 298). Festinger behauptet und belegt empirisch, „daß die bloße Existenz unstimmiger Relationen zwischen Erkenntnissen einen eigenständigen Motivationsfaktor darstellt“, den er – was die motivierende Kraft betrifft – dem Hunger gleichstellt. (Die Dissonanztheorie findet man – mit Weiterführungen und Kritik – prägnant dargestellt in Oerter 1970.)

> *„Zwei kognitive Elemente sind dissonant, wenn das Gegenteil des einen Elements aus dem andern folgen würde“* (a. a. O.).

Berlyne hat eine Reihe von Variablen zusammengestellt (er nennt sie „kollative“ Variable), die Konflikt und Dissonanz und damit orientierendes Verhalten auslösen:
(1) *Zweifel:* Konflikt zwischen der Tendenz zu glauben und nicht zu glauben.
(2) *Ungewißheit* („perplexity“): Mehrere sich ausschließende Alternativen oder Überzeugungen sind gleichwahrscheinlich.
(3) *Überraschung:* Ein beobachtetes Phänomen widerspricht den bisherigen Kenntnissen und Erwartungen.

(4) *Inkongruenz:* Zwei bisher als sicher geltende Überzeugungen werden so zueinander in Beziehung gesetzt, daß sie sich gegenseitig ausschließen müßten. (Wenn a wahr ist, kann nicht b auch wahr sein.)
(5) *Irrelevanz:* Konfrontation mit kognitiven Einheiten, die scheinbar nicht zu den übrigen der gesamten Sequenz gehören (Delphin als Säugetier).
(6) *Widerspruch:* Zwei sich ausschließende Behauptungen können nicht gleichzeitig wahr sein (Eosin – ist rot / ist grün).
(7) *Mehrdeutigkeit:* Ein einziges Element kann zwei (oder mehr) Deutungen erfahren (Kippfiguren, Interpretationen bei Fabeln, etwa Großmut und Hilfsbedürftigkeit des Löwen o. ä.).

(Vgl. OERTER 1971, S. 455, BERLYNE in NEBER 1973, S. 98 ff., außerdem: Berlyne 1974, Groeben 1972.)

Wir wollen diese Beispielreihe, die nicht erschöpfend ist, auf ein allgemeines Niveau heben:

Ein Konflikt ist

> *die gleichzeitige Aktualität gleichstarker, sich gegenseitig ausschließender Verhaltenstendenzen.*

Oder:

Ein kognitiver Konflikt ist

> *das gleichzeitige Wirksamwerden von gleichgefestigten, sich gegenseitig ausschließenden kognitiven Schemata.*

Ein Konflikt ist um so stärker,
- je mehr Verhaltenstendenzen konkurrieren
- je mehr sich die konkurrierenden Tendenzen dem Zustand gleicher Stärke nähern
- je stärker die einzelnen Verhaltenstendenzen sind.

Daraus folgt für die Anwendung in der Schule:
Will man einen kognitiven Konflikt beim Schüler provozieren, so
- müssen (mindestens) zwei bereitliegende kognitive Schemata in dissonante Beziehung gebracht werden;
- müssen die beiden kognitiven Schemata in den Zustand gleicher Festigkeit gebracht werden;
- müssen die Verhaltenstendenzen (bzw. die Schemata) – *bevor* sie miteinander konkurrieren – so stark bzw. fest wie möglich gemacht werden.

*Beispiel:* In einem häufig benutzten Physiklehrbuch wird das physikalische Prinzip der verbundenen Gefäße so eingeführt:

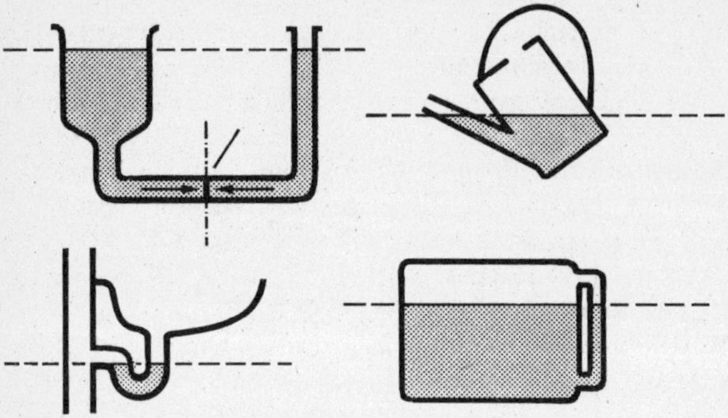

„*Versuch:*
Wir wollen uns die Wasserversorgung veranschaulichen. Dazu füllen wir Wasser in das Vorratsgefäß (links) – es stellt den Wasserturm dar – und beobachten den Wasserstand im Glasrohr (rechts) das die Steigleitung in unserem Haus ersetzt. Heben oder senken wir eines der Gefäße, so stellt sich der Flüssigkeitsspiegel in den beiden verbundenen Gefäßen stets gleichhoch ein. Man kann das so erklären: ...“ (Es folgt dann die Erklärung mit dem Gleichgewicht zwischen den Kräften in beiden Gefäßen. Im Kapitel zuvor war behandelt worden, daß der Schweredruck unabhängig von der Form des Gefäßes ist). Wir wollen unterstellen, daß die Schüler bei guter Lenkung durch den Lehrer alles nachvollziehen können. Aber die Chancen, die entdeckendes Lernen, Orientierungsverhalten und epistemische Neugier bieten könnten, sind vertan. Haben die Schüler die vorangegangene Lektion verstanden, dann *müssen* sie hier die Erklärung selbst finden können. Haben sie sie nicht verstanden, dann besteht die Gefahr, daß sie auch die neue Erklärung nicht verstehen werden.
Um nun dissonante kognitive Schemata wirksam werden zu lassen könnte man etwa so vorgehen:
Nimmt man diesen Stoff überhaupt durch, dann muß ja wohl etwas Neues darin sein. Was ist das, was die Schüler vielleicht noch nicht wissen könnten? Vermutlich doch der zentrale Begriff „Steiglei-

tung". Daß Wasser „steigen" könnte, mag dem Schüler absurd erscheinen. Also festige ich zuvor das Schema „Wasser fließt *immer abwärts!*" (mit vielen Beispielen: Bach etc.), damit eine „dosierte Diskrepanz" überhaupt entstehen kann. Dann könnte man den Versuch so durchführen, daß das Vorratsgefäß hinter einem Schirm verborgen bleibt. Beobachtet der Schüler *dann* das Steigen des Wassers, kommt er mit ziemlicher Sicherheit zu der Frage: „Wieso eigentlich?" Wenn jetzt der Blick hinter den Schirm freigegeben (und der Versuch wiederholt) wird, könnte der Schüler sagen: „ach so!". Nun wäre es am Lehrer, die „Wieso"-Frage zu stellen usw. Die Anwendung auf die Wasserversorgung sollte man wohl besser jetzt erst und nicht am Anfang einbringen. Dann aber muß das Wasser auch *oben* in der Steigleitung ausfließen können, sonst trägt diese Anwendung nicht. (Wir führen hier absichtlich das Beispiel aus B. 2.1.2 weiter, um die Zusammenhänge zu betonen!) Daß – vor allem beim „Einstieg" in ein neues Thema – eine offene Frage, eine Problemstellung, ein Rätsel o. dgl. eine gute Motivationsgrundlage schafft, ist jedem Lehrer bekannt. Oft wird aber dabei zu Unrecht vorausgesetzt, daß die Frage auch für den *Schüler* offen oder das Problem auch für *ihn* eines sei, d. h., es wird versäumt, das *Gegenschema* zu festigen. Der Bau der transsibirischen Eisenbahn ist für die Schüler solange kein motivierendes Problem, solange es nicht *ihres* ist. Zu dem ihren wird es dadurch, daß zunächst das Schema „Notwendigkeit" (für Menschen und Wirtschaft) solange verstärkt wird, bis die Schüler spontan das Empfinden haben: Hier *muß* – koste es, was es wolle – eine Transportmöglichkeit geschaffen werden. Erst dann fällt die Schilderung der technischen Schwierigkeiten auf fruchtbaren Boden.

In anderen Fällen ist so ausgiebige Schema-Fixierung nicht notwendig, weil die konkurrierenden Schemata schon als starr und stabil vorausgesetzt werden können. Ist (in der Grundschule) das Thema „Wind" zu behandeln, so mag als Lernziel etwa definiert sein das Verständnis für den Satz „Wind ist bewegte (oder strömende) Luft". Darin liegt für den Schüler nicht viel Neues, und es ist zwar unterhaltsam, aber nicht sonderlich lehrreich, nun auf verschiedene Art (z.B. Fächeln) Wind zu erzeugen. Tiefer „unter die Haut" geht u. U. die Frage: Was tut eigentlich der Wind, wenn er nicht weht? Eine solche Frage trifft den Schüler gleichsam unvorbereitet: Die einzig relevante Dimension des Begriffes Wind wird hier in Gedanken abgezogen; was bleibt, ist „das Nichts". Nur so wird dem Schüler klar, daß die Definition von Wind erschöpfend war.

Abschließend sollen die kognitiven Bedürfnisse noch unter einem anderen Aspekt gesehen werden, nämlich als die motivierende Kraft bei unerledigten Aufgaben:

*Versuch „Zeigarnik-Effekt“*
B. ZEIGARNIK legte den Versuchspersonen im Einzelversuch eine Reihe von Aufgaben vor, die i. a. gern ausgeführt zu werden pflegten, wie etwa Klebearbeiten, Legespiele, Rätsellösen, den Plan eines Stadtviertels aufzeichnen usw. Die Hälfte der Aufgaben wurde dabei vom Versuchsleiter unterbrochen, wobei die erledigten und unerledigten in zufälliger Reihenfolge wechselten. Nachdem die Versuchsperson die letzte Aufgabe abgegeben hatte, wurde sie gefragt, welche Aufgaben sie gemacht habe. Es zeigte sich im allgemeinen, daß die unerledigten Aufgaben häufiger behalten wurden als die erledigten. In anderen Versuchsreihen hatte die Versuchsperson Gelegenheit, in scheinbar unkontrollierter Situation die Aufgaben nochmals aufzunehmen oder sich anderweitig zu beschäftigen. Dabei griffen die Versuchspersonen bevorzugt nach solchen Aufgaben, die zuvor unerledigt geblieben waren (vgl. THOMAE 1965, S. 69, BERGIUS 1964, S. 197).

Sowohl in dem höheren Erinnerungswert als auch in der Wiederaufnahmetendenz müssen wir wohl eine Wirkung stärkerer kognitiver Motivierung sehen. Solche Wirkungen werden allerdings im täglichen Leben oft von anderen Faktoren überlagert, so daß u. U. auch gegenteilige Effekte auftreten können. Voraussetzung scheint zu sein, daß tatsächlich ein kognitiver Konflikt stattgefunden hat. Die Aufgaben müssen auch als angenehm erlebt worden sein, und zwar vor allem in der Rückerinnerung. Je nach der Ichbeteiligung der Person kann auch die Unterbrechung als Mißerfolg gewertet werden, womit der Erinnerungswert eher absinkt.
Es ist also nicht so, daß schlicht alle unvollendeten Handlungen den ZEIGARNIK-Effekt zur Folge haben. Auf der anderen Seite dürfte aber das Risiko, das der Lehrer eingeht, nicht sehr groß sein, wenn er ihn – versuchsweise – bei der Hausaufgabengestaltung einsetzt.

*Zur Ergänzung und Vertiefung:*

Skowronek 1970, Kapitel 5.
Skowronek 1971, Kapitel 4.
Portele 1975.
(Spez. zur Entwicklung des Neugierverhaltens s. Oerter 1973, S. 136ff.)

## 2. Soziales Lernen

Beginnen wir wieder mit der – nun schon fast üblichen – Begriffsklärung zur Vermeidung von Mißverständnissen. Im psychologischen Sprachgebrauch wird „Soziales Lernen" meistens gebraucht in dem Sinn von Lernen im sozialen Kontext oder Lernen durch die Interaktion zwischen Individuen. In der Pädagogik (und auch in der Soziologie) dagegen ist es fast immer zu verstehen als das Lernen sozialer Verhaltensweisen. Wir müssen hier feststellen, daß sowohl die Reiz-Reaktions-Theorien als auch die kognitiven Theorien das Erlernen von sozialen Verhaltensweisen stets mitumfaßt haben: Man kann soziales (also zwischenmenschliches) Verhalten sowohl durch Bekräftigungen als auch durch Akte der Einsicht erlernen.
Ein zweiter Unterschied im Sprachgebrauch der Disziplinen besteht darin, daß Pädagogen soziales Verhalten meist verstehen als sozial *positives* Verhalten, also als Gegensatz sehen zum asozialen oder unsozialen Verhalten. Der Psychologe sieht dagegen Sozialverhalten als Gegensatz zum Individualverhalten, in dem die Gegenwart von anderen Menschen nicht gegeben ist oder gedanklich vernachlässigt wird (wie etwa bei der Begriffsbildung oder beim Transfer).
Wir werden im folgenden Kapitel Soziales Lernen stets im instrumentalen und wertneutralen Sinn gebrauchen, wobei natürlich Sozialverhalten als *Gegenstand* des Lernens (neben anderen, z.B. kognitiven Inhalten) auch immer möglich ist und mitgedacht werden darf; im Abschnitt über Sozialisation (C 2.3) steht es sogar im Mittelpunkt.

### 2.1 *Imitationslernen*

Es ist sicher keine umwälzende Neuentdeckung der Psychologie, daß der Mensch durch Nachahmung lernt. Früher erklärte man sich diese Tatsache schlicht durch die Annahme eines „Nachahmungstriebs", was natürlich ein Zirkelschluß war. Nun kennen wir tatsächlich aus anderen Zusammenhängen Bedürfnisse, auch wenn wir sie deshalb nicht gleich als primär oder angeboren bezeichnen müssen, die Nachahmung bis zu einem gewissen Grad erklären können, wie z.B. das Bedürfnis nach Identifikation, das Anschlußmotiv, das das Bedürfnis nach Konformität einschließt, oder den aus der Tiefenpsychologie bekannten Abwehrmechanismus der

Introjektion (Interiorisation), der die Hereinnahme fremder Anschauungen, Motive und Einstellungen meint. Wir können es uns aber auch noch einfacher machen, indem wir den Behavioristen Miller und Dollard (1941, vgl. Holzkamp in Graumann 1972, S. 1276f.) folgen und annehmen, daß zufällig auftretendes Nachahmungsverhalten von der Umgebung häufig belohnt (bekräftigt) zu werden pflegt:

*Beispiel:* „Das Modell-Subjekt sei ein kleiner Junge, der sich daran gewöhnt hat, beim Wahrnehmen der Schritte des heimkehrenden Vaters auf der Treppe zur Tür zu laufen und dabei jedesmal vom Vater Süßigkeiten erhält. Der Beobachter sei der jüngere Bruder des Jungen, der noch nicht in der Lage ist, das Geräusch der Schritte des Vaters auf der Treppe richtig zu identifizieren, aber einmal zufällig dem älteren Bruder nachlief ... und dabei ebenfalls Süßigkeiten erhielt. Bei dem jüngeren Bruder wurde mithin nicht die Reaktion auf den unabhängigen Reiz „Schritte des Vaters", sondern die imitierende Reaktion auf den Reiz „zur Tür laufender Bruder" belohnt ..." (a.a.O.).

Miller und Dollard nehmen in diesem Modell an, daß das Individuum in der Lage ist, die belohnte Tätigkeit als solche (zur Tür laufen) zu trennen von der Tatsache des Nachahmens und diese Imitation zu generalisieren. Dies ist deswegen plausibel, weil ja nicht jedes Zur-Tür-Laufen belohnt wird, aber sehr häufig Nachahmung auch in anderen Fällen.
Es wäre möglich, daß Identifikation mit einem Vorbild auf dem Weg über das Nachahmungsverhalten (als sekundäres Bedürfnis) erlernt wird, so daß sie auch ohne die Annahme eines eigenständigen, primären Identifikationsbedürfnisses erklärbar wird. Das würde auch einige Klarheit in den Vorgang des Rollenlernens bringen. Das heranwachsende Kind wird nicht für die Übernahme von Verhaltensmustern *jeder beliebigen* Bezugsperson in gleicher Weise belohnt. Ausgezeichnete Modellpersonen sind vielmehr geschlechtsgleiche Personen, Autoritätspersonen (Lehrer) und allgemein erfolgreiche Personen (Film- und Fußballstars). Solange wir allein vom Imitations- oder Identifikationslernen sprechen, ist allerdings entscheidend, daß das nachahmende Verhalten auch beim Kind tatsächlich belohnt wird. Dies ist nämlich nicht unbedingt erforderlich.

Es läßt sich nachweisen, daß das Kind auch Verhaltensweisen zu übernehmen lernt, ohne sie zunächst selbst auszuführen, so daß es dafür auch nicht belohnt werden kann. Das Kind beobachtet eine Verhaltensweise und sieht, wie sie dort – bei der Modellperson – belohnt oder auch bestraft wird. Wie reagieren Kinder auf solche Modellsituationen?

BANDURA und WALTERS führten ein Experiment durch, in dem drei Gruppen von Kindergartenkindern einen Film zu sehen bekamen. Er zeigte einen Jungen „Rocky", der sich auf verschiedene Weise einer großen Puppe gegenüber aggressiv verhielt. Der Schluß des Films war in den drei Gruppen verschieden. In der ersten Gruppe wurde der Filmjunge von einer erwachsenen Person für sein Verhalten gelobt („starker Held") und mit Süßigkeiten überschüttet. In der zweiten Gruppe wurde er scharf getadelt („brutaler Kerl") und mit einer aufgerollten Zeitung geschlagen. In der dritten Gruppe wurde er weder gelobt noch getadelt.

In der zweiten Versuchsphase durften die Kinder mit verschiedenem Spielzeug, darunter auch die Puppe und die Aggressionswerkzeuge des Films, spielen. Die Zahl der nachgeahmten aggressiven Akte wurde über einen Einwegspiegel registriert.

Die dritte Phase bestand darin, daß die Kinder von einer Kindergärtnerin aufgefordert wurden, sich so zu verhalten wie „Rocky" im Film. Für jede nachgeahmte Reaktion erhielt das Kind außerdem eine Belohnung.

Die Ergebnisse des Experiments sind in der folgenden Abbildung wiedergegeben. (Aus Funkkolleg 1972, H. 8.)

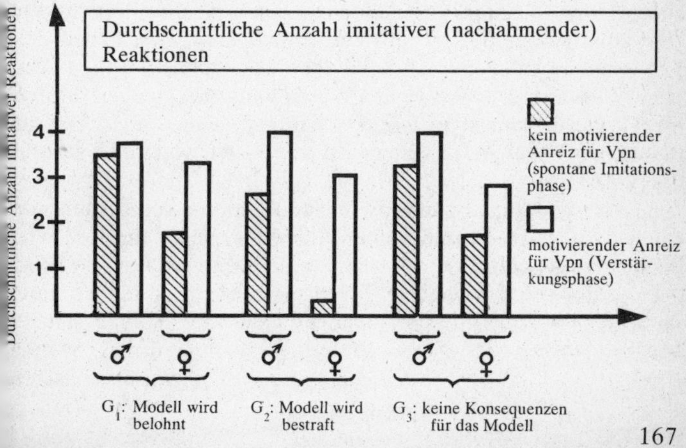

Folgende Aussagen sind aus der Darstellung ableitbar:

(1) In allen Varianten zeigten die Jungen mehr Nachahmung als die Mädchen.

(2) Die Aufforderung zur Nachahmung bzw. die Belohnung der Nachahmung verstärkte die Nachahmungstendenz, und zwar bei den Mädchen deutlich stärker als bei den Jungen.

(3) Ob das Modellverhalten im Film belohnt oder bestraft wurde oder für „Rocky“ ohne Konsequenzen blieb, machte für die Jungen wenig Unterschied. Die Mädchen aber ahmten Aggressionen spontan kaum nach, wenn die Modellperson bestraft worden war. Wurde die Nachahmung jedoch bekräftigt, so blieben sie in ihren imitierten Aggressionen hinter den Jungen nur wenig zurück (vgl. BREDENKAMP in Funkkolleg H. 8, S. 11ff).

> *Erläuterung:*
>
> Eine Verallgemeinerung dieser Ergebnisse ist in mancherlei Hinsicht problematisch.
> Versuchen Sie – als operatorische Lockerungsübung –
> a) noch mehr aus den Daten herauszuholen und zu verallgemeinern,
> b) die Einschränkungen zu formulieren, die notwendig sind, bevor man die Daten auf Beobachtungslernen im allgemeinen beziehen kann.

Im Beobachtungslernen erscheint also neben der Identifikation ein zusätzliches Verstärkungsmoment, nämlich die Verstärkung (Belohnung oder Bestrafung) der Modellperson, die neben dem Verhalten als solchem vom Kind ebenfalls beobachtet wird. Man nennt dies die *„stellvertretende Bekräftigung“* (vicarious reinforcement). Sie wirkt meist in dieselbe Richtung wie die direkte Bekräftigung, wird aber in der Praxis oft von vielen anderen Faktoren überlagert.

Ein weiterer Punkt ist aus diesen und anderen Versuchen zum Beobachtungslernen zu beachten. Bisweilen zeigen die Versuchspersonen das beobachtete Verhalten nicht spontan (vgl. die Mädchen in der zweiten Phase des Experiments). Wird jedoch durch zusätzliche Motivierungsbedingungen eine Nachahmung nahegelegt, so kann das beobachtete Verhalten sofort „emittiert“ werden (Einversuchslernen). Die Versuchspersonen zeigen also, daß sie doch etwas gelernt hatten. Wir haben dieses Phänomen bereits als „latentes Lernen" kennengelernt (vgl. Kapitel A 2.1, TOLMAN). Das Beobachtungslernen bringt – gegenüber dem klassischen und dem instrumentellen Lernen – im täglichen Leben erhebliche Vorteile. Der Lernprozeß läuft schneller, müheloser und in manchen Situationen auch gefahrloser ab, als wenn man alle Erfahrungen immer selbst machen müßte.

## 2.3 *Sozialisation*

Unter Sozialisation versteht man das Insgesamt aller Lernprozesse im sozialen Kontext unter Einschluß des Erlernens sozialer Verhaltensweisen.

> *Erläuterung:*
>
> „Sozialisation, auch Sozialisierung: Bezeichnung für den Prozeß, in dessen Verlauf ein Individuum ... sich den sozialen Erfordernissen der Umwelt gegenüber allmählich anpaßt oder dazu veranlaßt wird, indem es sich die Normen der sozialen Umwelt zu eigen macht und allmählich lernt, diesen kulturellen Normen entsprechend zu handeln. Der Prozeß der Aufnahme der Normen wird als *Internalisierung* bezeichnet ... In psychoanalytischer Sicht entspricht der Prozeß der S. dem Aufbau des *„Über-Ich"* als Instanz des *Gewissens.* In lerntheoretischer Sicht wird die Rolle der *Konditionierung* bzw. das Lernen durch *Imitation* im sozialen Feld hervorgehoben" (DREVER/FRÖHLICH 1969).

Im Rahmen dieser Einführung haben wir dem nicht mehr viel hinzuzufügen. Die Normen der sozialen Umwelt, und zwar die der Kleingruppen (Familie, Straßenbande, Jugendgruppe) wie auch der Großgruppen (Schule, Altersgenossen, dörfliche Gemeinde, Arbeitskollegen) und auch der Gesellschaft haben einen sehr stark fordernden („normativen") Charakter, dem man sich als einzelner nur schwer entziehen kann. Die Sanktionen der Gruppe wie Ausschluß-Drohung und Prestige-Vergabe wirken auf dem Weg über die sozialen Bedürfnisse des Individuums (vgl. Kapitel 1.1) mit einem erheblichen Zwang zur Konformität.
Die Entstehung der Einstellungen (attitudes) und Werthaltungen sowie die inhaltliche Seite des Gütestandards, der im Zusammen-

hang mit der Leistungsmotivation erwähnt wurde (Kap. C 1.1), stellt man sich vor als Internalisierung und damit Fortbestand all der Normen, die durch wechselnde und multiple Gruppenzugehörigkeit Geltung und Verbindlichkeit erreicht haben.
Im übrigen wirken soziale Faktoren in der Schulklasse wie Wetteifer, Rangstreben, Minderwertigkeitsgefühle, aber auch Störung durch den Nachbarn u.a. als extrinsische Motivationsfaktoren auf den Lernprozeß ein.
Auch Phänomene wie Kooperationsbereitschaft (vgl. Gruppenunterricht) und Hilfsbereitschaft sind natürlich schulrelevant wie alle anderen gruppendynamischen Faktoren auch. All dies gehört jedoch mehr in den Zusammenhang sozialpsychologischer Erörterungen, weshalb wir hier auf eine weitere Ausführung verzichten müssen.

*Literatur:*


Fend 1973.
Holzkamp, in Graumann 1972 (S. 1263ff.).
(Eine eigene Theorie des sozialen Lernens hat Rotter entwickelt; Kurzdarstellung und Literatur in Meyer 1973.)


## 3. Individuelle Unterschiede beim Lernen

### 3.1 *Kapazität und Intelligenz*

Die mehr oder weniger triviale Aussage, daß Lernen von vorausgegangenem Lernen beeinflußt werde, bildete Ausgangspunkt und Ende der Erörterungen über den Transfer. Ebenso trivial ist dann die Aussage, ein Kind lerne in Gegenwart oder Zukunft um so mehr, je mehr es in der Vergangenheit gelernt hat. Läßt man für einen Augenblick die Tatsache außer acht, daß Intelligenz auch Anlagekomponenten hat, dann ließe sich Intelligenz als Summe des bisher Gelernten verstehen. Daraus könnte man folgern: Je intelligenter ein Kind ist, desto leichter fällt ihm Lernen, desto mehr wird es lernen und desto intelligenter wird es werden.
Obwohl dieser Gedankengang im Prinzip nicht ganz von der Hand zu weisen ist, so wird dem Leser doch die unzulässige Verkürzung in der Sichtweise aller beteiligten Variablen in die Augen springen. Das Problem gipfelt in der Frage: Inwieweit ist Intelligenz mit Lernfähigkeit gleichzusetzen?

Auf diese Frage kann man aus verschiedenen Gründen keine schlüssige Antwort geben. Zunächst kommt es ganz darauf an, wie man Intelligenz definiert.
Weiterhin ist anzunehmen, daß nicht alle Faktoren der Intelligenz in gleicher Weise das Lernen neuer Inhalte begünstigen, und schließlich müßte man Lernen sowohl inhaltlich als auch formal genauer bestimmen.
Wir wollen uns im Rahmen dieses Buches mit einigen thesenartig zusammengefaßten Aussagen begnügen, ohne damit in die Psychologie der Intelligenz einzudringen.

(1) Die Intelligenz (= Testintelligenz) korreliert nur relativ gering mit der schulischen Leistung, wie sie in Schulnoten gemessen zu werden pflegt. Im Mittel liegen die gefundenen Korrelationen um r = 0,5. Das bedeutet, daß die Schulleistungsunterschiede der Kinder nur zu ca. 25% ($0{,}5^2 = 0{,}25$) auf Unterschiede der Intelligenz zurückgeführt werden können.
(2) Wir wissen, daß die Schulnoten der verschiedenen Fächer eine erstaunlich hohe Korrelation untereinander aufweisen. Die Intelligenz ist aber an diesem Zusammenhang mit nur ca. 10% beteiligt. Die übrigen 90% gehen auf Kosten anderer, weitgehend noch unbekannter Faktoren (vgl. SIMONS in HOFER/WEINERT 1973, S. 141).
(3) Es gibt Kinder, deren Schulleistungen erheblich besser sind, als ihr Intelligenz-Quotient erwarten ließe (= „Overachiever"), und solche, deren Leistung *unter* dem Niveau liegt, das man aufgrund ihrer Intelligenz erwarten sollte (= „Underachiever"). Die Ursachen, die für diese Diskrepanzen in Frage kommen, sind vermutlich verschieden, je nachdem, in welchem Schulfach die abweichenden Leistungen vorwiegend auftreten. Die Forschungsergebnisse sind vorerst noch recht verworren (a. a. O., S. 144). Einige dieser nichtintellektuellen Variablen konnten zwar identifiziert werden, jedoch bleibt häufig unklar, ob sie im Einzelfall Folge oder Ursache der abweichenden Schulleistung sind. Genannt werden (im Fall der Underachiever) Variablen wie die folgenden:
    - am schulischen Erfolg weniger interessiert
    - den Lehrern sowie jeder Autorität gegenüber negativer eingestellt
    - allgemein schlechter angepaßt
    - haben ein geringeres Selbstwertgefühl und trauen sich selbst weniger zu (vgl. Anspruchsniveau)

– bei Mitschülern weniger angesehen und beliebt usw. (a.a.O., S. 146).

(4) Eine häufig bestätigte Beobachtung ist die, daß sich Individuen stark darin unterscheiden können, in welchem Ausmaß identische Erfahrungen in darauf folgenden Situationen fruchtbar gemacht werden. Ob dies nur wieder eine neue Definition von Intelligenz ist oder von ihr abzuheben ist, lassen wir dahingestellt. Nach unseren Darlegungen über Gedächtnis, Abruf der Inhalte aus dem Langzeitspeicher und die subjektive Organisationstendenz erscheint das Phänomen als solches recht plausibel.

(5) Ein Begriff, der bei der Erörterung interindividueller Unterschiede des Lernens natürlich nie außerhalb der Betrachtung bleiben darf, ist der des sachstrukturellen Entwicklungsstandes. Im Zusammenhang mit den PIAGETschen Entwicklungsstadien haben wir darauf hingewiesen, daß weder eine lineare Beziehung zum Lebensalter noch eine direkte Entsprechung zur Intelligenz angenommen werden darf. Ohne Zweifel gibt es kognitive Strukturen, die unabhängig von der rein quantitativen Höhe der Intelligenz bessere Voraussetzungen für nachfolgendes Lernen darstellen als andere. Es ist also nicht so entscheidend, *ob* Begriffe aus einem bestimmten Lernbereich vorhanden sind, sondern vielmehr *wie* sie strukturiert oder kodiert sind.

(6) Im Zusammenhang mit dem letzten Punkt wird auch die Rolle der Sprache als symbolisches Kodierungssystem deutlich. Oft entscheidet das Sprachniveau darüber, ob und wie bestimmte Begriffe gespeichert bzw. abgerufen werden können. Eine differenziertere Sprache erleichtert das Zustandekommen und das „Zuhandensein" kognitiver Strukturen.

*Literatur:*

Roth / Oswald / Daumenlang 1973.
Flammer 1974.

## 3.2 *Kognitive Stile*

Mit einer Darstellung der kognitiven Stile würden wir schon allzusehr die Domäne der Denkpsychologie betreten, so daß wir uns hier beschränken müssen auf einige Hinweise, worum es sich dabei überhaupt handelt.

Im Zusammenhang mit der Enkodierung und der Dekodierung sprachen wir wiederholt von einer subjektiven Organisationstendenz des Individuums. Solche Tendenzen kann man nun inhaltlich nach bestimmten übergreifenden Kriterien ordnen; man erhält dann „so etwas wie" eine Typologie von überdauernden Organisationstendenzen, die man als kognitive Stile bezeichnet. Nach KLEIN sind kognitive Stile „Kontroll- und Verteidigungsmechanismen, die gewissermaßen als strukturelle Konstanten in den Ausgleich zwischen Bedürfnislagen des Individuums und Forderungen der Umwelt eingeschaltet sind" (zitiert nach SKOWRONEK 1970, S. 110). Kognitive Stile können nach den bisherigen Forschungsergebnissen als Variable der Persönlichkeit, also gleichsam als „Eigenschaften" einer Person verstanden werden. Die Frage, inwieweit sie konstitutionell bedingt sind, muß vorerst offenbleiben. Einige der wichtigsten Stile seien hier aufgezählt.

(1) *Impulsivität – Reflexivität*
„Impulsivität liegt vor, wenn ein Kind ohne Rücksicht auf den Wahrscheinlichkeitsgrad von Hypothesen (Alternativen) eine beliebige auswählt, also einfach drauflos handelt, ohne zu überlegen. Reflexivität wird ein kognitiver Stil genannt, bei dem die Reduktion der Hypothesen unter Berücksichtigung ihrer möglichen Brauchbarkeit ... erfolgt, das Kind also abwägt und überlegt" (OERTER 1973, S. 506).

*Erläuterung:*

„Impulsivität stört besonders bei der Leseleistung, da Kinder mit vorschnellen Reaktionen und vielen Fehlern ... auch Schwierigkeiten bei der Worterkennung hatten ... Die Impulsivität nimmt während der Jahre des Schulbesuchs laufend zugunsten der Reflexivität ab" (a. a. O.). Ob dies letztere allerdings ein Effekt schulischer Erziehung ist, wie OERTER annimmt, oder ein allgemeineres Entwicklungsphänomen, muß offenbleiben.

(2) *Feldabhängigkeit – Feldunabhängigkeit*
Gemeint ist mit diesem Gegensatzpaar die mehr oder weniger ausgeprägte Fähigkeit, in Wahrnehmung und Denken die Elemente aus der Einbettung in ihrem jeweiligen Kontext herauszulösen, wie es etwa bei den bekannten Vexierbildern erforderlich ist.

*Erläuterung:*

Feldabhängige Personen unterliegen stärker optischen und anderen Wahrnehmungstäuschungen. Der Grad der Feldunabhängigkeit korreliert bei Kindern positiv mit dem Intelligenzquotienten und scheint „ein tiefergehendes Bewußtsein von Menschen und Situationen, differenzierte Interessen und schärfer umrissene Vorstellungen über die Zukunft" zu umgreifen (SKOWRONEK 1970, S. 113). Weibliche Probanden sind im Durchschnitt feldabhängiger als männliche. Feldabhängige Personen sind stärker von Anerkennung und Lob abhängig als feldunabhängige (OERTER 1973, S. 507).

(3) *Flexibilität – Rigidität*
Beweglichkeit bzw. Starrheit in Denken und Wahrnehmen, also die Fähigkeit zum Umstrukturieren, scheint eine relativ überdauernde Persönlichkeitskonstante zu sein. So zeigt sich z. B. Rigidität in der größeren Schwierigkeit, beim Lösen von Problemen eine geläufige, jedoch inadäquate Einstellung zu überwinden.

*Erläuterung:*

Weibliche Probanden zeigen im Durchschnitt stärkere Rigidität als männliche, was u. U. in den bekannten Schulleistungsunterschieden zum Vorschein kommen kann (Mathematik und Physik auf der einen Seite und sprachliche Leistungen, für die Einstellungseffekte eher förderlich sind, auf der anderen Seite). Mit zunehmendem Lebensalter steigt meist die Rigidität an (vgl. SÜLLWOLD in GRAUMANN 1969, S. 284).

Die Forschungen über die kognitiven Stile sind noch in vollem Gange. Vielleicht münden sie eines Tages ein in die allgemeine Intelligenzforschung, was durch die Ähnlichkeit der Bezeichnungen mit Intelligenzfaktoren nahegelegt wird, oder auch in die allgemeine Persönlichkeitspsychologie.
Für uns gilt es vorerst festzuhalten, daß Lernen keinesfalls mechanisch bei allen Schülern gleich verläuft. Über das diagnostische Instrumentarium, das dem Lehrer eine gezielte Anwendung der

Erkenntnisse möglich machen könnte, verfügen wir allerdings noch nicht in ausreichendem Maß.

*Literatur:*

Köstlin-Gloger 1974.
Messick 1968.

## 3.3 *Unterschiede umschriebener Personengruppen*

Auch hier verbietet uns der Rahmen des Kompendiums, ins Detail zu gehen. Das folgende ist nur als Verweis zu verstehen auf Themenkreise, die im Zusammenhang mit schulischem Lernen zu beachten wären.

### 3.3.1 Unterschiede zwischen den Geschlechtern

Es wurde im vorangegangenen Abschnitt einige Male auf Unterschiede zwischen den Geschlechtern hingewiesen, wie sie sich in kognitiven Stilen und bestimmten Lernleistungen (nicht jedoch in der quantitativen Bestimmung der Intelligenz!) ergeben haben. Es erscheint wenig fruchtbar, darüber in eine Polemik einzutreten, ob diese Tatsache auf Anlagefaktoren oder gesellschaftliche Rollenfixierungen zurückzuführen sei, weil es von einer Entscheidung in dieser Frage nicht abhängt, ob der Lehrer pädagogisch Einfluß nehmen kann oder nicht. In gewissem Umfang kann er es in beiden Fällen, aber sehr schnelle und umwälzende Veränderungen sind auch in beiden Fällen nicht zu erwarten. Ob der Lehrer sich überhaupt bemühen soll, Geschlechtsunterschiede auszugleichen oder nicht, ist eine Frage, die sicher diskutiert werden muß, aber nicht in den Rahmen der Lernpsychologie gehört.

### 3.3.2 Unterschiede des Milieus

Unterschiede in den Lernleistungen, in Problemlösungsstrategien, in der Intelligenzstruktur und vor allem im Sprachverhalten zwischen verschiedenen sozio-ökonomischen Schichten sind Gegenstand ausgedehnter Untersuchungen gewesen und sind es noch. Die Forschungen auf diesem Gebiet sind erschwert durch die Tatsache, daß es keine schlüssigen Kriterien der Abgrenzung zwischen verschiedenen Schichten gibt. Zum einen sind die Übergänge fließend, und zum andern überschneiden sich viele der benützten Kriterien sehr oft (z.B. Einkommen und Schulbildung des Vaters). Die heute höhere soziale Mobilität tut ein übriges, um äußere Kriterien der Schichtentrennung zu verwischen. Das sicher wichtigste Phänomen schichtenspezifischer Verhaltensmuster ist die Sprache, weil sie sehr intensiv mit dem Denken in Interaktion tritt. BERNSTEIN unterscheidet einen restringierten (eingeengten) von einem elaborierten (ausgearbeiteten) Sprach-Code. Diese Problemkreise gehören in den Bereich psycholinguistischer und soziolinguistischer Forschungen.

### 3.3.3 Unterschiede zwischen „Normalen" und „Lernbehinderten" bzw. „Verhaltensgestörten"

Die Anführungszeichen in dieser Überschrift signalisieren die Problematik aller drei Begriffe in bezug auf ihre Definition und Abgrenzung. Ob man mit Norm die statistische Norm (Normalverteilung) oder die Idealnorm meint, ist von Autor zu Autor verschieden. Bei Lernbehinderung und Verhaltensstörung müßte man, um Aussagen über Unterschiede im Lernen zu ermöglichen, präzise Annahmen über Verursachungsfaktoren zugrunde legen. Insoweit dies in der Literatur geschieht, werden auch stets Untergruppierungen vorgenommen, so daß man von einer Gruppe *der* Lernbehinderten nicht sprechen kann.

Unter gewissen Vorbehalten läßt sich vielleicht eine generelle Aussage rechtfertigen:

In den allermeisten Fällen von Lernstörungen findet man als gemeinsames Phänomen eine überdurchschnittliche *Rigidität* des Denkens: Die kognitiven Schemata sind starrer, unbeweglicher, setzen der Veränderung und Differenzierung (Akkommodation) stärkeren Widerstand entgegen als bei leicht lernenden Personen. Wir wollen uns diesen Tatbestand am Beispiel der Angst verdeutlichen.

Das Umstrukturieren in Wahrnehmung und Denken setzt voraus, daß man ein vorhandenes kognitives Schema zerschlägt bzw. aufbricht, um es in angemessenerer Form neu aufzubauen. In diesen Prozeß muß daher eine Phase, und sei sie auch nur sehr kurz, überstanden werden, in der bildlich gesprochen gar kein Schema vorhanden ist. Ob der Aufbau des neuen Schemas gelingt oder nicht, bedeutet für die Person immer Ungewißheit und Unsicherheit, die ertragen werden muß. Psychisch gestörte Individuen und ganz besonders die Ängstlichen zeichnen sich gegenüber den sog. Normalen vor allem durch eine erhöhte Intoleranz gegenüber Ungewiß-

heit und Verunsicherung aus. Sie halten deshalb mit besonderer Zähigkeit am Alten und Gewohnten fest. Die Folge davon ist die so auffällige Zähflüssigkeit des Denkens, die man auch als *Perseveration* bezeichnet. Damit ist vor allem jede Form des Problemlösens erschwert, weil hier das Umstrukturieren eine Bedingung des Prozesses darstellt, während mechanisches Einprägen und Wiedergeben und die überdauernde Wirksamkeit von Lern-Einstellungen („learning sets“) begünstigt werden. Das dürfte auch der Grund sein dafür, daß in Situationen der Unsicherheit und Ungewißheit wie etwa in Prüfungen ganz allgemein das Denken unbeweglicher zu sein pflegt und das Lösen eines sonst leichten Problems oder die kritische Reflexion mißlingt. Ist dies schon bei „Normalen“ zu erwarten, so in viel höherem Maß natürlich bei allgemein Ängstlichen und Unsicheren oder bei solchen, die aus anderen Gründen vor der Situation besondere Angst haben.
Eine Konsequenz für die Vorbereitung auf eine Prüfung – dies gilt sowohl für den Studierenden als auch für den Lehrer, der Schüler auf Prüfungen vorbereitet – ist daher ganz generell: Angst vor der Prüfung ist um jeden Preis zu vermeiden. Solide Kenntnisse stellen dabei natürlich eine gute Ausgangsposition dar, aber der Ängstliche wird gerade über den erwarteten Umfang dieser Kenntnisse im unklaren sein, so daß ihm durch mehr Training kaum zu helfen ist. Hier wird im allgemeinen empfohlen, Distanz aufzunehmen zu den eigenen Kenntnissen und zum eigenen „Lernen“. Vernünftig dosierte Medikamente, die in ihrer Wirkung aber bekannt sein müssen (sonst stellen sie einen zusätzlichen Unsicherheitsfaktor dar), sind für den Erwachsenen sicher legitim. Besser und sicherer ist jedoch eine zeitliche Abstandsphase von zwei bis drei Tagen, in denen der eingeprägte Wissensstoff Gelegenheit erhält, sich auf ein gleichmäßiges und ausgewogenes Betontheits-Relief einzuspielen. Vor allem sollten in dieser Distanzphase keine Tätigkeiten aufgenommen werden, die inhaltlich mit dem Prüfungsstoff in Verbindung stehen (vgl. Retroaktions-Hemmung, Kap. B 1.3.1), während sich alle erholenden Momente, vor allem körperliche Aktivität, positiv auswirken.
Diese Distanz-Phase sollte durchgehalten werden bis kurz vor die kritische Situation. Dann allerdings ist dringend erforderlich eine Anwärm-Phase von vielleicht 30 bis 60 Minuten (vgl. Kap. 1.2.3.2), in der man in aller Ruhe und Gelassenheit sich nochmals vertieft in Aufzeichnungen oder Übersichten über das Stoffgebiet, das es zu reproduzieren gilt. Dabei ist die Aufmerksamkeit möglichst auf das Sehen und Entdecken von Zusammenhängen zu rich-

ten als kognitive Lockerungsübung oder als Anwärmen des Umstrukturierens. Neues soll hierbei aber nicht mehr aufzunehmen versucht werden. Günstig, aber technisch nicht ganz leicht erreichbar wäre eine Abschirmung gegen neue, unerwartete Unsicherheitsfaktoren, wie sie etwa durch Berichte bereits geprüfter Kollegen auftreten können.
Die Menschen unterscheiden sich sicher ganz erheblich in dem Ausmaß, in welchem für sie der Streß einer kritischen Situation mindernd und hemmend auf die Reproduktion des Gelernten und auf den Einsatz des „gesunden Menschenverstands" einwirkt. So könnte man tatsächlich von „Prüfungstypen" sprechen, also von Personen, die in allen Prüfungen immer wieder glänzen gegenüber anderen, die vom „Pech" verfolgt zu sein scheinen. Daß dies nicht als Schicksal hingenommen zu werden braucht, sollte klar geworden sein. Aber vielleicht müßte bereits der Lehrer in der Schule dafür sorgen, daß seine Schüler die kognitive Beweglichkeit auch unter Streß zu bewahren lernen. Durch die Erziehung zur Toleranz gegenüber Ungewißheit kann der Mensch den Streß selbst in die Hand bekommen.

# Anhang 1

## Ratschläge zur operativen Nacharbeit

Sie haben nun dieses Büchlein gelesen, und Sie werden vielleicht vor der Fülle der Informationen den Überblick verloren haben. Das wäre schade, denn Sie wissen ja, daß isoliertes Wissen schlechter behalten wird und weniger Transfer bringt. Ein Überblick über ein Gebiet besteht aber darin, daß die Teile als logisch aufeinander bezogen verstanden werden. Das ist allerdings gerade in dem hochkomplexen Bereich der Lernpsychologie – nicht nur für den Studierenden, sondern auch für den Spezialisten – keine leichte Zielsetzung, denn die Forschungsergebnisse sind nicht so geartet, daß sie ein geschlossenes System ergäben. Aber *die* Beziehungen, die erkennbar sind, sollten auch gesehen werden; und im übrigen sind ja, lerntechnisch betrachtet, Widersprüche *auch* Beziehungen.
Für eine solche Nacharbeit im Sinn des operatorischen Übens gibt es viele Möglichkeiten, von denen einige zur Anregung hier aufgezählt werden sollen.

**Methode A:**

Lesen Sie im *Inhaltsverzeichnis* zuerst alle Überschriften, die mit nur *einer* Ziffer gekennzeichnet sind, und versuchen Sie zu verstehen, warum wohl diese Anordnung gewählt wurde.
Lesen Sie dann dieselben Überschriften ein zweites Mal und versuchen Sie sich zu erinnern, wovon in diesen Kapiteln die Rede war. Die Überschriften, die mit jeweils *zwei* Ziffern bezeichnet sind, helfen Ihnen dabei. Gehen Sie aber vorerst nicht weiter ins Detail, sondern versuchen Sie auch hier wieder zu begründen, warum wohl diese Themen unter dem jeweiligen Oberbegriff aufgeführt und zusammengefaßt worden sind. Haben Sie Bedenken gegen die vorgefundene Klassifikation, dann begründen Sie diese.
So können Sie nun fortfahren bis zu den drei- und vierziffrigen Überschriften. Wenn Ihnen die Bedeutung der einen oder anderen Formulierung nicht mehr geläufig ist, blättern Sie im Text.
Die ganze Arbeit dürfte kaum mehr als eine Stunde Zeit in Anspruch nehmen. Versuchen Sie aber keinesfalls, das Inhaltsverzeichnis des Buches

auswendig zu lernen. Diese Anordnung war ja ein Produkt der Sichtweise des Autors; für Sie ist aber nur das verbindlich, was *Ihrer* kognitiven Struktur (Ihrem Verständnis der Sache) entspricht.

**Methode B:**

Wenn Ihrer Arbeitsweise ein inhaltsbezogener Zugang mehr liegt, dann stellen Sie sich selbst irgendeine Frage, die Ihnen relevant zu sein scheint für den künftigen Einsatz Ihres Wissens über Lernpsychologie.
Zum Beispiel: Wie kann Lernpsychologie in meinem künftigen Unterricht wirksam werden?
Diese Frage soll zunächst eher allgemein sein und dann immer mehr präzisiert werden.
Nehmen wir an, Ihr Wahlfach sei Deutsch, dann könnten Sie hypothetisch unterstellen, daß die Begriffsbildung hierfür besonders wichtig sei.
Sie schlagen nun das Kapitel über Begriffsbildung auf (B 2.2) und lesen zuerst die Überschriften. In diesem Stadium sollten Sie versuchen zu begründen, *warum* die Begriffsbildung für den Deutschunterricht von Bedeutung ist. Suchen Sie sich als Beispiel einen beliebigen Begriff aus, von dem Sie annehmen, daß er in Ihrem Unterricht auftauchen könnte (z.B. „Umstandsbestimmung“ oder „Anekdote“).
Skizzieren Sie in wenigen Stichworten mögliche Etappen eines Unterrichtsverlaufs. Dabei werden Sie wahrscheinlich schon bald auf Fragen über das Phänomen ‚Begriffsbildung‘ stoßen, die Ihnen nicht mehr ganz geläufig sind. Suchen Sie darüber Aufklärung im Text. Versuchen Sie, alles, was dort allgemein formuliert ist, auf Ihren ausgesuchten Begriff zu beziehen.
Bei diesem Bemühen werden Sie vermutlich mehrmals auf Phänomene aufmerksam, die zwar mit Begriffsbildung zu tun haben, aber im Buch in anderen Zusammenhängen dargestellt sind. Das könnte z.B. sein: Piaget und die Entwicklungsstufen, Operation, Transposition als Transfer auf struktureller Ebene usw. Beim Problem der Verankerung fällt Ihnen ein, daß kognitive Schemata in Dissonanz treten sollen (Berlyne), damit intrinsische Motivation und Akkommodation stattfindet usw. Schlagen Sie dann jeweils in den entsprechenden Kapiteln nach; vergessen Sie aber nie den Bezug zu der ausgewählten Unterrichtssituation.
Auf diese Weise werden Sie zwar nicht durch das ganze Buch hindurchgeleitet, aber das soll auch nicht Ihr Ehrgeiz sein. Lassen Sie ohne Skrupel alles aus, was Ihnen hierbei nicht begegnet, aber schauen Sie in den berührten Bereichen auch einmal in die angegebene Literatur.

**Methode C:**

Nehmen wir an, der geplante Einsatz Ihres Wissens über Lernpsychologie sei – als Nahziel – die Prüfung. Dann könnte Ihr Gedankengang folgender sein:

Was aus der Lernpsychologie ist wohl das Leichteste? Was habe ich am ehesten ‚verstanden' im echten Sinn des Wortes? Was könnte zum ‚Spezialgebiet' ausgebaut werden? (Selbst wenn für die Prüfung eine solche Spezialisierung gar nicht vorgesehen ist, so empfiehlt es sich doch, von irgendeinem Kristallisationspunkt aus strahlenförmig das Gesamtgebiet zu beleuchten.)
Bei der Beantwortung dieser Fragen müssen Sie sich allerdings zwei Dinge vor Augen halten:

- Nicht *die* Kapitel in diesem Abriß, die die kürzesten sind, sind auch die leichtesten. Ja gerade *wegen* der Kürze ist möglicherweise eine Vertiefung und ein Verständnis eher erschwert.
- Sie wollen ja, auch wenn Sie in der angedeuteten Weise pragmatisch vorgehen, einen Überblick gewinnen. Deshalb darf das zu wählende Teilgebiet nicht allzu eng gefaßt und in sich abgeschlossen sein, denn es muß ja Gesprächsstoff für die ganze Zeit der Prüfung gewährleisten. Ist das Spezialgebiet zu eng, dann würde eine Vertiefung allzu „tiefschürfend" ausfallen.

Um einen ganz groben Hinweis zu geben: Die zweiziffrigen Überschriften erscheinen mir in ihrer Erstreckung relativ günstig zu sein für die Auswahl eines Spezialgebiets, doch gibt es hier natürlich auch Unterschiede.
Was auch immer Sie als Einstieg wählen, versuchen Sie einzudringen bis zu der Erkenntnis, daß das, was Sie für leicht hielten, doch nicht ganz so einfach ist; d.h. problematisieren Sie das Verstandene. Lassen Sie sich immer einmal wieder durch erkannte oder im Text angedeutete Beziehungen in andere Kapitel und in die Primär-Literatur verweisen, wo Gegensätze oder Differenzierungen einzelner Begriffe zu erwarten sind. Eine ganz besonders wirksame Schulung des Verstehens erzielen Sie dadurch, daß Sie die angeführten Beispiele durch andere, selbst erfundene ersetzen.

Es lassen sich bestimmt noch viele weitere Formen der „Operatorischen Übung" des Lehrstoffs finden. So könnte man z.B. alle ‚Aufgaben' am Schluß der einzelnen Kapitel noch einmal durchgehen und sich den Bezug zum jeweiligen Thema vergegenwärtigen, oder man könnte eines der bekannten Lehrbücher (etwa SKOWRONEK 1971 oder HASELOFF / JORSWIECK 1970) anhand ausgewählter Kapitelüberschriften mit der vorliegenden Darstellung vergleichen in bezug auf Differenzen in der Darstellung oder auf die Verständlichkeit des Textes.
Nur eines sollte man gar nicht erst versuchen, weil es zeitaufwendig und dabei ineffektiv ist: schlicht das ganze Buch noch einmal lesen. In der Unterscheidung zwischen Wichtigem und Unwichtigem – und sei die Unterscheidung auch subjektiv – erweist sich Verständnis.
Und schließlich: Sie müssen ja nicht alles wissen, noch nicht einmal alles, was in diesem Kompendium steht. Nur – einiges sollten Sie verstanden haben.

# Anhang 2
# Lösung der Aufgaben

**Aufgabe A 1.:**

a) Die erste Verstärkung, die THORNDIKE seinen Tieren zukommen ließ, bekräftigte schon eine relativ komplexe Verhaltensweise: Verschieben eines Hebels, Drücken einer Taste. Aus dem Verhaltensrepertoire einer *Taube* könnte eine solche Bewegungsabfolge kaum durch Zufall erwartet werden. Dafür bedeutete die Belohnung für die Katze (Fleischkügelchen) eine deutlich stärkere Bekräftigung als das Futterkorn für die Taube, die Hunderte davon fressen kann, ehe sie satt ist. Das Gesetz der Übung (Frequenzgesetz) gilt aber nur im molaren = komplexen, nicht im molekularen = elementenhaften Raum (vgl. GUTHRIE). Deshalb kann es nur für SKINNER, nicht aber für THORNDIKE Einversuchslernen geben.

b) Eine Schlange lebt und ‚erlebt' in ganz anderen Zeiträumen. Mit kleinen Happen ist sie nicht abzuspeisen. Sie frißt oft erst im Abstand von Wochen, dann aber sehr ausgiebig. Wie soll man sie da ‚sukzessive' bekräftigen?

c) Die Kontiguitätstheorie ist in hohem Grade allgemein und unspezifisch. Die Elemente auf der Reiz- und auf der Verhaltensseite sind so ‚atomar' zu denken, daß sie zum Zweck des empirischen Nachweises kaum je der Beobachtung zugänglich gemacht werden können. Das System ist eher deduktiv-philosophisch als empirisch gemeint, wenn auch ein statistischer Wahrscheinlichkeitsbeweis etwa durch Computer-Simulation im Bereich der Möglichkeiten liegt.

**Aufgabe A 2.2:**

Das Quadrat mit dem darübergelegten Streifen wird so ‚umgedacht', daß man zwei sich überlappende Dreiecke sieht:

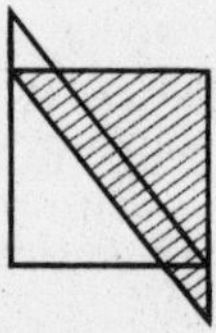

Wenn man nun das schraffierte Dreieck nach oben verschiebt, ergibt sich ein Rechteck mit den Seiten a und (a + s).
Daher: $F = a(a + s)$.
Dasselbe Ergebnis erhält man bei Figur II, nur muß man hier anders ‚verschieben' (nämlich seitlich).
Nach den üblichen Rechenverfahren kann man die Lösung auch dadurch erhalten, daß man im Parallelogramm s als die Grundseite und a als die Höhe interpretiert [daher: $as + a^2 = a(a + s)$].

**Aufgabe A 2.3:**

Die Reise dauert bei Wind insgesamt länger (Antw. a). Bedenken Sie, daß kein voller Ausgleich der Reisezeiten auf dem Hin- und Rückflug erfolgen kann, weil der Gegenwind ja während einer viel längeren Zeit auf die Reisegeschwindigkeit einwirkt als der Rückenwind. Beide würden sich nur dann kompensieren, wenn in beiden Richtungen gleiche Zeit*dauer*, nicht aber gleiche *Strecken* geflogen würde.
Ich habe diese Aufgabe bisweilen in Vorlesungen oder Übungen gestellt; jedesmal waren ca. 80 bis 90% der Antworten falsch. HOCHKEPPEL fühlt sich denn auch gemüßigt, folgenden Trost der Aufgabe hinzuzufügen: „Man lasse sich nicht entmutigen, wenn bei solchen Fragen die Vorstellungskraft seltsame Kapriolen schlägt. Selbst Physiker können erfahrungsgemäß bei so etwas in die Irre gehen."
Die folgende Aufgabe aber, der genau dasselbe logische Prinzip zugrunde liegt, wurde überwiegend auf Anhieb richtig gelöst:
Im Deutschen Sportabzeichen wird für das Durchschwimmen einer Strecke von 100 m in stehendem Wasser dieselbe Zeit verlangt wie für 50 m in fließendem Gewässer hin und zurück. Ist das gerechtfertigt?
Bei einer solchen Aufgabenstellung ist das Problem in einer Verpackung angeboten, die sehr viel besser nacherlebt werden kann und die dem Erfahrungsbereich des Durchschnittsmenschen eher zugänglich ist, abgesehen davon, daß eine gewisse Suggestion zur Skepsis mahnt.
Vermutlich wurde in beiden Versuchen nicht so sehr die Begriffstiefe von Zeit und Geschwindigkeit geprüft, wie vorn in der Einleitung zur Aufgabe angekündigt. Eher als das formale Prinzip der Kompensation hat man hier den Erfahrungsreichtum mit den Phänomenen ‚Wind – Flugzeug' resp. ‚Wasser – Schwimmen' im Griff. Ob diese Auslegung mehr für die Argumentation von AEBLI oder für das Argument der Bereichsspezifität der formalen Denkstrukturen (SEILER) spricht, sei dahingestellt.

**Aufgabe A 2.4:**

Der Konflikt läßt sich vielleicht so umschreiben: Ein und dieselbe Sache kann nicht zu gleicher Zeit wahr und falsch sein, und trotzdem scheint die Logik zunächst zwingend. Genau betrachtet ist natürlich bereits die Aus-

sage des Clochards in sich unschlüssig, so daß die ebenfalls unstimmige Antwort des Sokrates den Zirkel wieder schließt.
Bei dem Walzenproblem möchte man zunächst denken: Zwei Körper, die so verschieden aussehen, können doch nicht gleich funktionieren, denn auch bei b) bewegt sich die Platte ja gleichförmig nach vorn. Der Unterschied liegt aber in der Bewegung des Schwerpunkts oder Mittelpunkts der Walze.

**Aufgabe B 1.1:**

Das Deuten von Klecksbildern liegt einem bekannten Persönlichkeitstest, dem sogenannten Formdeuteverfahren von RORSCHACH zugrunde. Es wird nach solchen und ähnlichen Kriterien, wie sie in den Fragen zu dieser Aufgabe angedeutet sind, ausgewertet, auf die wir hier aber nicht eingehen können. Zur richtigen und verantwortlichen Interpretation gehört eine lange Ausbildung und reiche Erfahrung.
Voraussetzung dafür, daß man solche Wahrnehmungsexperimente zur Basis einer diagnostischen Aussage machen kann, ist die Tatsache, daß es eine gewisse intraindividuelle Konstanz der Wahrnehmungseinstellung gibt:
Wer hier häufig sehr kleine Details beachtet und herausgreift, tut dies überzufällig oft auch bei anderen Wahrnehmungsgelegenheiten; und da Wahrnehmung – wie wir sahen – vom Denken nicht zu trennen ist, erwartet man auch eine gewisse Verwandtschaft der Denkstruktur (wie z.B. Großzügigkeit resp. Akribie).
Wenn man dem an sich ja toten Klecksbild die Bedeutung eines belebten Objekts gibt, so hat man die Reizvorlage einem Denkschema angeglichen (assimiliert), das für einen selbst eine höhere Valenz hat als für andere Personen, die dies nicht taten.
In der Fachsprache dieses Tests spricht man von ‚Projektion' und meint damit letztlich nichts anderes als das, was wir bereits als Assimilation kennengelernt haben: Das eigene kognitive Schema wird der äußeren Reizgrundlage als Bedeutung übergestülpt. (Natürlich erschöpft sich der Projektionsbegriff nicht in dieser einfachen Erklärung.)

**Aufgabe B 1.3:**

Das abendliche Wiederholen eines Lernstoffs ist natürlich zunächst eine schlichte Wiederholung mehr, als wenn man es unterlassen hätte. Der Gewinn besteht dann darin, daß evtl. weitere ‚bekannte Einheiten' (chunks) gebildet oder neue Beziehungen gesehen werden können (B 1.2.1).
Weiterhin wird der Lernstoff nochmals (oder vielleicht zum erstenmal?) als Ganzes gesehen, was dem sinnvollen Behalten zugute kommt (B 1.2.2.3).

Wenn die Zeit der Einprägung schon etwas länger zurückliegt, ist die abendliche Wiederholung eine mögliche Form des Anwärmens (B 1.2.3.3), und es könnte sogar sein, daß damit ein Lernplateau überwunden wird (B 1.2.3.3).
Abends oder nachts kommt dem Einprägen die in der Regel vorauszusetzende Stille der Nacht zustatten: Das situative Umfeld wird auf ein minimales ‚Rauschen' reduziert, zufällige Koppelungen mit den lauten oder grellen Störungen des Tagerlebens werden aufgelöst oder gelöscht (B 1.2.2.3).
Schließlich aber – das ist wohl das wichtigste – wird der jetzt gelernte Stoff am ehesten durch das nachfolgende Nichtstun im Schlaf vor Entkoppelung oder Umkodierung bewahrt, so daß retroaktive Hemmungen auf ein Minimum reduziert werden (B 1.3.1).
Es hängt allerdings von vielen Faktoren ab, ob diese Effekte auch zum Tragen kommen.
So reicht z.B. bei starker Ermüdung des Lernenden die verfügbare Aufmerksamkeit nicht hin, um überhaupt noch sinnvolle Kodierungen zustande zu bringen.
Ist der Lernstoff zu umfangreich, benötigt er zur Durchsicht z.B. mehr als etwa 30 bis 45 Minuten, dann wird man höchstens noch Teile daraus bewältigen. Die Folge ist ein unausgewogenes Betontheits-Relief im Stoffganzen, was oft mehr stört, als der Aufwand nützt.

**Aufgabe B 2.:**

Allgemein formuliert, fördert all das den Transfer, was im Text unter dem Stichwort ‚operatorisches Üben' von Begriffen (B 2.1.3) dargestellt worden ist:

a) nichtwörtliche Wiedergabe: Nicht nur mit eigenen Worten, sondern möglichst auch mit eigenen Gedanken das Wesentliche wiedergeben und das Unwesentliche weglassen.
   Wo es sich nicht um Einsichten und Verstehen handelt, hat natürlich auch das Auswendiglernen von lohnenden Gedichten, Prosa-Passagen oder kurzen fremdsprachlichen Texten seine Berechtigung. Aber das Gedächtnis wird damit nicht trainiert!
b) Optimal unähnlicher Kontext: so ähnlich wie nötig, um wiedererkannt zu werden; so unähnlich wie möglich, ohne den Bezug zu verlieren.
c) wie unter b)
d) Nach übergeordneten Zusammenhängen, Anwendung derselben Regel mit anderen Beispielen u. dgl., aber nicht einfach das Falsche dreimal richtig schreiben!
e) Gerade die schwächeren Schüler haben im strukturellen Üben den größeren Nachholbedarf, sonst wären sie nicht schwächer. Nur muß man meist auf einer niedereren Ebene ansetzen.

**Aufgabe B 3.1:**

Alle Phänomene, die Sie im Kapitel über Wahrnehmung gefunden haben, müßten eigentlich auch unter der Überschrift Gedächtnis und Erinnern wieder auftauchen. Das ist sicher kein Zufall: Wir können in Wahrnehmungsexperimenten nur das von der Versuchsperson erfahren, woran sie sich nach dem Experiment noch erinnert. Allenfalls auf dem Weg über die Variation der Zeitdauer zwischen Wahrnehmung und Reproduktion kann man u.U. zurückschließen auf das, was in dieser Zeit geschieht. In der Regel erschöpft es sich in einer schlichten Verstärkung der jeweiligen Erscheinungen: je länger die Frist, desto größer die Wirkung von Einstellungen, Bedürfnissen und Erwartungen resp. die Gestaltschließungstendenzen.

**Aufgabe B 3.2:**

Es kämen etwa die folgenden vermittelnden oder beziehungstiftenden Begriffe in Frage. Haben Sie andere gefunden, dann müssen die nicht falsch sein. Vielleicht lohnt sich ab und zu die Mühe der Überprüfung.
a) Z.B. Kodierung, Operation, Akkommodation.
b) Umstrukturieren, evtl. auch Einsicht, Aha-Erlebnis.
c) Generalisieren, Verallgemeinerung, Extrapolation.
d) Denken, Denkhandeln, verinnerlichte Handlung.
e) Pseudo-Kodierung, Hilfskodierung, subjektive Organisationstendenz.
f) Formales Einüben der Methode, Lernenlernen.
g) Umkodieren, Umlernen, alte Schemata müssen ‚weggelernt' werden.

**Aufgabe B 3.3:**

Wenn Sie hier die Lösung der gestellten Problemaufgabe erwarten, dann haben Sie die Absicht des Autors mißverstanden. Das Problem wurde nur gestellt, um Ihnen Gelegenheit zu geben, sich beim Problemlösen zu beobachten.
Das Problem ist, wie gesagt, sehr schwer. Das bedeutet, Sie haben vermutlich eine längere Zeit unsystematisch probiert, haben dann wohl nach irgendwelchen Prinzipien gesucht, die Sie nicht gefunden haben, bis Sie schließlich aufgaben, indem Sie hier nachgeschlagen haben. Wenn Sie länger als 10 Minuten durchgehalten haben, waren Sie recht engagiert.
Die Schwierigkeit der Aufgabe besteht vermutlich darin, daß sie so wenig Struktur erkennen läßt. Sollten Sie versucht haben, umgekehrt von der Lösungsstellung aus das Prinzip rückwärts zu entwickeln, dann war Ihr Denken produktiv und auf halbem Weg zur Lösung.
Um Ihnen aber die Frustration eines ungelösten Problems zu ersparen, sei eine der 48 Lösungsmöglichkeiten hier zitiert:
Hat man die Hölzchen von 1 bis 10 numeriert, dann legt man
5 auf 2, 7 auf 10, 3 auf 8, 9 auf 6 und 1 auf 4

# Literaturverzeichnis


Aebli, H., Über die geistige Entwicklung des Kindes, Stuttgart 1963.

Aebli, H., Psychologische Didaktik, Stuttgart $^{4}$1970.

Antenbrink, H., Unterricht als Determinante kognitiven Lernens, Weinheim 1973.

Atkinson, J. W., Einführung in die Motivationsforschung, Stuttgart 1975.

Ausubel, D. P., Educational Psychology, New York 1968.

Ausubel, D. P., Psychologie des Unterrichts (I u. II), Weinheim 1974.

Arnold, P. / Eysenck, S. / Meili, R., Lexikon der Psychologie, Freiburg 1971.

Bandura, A., Principles of Behavior Modification, London 1971.

Bandura, A. / Walters, R. H., Social Learning and Personality Development, London 1963.

Bandura, A. / Walters, R. H., Der Erwerb aggressiver Verhaltensweisen durch soziales Lernen, in: Schmidt-Mummendey / Schmidt 1971.

Berelson, B. / Steiner, G. A., Menschliches Verhalten, Bd. I, Weinheim 1969.

Bergius, R. (Hrsg.), Handbuch der Psychol., Bd. 1/2, Lernen und Denken, Göttingen 1964.

Bergius, R., Psychologie des Lernens (Kohlhammer), Stuttgart 1971.

Berlyne, D. E., Conflict, Arousal, and Curiosity, New York 1960, deutsch: Stuttgart 1974.

Berlyne, D. E., Uncertainty and Human Curiosity, Brit. J. Psychol. 53, 1962.

Berlyne, D. E., Arousal and Reinforcement, in: Levine, D. (Hrsg.), Nebraska Symposion on Motivation, Univ. of Nebraska Press, Lincoln, Nebraska 1967.

Berlyne, D. E., Children's Reasoning on Thinking, in: Mussen, P. (ed.): Carmichael's Manual of Child Psychology, I, New York (Wiley) 1970.

Biggs, J. B., Lernprozeß u. Kybernetik, Stuttgart 1974.

Bloom, B. S. u. a., Taxonomie von Lernzielen im kognitiven Bereich, Weinheim $^{2}$1973.

de Bono, E., Laterales Denken, Rowohlt, Hamburg 1971.

Bonn, H. / Rohsmanith, K., Studien zur Entwicklung des Denkens im Kindesalter, Darmstadt 1972.

Breunig, W. (Hrsg.), Das Zeitproblem im Lernprozeß, München 1973.

Bruner, J. S., Über kognitive Entwicklung, 1967, in: Bonn / Rohsmanith 1972.

Bruner, J. S. / Oliver, R. R. / Greenfield, P. M., Studien zur kognitiven Entwicklung, Stuttgart 1971.

Brunnhuber, P. / Czinczoll, B., Lernen durch Entdecken, Donauwörth $^{2}$1974.

Dienes, Z. P. / Jeeves, M. A., Denken in Strukturen, Freiburg 1968.

Dörner, D., Die kognitive Organisation beim Problemlösen, Bern 1974.

Drever, J. / Fröhlich, W. D., Wörterbuch zur Psychologie, dtv, München $^{2}$1969.

Duncker, K., Zur Psychologie des produktiven Denkens, Berlin 1963.

Edelstein, W. / Hopf, D. (Hrsg.), Bedingungen des Bildungsprozesses, Stuttgart 1973.

Estes, W. K., Toward a Statistical Theory of Learning, Psychol. Rev. 57, 1950.

Familienerziehung, Sozialschicht und Schulerfolg, hrsg. v. b:e Redaktion, Weinheim 1972.

Fend, H., Konformität und Selbstbestimmung, Weinheim ²1973.
Flammer, A., Individuelle Unterschiede im Lernen, Weinheim 1974.
Flavell, J. H. u. a., Rollenübernahme und Kommunikation bei Kindern, Weinheim 1975.
Fokken, E., Die Leistungsmotivation nach Erfolg und Mißerfolg in der Schule, Hannover 1966.
Foppa, K., Lernen, Gedächtnis, Verhalten, Köln ⁶1970.
Frey, K. / Lang, M. (Hrsg.), Kognitionspsychologie und naturwissenschaftlicher Unterricht, Bern 1973.
Funkkolleg Pädagogische Psychologie, Studienbegleitbriefe H. 1–12, Weinheim 1972.
Funkkolleg Pädagogische Psychologie 1974. Fischer Taschenbuch Verlag.
Furth, H. G., Intelligenz und Erkennen. Die Grundlagen der genetischen Erkenntnistheorie Piagets, Frankfurt a. M. 1972.
Furth, H. G., Piaget für Lehrer, Düsseldorf 1973.
Fürntratt, E., Motivation lernerischer Aktivitäten, Weinheim 1976.
Gagné, R. M., Die Bedingungen des menschlichen Lernens, Hannover 1969.
Geißler / Klix (Hrsg.), Psychologische Analysen geistiger Prozesse, Berlin (O) 1974.
Gibson, J. J., Die Wahrnehmung der visuellen Welt, Weinheim 1973.
Ginsburg / Opper, Piagets Theorie der geistigen Entwicklung – Eine Einführung, Stuttgart 1975.
Gottschaldt, K., Psychologie des programmierten Lernens, Hannover 1972.
Graumann, C. F. (Hrsg.), Denken, Köln ⁴1969.
Graumann, C. F., Motivation, Frankfurt a. M. 1969.
Graumann, C. F. (Hrsg.), Handbuch der Psychol. Bd. 7/2, Sozialpsychologie, Göttingen 1972.
Graumann, C. F. / Heckhausen, H. (Hrsg.), Päd. Psychol. 1, Entwicklung und Sozialisation, Frankfurt a. M. 1973.
Groeben, N., Die Verständlichkeit von Unterrichtstexten, Münster 1972.
Guthrie, E. R., The Psychology of Learning, New York 1952.
Haseloff, O. W. (Hrsg.), Lernen und Erziehung, Berlin 1969.
Haseloff, O. W. (Hrsg.), Struktur und Dynamik des menschlichen Verhaltens, Stuttgart 1970.
Haseloff, O. W. / Jorswieck, E., Psychologie des Lernens, Berlin 1970.
Heinelt, G., Kreative Lehrer – kreative Schüler, Freiburg 1974.
Hilgard, E. R. / Bower, G. H., Theorien des Lernens, Bd. I u. II, Stuttgart ²1973.
Hirzel, M., Assimilative Tendenzen in der Rezeption Piagets, Z. f. Pädagog. 1/1974.
Hochkeppel, W., Denken als Spiel, München 1970.
Hofer, M. / Weinert, F. E. (Hrsg.), Pädagogische Psych. 2, Lernen und Instruktion, Frankfurt a. M. 1973.
Hofstätter, P. R., Psychologie (Fischer-Lexikon), Frankfurt a. M. ¹⁵1970.
Horn, R., Lernziele und Schülerleistung, Weinheim ³1973.
Huber, G. L., Begriffsbildung im Unterricht, München 1970.
Hunt, J. McV., Intelligence and Experience, New York 1961.
Hunt, J. McV., Motivation Inherent in Information Processing and Action, in: Harvey, O. F. (Hrsg.), Motivation and Social Interaction: Cognitive Determinants. Ronald, New York 1963.
Ingenkamp, Kh. / Marsolek, Th. (Hrsg.), Möglichkeiten und Grenzen der Testanwendung in der Schule, Weinheim 1968.
Inhelder, B. / Matalon, B., Die Untersuchung des Problemlösens und des Denkens. 1960, in: Bonn/Rohsmanith 1962.
Joerger, K., Lernprozesse bei Schülern, Stuttgart 1975.

Klauer, K. J., Intelligenztraining im Kindesalter, Weinheim 1975.
Köstlin / Gloger, G., Sozialisation und kognitive Stile, Weinheim 1974.
Lompscher, J. (Hrsg.), Sowjetische Beiträge zur Lerntheorie – Die Schule P. J. Galperins, Berlin 1973.
Lunzer, E. A., Gesetze des Verhaltens, Stuttgart 1974.
Lunzer, E. A. / Morris, J. F., Das menschliche Lernen und seine Entwicklung, Stuttgart 1971.
Morris, J. F. / Lunzer, E. A., Das Lernen in der Schule, Stuttgart 1972.
Messick, S., Die Erfassung kognitiver Stile und Persönlichkeitsmerkmale und ihr Wert für die pädagogische Praxis, in: Ingenkamp / Marsolek 1968.
Metzger, W. (Hrsg.), Handbuch der Psychol. Bd. 1/1, Wahrnehmung und Bewußtsein, Göttingen 1966.
Metzger, W., Psychologie in der Erziehung, Bochum 1971.
Meyer, W. U., Leistungsmotiv und Ursachenerklärung von Erfolg und Mißerfolg, Stuttgart 1973.
Mietzel, G., Pädagogische Psychologie, Göttingen 1973.
Miller, G. A. / Galanter, E. / Pribram, K. H., Plans and the Structure of Behavior, New York 1960, deutsch: Strategien des Handelns, Stuttgart 1973.
Mittenecker, E. / Raab, E., Informationstheorie für Psychologen, Göttingen 1973.
Montada, L., Die Lernpsychologie Jean Piagets, Stuttgart 1970.
Mühle, G. / Schell, Ch. (Hrsg.), Kreativität und Schule, München 1970.
Neber, H. (Hrsg.), Entdeckendes Lernen, Weinheim 1973.
Nickel, H. / Langhorst, E. (Hrsg.), Brennpunkte der pädagogischen Psychologie, Bern / Stuttgart 1973.
Norman, D. A., Aufmerksamkeit und Gedächtnis. Eine Einführung in die menschliche Informationsverarbeitung, Weinheim 1973.
Oerter, R., Struktur und Wandlung von Werthaltungen, München 1970.
Oerter, R., Psychologie des Denkens, Donauwörth 1971.
Oerter, R., Moderne Entwicklungspsychologie, Donauwörth [13]1973.
Oerter, R., Erkennen, Donauwörth 1974.
van Parreren, C. F., Lernprozeß und Lernerfolg, Westermann [2]1972.
Pause, G. / Peters, O., Lehrer und soziale Interaktion in der Unterrichtsforschung (Teilausgabe des Handbuches der U.-Forschg. von Gage), Weinheim 1973.
Petter, G., Die geistige Entwicklung des Kindes im Werk von Jean Piaget, Bern 1966.
Piaget, J., Die Bildung des Zeitbegriffs beim Kinde, Zürich 1955.
Piaget, J., Die Entwicklung des Erkennens I, Das mathematische Denken, Stuttgart 1972 (a).
Piaget, J., Urteil und Denkprozeß des Kindes, Düsseldorf 1972 (b).
Piaget, J. / Inhelder, B., Die intellektuellen Operationen und ihre Entwicklung 1963, in: Bonn / Rohsmanith 1972.
Piaget, J. / Inhelder, B. u. a., Die Entwicklung des räumlichen Denkens beim Kinde, Donauwörth 1971.
Piaget, J. / Inhelder, B., Die Psychologie des Kindes, Olten 1972.
Portele, G., Lernen und Motivation, Weinheim 1975.
Pulaski, M.-A., Piaget, Eine Einführung in seine Theorien und sein Werk, Ravensburg 1975.
Rauh, H., Kognitive Entwicklung während der Grundschulzeit, Ergebnisse und Probleme einer Längsschnittuntersuchung, Z. f. Päd. 1/1974.
Rohr, A., Komplexes Denken, Weinheim 1968.
Roth, H. (Hrsg.), Begabung und Lernen (Deutscher Bildungsrat), Stuttgart [3]1969.
Roth, E. / Oswald, W. D. / Daumenlang, K., Intelligenz (Kohlhammer), Stuttgart [2]1973.

Seiler, Th. B., Die Reversibilität in der Entwicklung des Denkens, Stuttgart 1968.
Seiler, Th. B. (Hrsg.), Kognitive Strukturiertheit, Stuttgart 1973.
Skowronek, H., Psychologische Grundlagen einer Didaktik der Denkerziehung, Hannover ²1968.
Skowronek, H., Lernen und Lernfähigkeit, München ³1971.
Skowronek, H. (Hrsg.), Umwelt und Begabung, Stuttgart 1973.
Schmidt-Mummendey, A./Schmidt, H. D. (Hrsg.), Aggressives Verhalten, München 1971.
Smith, L. M./Hudgins, B. B., Pädagogische Psychologie (I u. II), Stuttgart 1971.
Schleifer, H., Entwicklungspsychologie (Scriptum), Freiburg 1974 (unv.).
Schmidt, W. H. O., Spontane und nichtspontane Bildung von naturwissenschaftlichen Begriffen bei Kindern, in: Bonn/Rohsmanith 1972.
Schneider, K., Motivation unter Erfolgsrisiko, Göttingen 1973.
Schroder/Driver/Streufert, Menschliche Informationsverarbeitung, Weinheim 1975.
Seisenberger, G., Problemlösen im Unterricht, München 1974.
Steiner, G., Mathematik als Denkerziehung, Stuttgart 1973.
Thomae, H. (Hrsg.), Handbuch der Psychol. Bd. 2. Motivation, Göttingen 1965.
Thomae, H. (Hrsg.), Die Motivation menschlichen Handelns, Köln ⁷1971.
v. Uexküll, J., Streifzüge durch die Umwelten von Tieren und Menschen – Bedeutungslehre, rororo 1956.
Vernon, M. D., Wahrnehmung und Erfahrung, Köln 1974.
Vorwerg, M. (Hrsg.), Psychologische Probleme der Einstellungs- und Verhaltensänderung, Berlin 1971.
Wagenschein, M./Bonholzer, A./Thiel, S., Kinder auf dem Wege zur Physik, Stuttgart (Klett) 1973.
Wasna, M., Motivation, Intelligenz und Lernerfolg, München 1972.
Weiner, B., Wirkung von Erfolg und Mißerfolg auf die Leistung, Stuttgart 1975.
Weinert, F. (Hrsg.), Pädagogische Psychologie, Köln ⁷1972.
Wertheimer, M., Produktives Denken, Frankfurt a. M. ²1969.
Witkin, A., Ursprung kognitiver Stile, in: Bonn/Rohsmanith 1972.
Wygotski, L. S., Denken und Sprechen, Berlin 1964.

# Sachregister